浙江省重点学科“区域经济学”学科建设项目

区域产业成长与转移

张明龙　等著

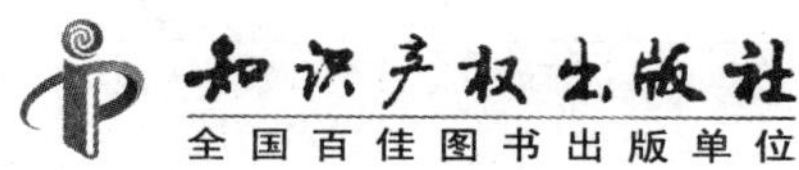

内容提要

区域的繁荣和发展，总是建立在一定产业基础上的。培育产业成长，形成产业集群，提高区域集聚水平，不断增强自身的实力和后劲，是先进区域保持发展优势的主要方法，也是落后地区尽快摆脱困境的有效手段。本书把规范研究与实证分析结合起来，选择典型区域和典型产业为考察对象，着重探索区域产业成长与集聚、产业集群成长动力与模式、成长型汽车制造业优化升级、长三角地区产业转移与承接等问题。阐明了许多大胆而新颖的观点，拓宽了区域产业领域研究的思路。本书适合经济理论研究人员、政府机关人员、企业界人士、高校师生阅读。

责任编辑:王辉

图书在版编目(CIP)数据

区域产业成长与转移/张明龙等著. —北京:知识产权出版社,2011.8

ISBN 978-7-5130-0740-5

Ⅰ.①区… Ⅱ.①张… Ⅲ.①区域经济:产业经济—研究—中国 Ⅳ.①F127

中国版本图书馆 CIP 数据核字(2011)第 155124 号

区域产业成长与转移

QUYUCHANYE CHENGZHANG YU ZHUANYI

张明龙等 著

出版发行:知识产权出版社

社　址:北京市海淀区马甸南村1号	**邮　编**:100088
网　址:http://www.ipph.cn	**邮　箱**:bjb@cnipr.com
发行电话:010-82000893 82000860 转 8101	**传　真**:010-82000893
责编电话:010-82000860-8129	**责编邮箱**:wanghui@cnipr.com
印　刷:知识产权出版社电子制印中心	**经　销**:新华书店及相关销售网点
开　本:787 mm×1092 mm 1/16	**印　张**:18
版　次:2011年9月第1版	**印　次**:2011年9月第1次印刷
字　数:340千字	**定　价**:56.00元

ISBN 978-7-5130-0740-5/F·445(3633)

浙江省重点学科“区域经济学”学科主持人
主笔：张明龙

撰稿人（以章为序）
张明龙、徐立、马立举、刘遇洲

前　言

自然界没有足够的现成消费资料，人们必须以一定产业形式，通过制造产品的劳动，才能获得所需的各种生存资料。区域的繁荣和发展，总是建立在一定产业基础上的。产业特别是制造业，通常是推动区域进步的动力系统，是提升区域竞争力的能量源泉，是促使百姓富裕的基本手段。先进区域确保持续繁荣的主要方法，是在以往产业成长的平台上，不断优化产业结构，进一步选择和培育优势产业，同时向外转移劣势产业。落后区域要想接近、赶上或超过先进区域，一个行之有效的对策是，培育产业成长和承接产业转移，促使当地形成产业集群，逐步增强实现赶超的实力和能量。

在区域发展的你追我赶过程中，产业的成长，以及产业的转移和承接问题，自然而然就成为热门话题。《区域产业成长与转移》就是在此背景下形成的。本书是浙江省重点学科“区域经济学”学科建设成果之一。全书由四章组成，现将内容梗概介绍如下。

第一章　区域产业成长与集聚

在非均衡经济状态下，区域发展水平必将出现一定差别，先进地区与落后地区是一种客观存在，核心区与腹地之间的鸿沟也是不可能填平的。这样，落后地区总想赶上先进地区，腹地也日益希望接近核心区。尽管影响区域经济发展的因素是多方面的，但产业性质和结构总是位居显要位置。经验表明，后发区域想要实现赶超目标，其中一项重要措施，是培育当地产业成长，通过优化产业结构，实现经济转型升级，一步一个脚印地奔向前去。

区域产业成长和发展，一直是区域经济学关注的重点。工业区位经济学家韦伯对区域产业成长与集聚问题，作出过许多开创性的研究。他在分析运费最小和劳动力费用最小条件下的工业布局时，提出独创的等费线概念，进而阐明临界等费线内涵，指出突破运费、劳动力费用等各种临界等费线的费用最小区域，对企业选址具有最强的吸引力。特别是，他在阐述集聚概念时，对集聚区的形成有过深刻的分析，为以后的产业集群理论奠定了基础。

产业成长和集聚发展到一定阶段，在适宜的区域条件下就会形成产业集群。典型的产业集群，是在企业集群基础上建立起来的。企业集群中的龙头企业，是推动企业集群发展的发动机，也是推动主导产业壮大的主引擎。而主导产业，则是牵引产业集群奔驰的火车头，同时又是推动区域繁荣的主力军。产业集群具有强大的活力和能量，能够推动区域经济快速发展。然而，它的衰败，也会给区域发展造成严重影响。为了确保产业集群持续健康发展，必须加强技术自主创新，使其能够顺利突破生命周期的拐点。

地处"长三角"南端腹地的浙江省台州市，在培育产业成长方面积累了丰富的经验。台州现有20多个年产值超百亿元的产业集群。台州的产业集群，具有土生土长的原生性，具有特征鲜明的典型性，还具有促进区域发展的示范性。本章将以其为例进行分析，供广大腹地培育产业或产业集群时参考。

对于广大腹地来说，促进产业成长，培育产业集群，除了着眼于当地资源外，也可以通过承接国际和国内产业转移来实现。近年产业的转移，出现了一个重要的新特征：链式化转移与承接现象迅速发展起来，并取代整个公司搬迁的掏空式转移而占居主导地位。这一现象，实质上，是按照价值链、供应链和生产链，在全球范围内进行产业资源的再配置。

对于广大腹地来说，要想抓好产业的培育和发展，当前应着重做好以下工作：①大力培育植根于当地的制造业；②抓紧发展现代制造技术；③推进信息化改造传统产业；④确保当地主导产业优先发展；⑤充分挖掘当地的特色产业潜力。

第二章　产业集群成长动力与模式

产业集群作为介于企业与市场之间的一种特殊经济组织，有一个渐进的系统演化过程。它通过从个体到群体（整体）、由量变积累到质变飞跃的运行轨迹，展现不断发展和壮大的生命活力。长期以来，人们津津乐道于产业集群昭示的竞争优势，甚至把它看成是区域经济繁荣的代名词，把企业集聚当做经济增长的“灵丹妙药”。然而，现实却有越来越多的产业集群步履维艰陷入困境，有的因败落而分崩离析，严重影响区域经济的可持续发展。鉴于此，需要研究产业集群发展的动力机制及其嬗变模式，探索提升产业集群竞争力的有效途径，以便促进区域经济的持续繁荣。本章的基本框架是：

1. 先在回顾国内外相关研究成果的基础上，阐明研究思路、基本框架和主要方法。再从界定产业集群的内涵入手，分析产业集群的一些基础性原理。接着通过评述国内外学者的主要观点，梳理产业集群成长的一般机理，比较不同演进阶段的基本特征，并指出当前研究存在的某些不足。

2. 通过广泛阅读产业集群动力机制的文献资料，高度概括，精心提炼，建立起产业集群嬗变动力机制的模型。该模型由核心层原动力、内圈层互动力、外圈层推动力和竞争者压力内化四个方面构成，各要素之间紧密联系共同推动着产业集群的演进。

3. 论述产业集群演化成长及其模式。先简要分析单个集群的演化成长问题，再从浙江邻近地区产业发展同构比较普遍的现象出发，考察邻近地区相同或相似产业集群在相互作用下发展演化的情况，提出“相邻集群”概念，并详细分析了它的内涵、演化机制以及演化效应。研究结果表明，通过与单个集群的比较可以看出，相邻集群演化成长机制的一个显著差别是，由于邻近地区不同集群的相互作用，使集群出现市场分层效应、空间挤压效应和产业转移效应等。最后，综合不同类型产业集群的共同特点，揭示其演化成长的四种不同模式：发展型、停滞型、转移型、衰败型，并运用案例对它们的主要特征进行多角度的考察和分析。

4. 以浙江桐乡濮院和嘉兴洪合两大相邻的羊毛衫产业集群为例，进行实证分析。进一步探索在相邻地域范围内，同类型产业集群的发展演化机制，并对促使它们产生不同演化成长结果的动力系统进行分析，为产业集群的可持续发展提供些许有益的启示。

5. 针对产业集群演化嬗变的四种不同模式，提出推动产业集群可持续发展的对策和建议。

第三章　成长型汽车制造业优化升级

汽车制造业具有强大的区域经济带动效应，世界上许多国家和地区都试图将其建成当地的支柱产业。美国、日本、德国等主要工业国，韩国等新兴工业国，目前已建立起实力雄厚的汽车产业。我国汽车制造业起步较晚，又由于历史、体制等方面的原因，致使其前期发育迟缓，有过一段艰难曲折的成长历程。1994年，我国颁布了第一部《汽车工业产业政策》，自此开始汽车制造业才真正成为国家的重点产业。

近年，随着综合国力和创新能力的增强，我国汽车制造业迎来了前所未有的快速发展时期。但也暴露出不少问题，如企业规模偏小，自主创新能力较弱，缺少核心技术和关键技术等。为此，众多学者从不同角度，研究我国汽车制造业如何进行优化升级，提出依据全球价值链重组、推进集群化发展、采用现代模块化生产方式等多种思路，这对促进我国汽车制造业的发展有重要的参考价值。但是，综观这些观点，可以发现，它们很少从产业自身变化规律出发研究优化升级问题。针对此况，本章将从我国汽车制造业自身演变的历程出发，探索其优化升级的路径。

本章在梳理和回顾我国汽车制造业运行轨迹的基础上，结合其现状和世界汽车制造业发展趋势，阐明进行优化升级的必要性和紧迫性。接着，依据产业生命周期理论，分析产业的不同发展阶段及其优化升级的一般规律。进而针对我国汽车制造业的发展，用定性和定量两种分析方法，对我国汽车制造业生命周期的阶段性做出判断，确定其目前还处于成长期阶段。同时指出，我国汽车制造业在经历了两次高速增长后，短期内增速会放缓，将会出现一个相对缓慢的过程。因此，它所面临的主要问题是进行优化升级，提升其发展的持续动力和活力。为了提高相关对策建议的有效性和可操作性，特意选择台州汽车制造业的发展为案例进行分析，总结和提炼成长型汽车制造业优化升级的实践经验。最后根据产业优化升级的一般规律，结合台州汽车制造业优化升级的成功做法，以及我国汽车制造业的具体状况，从政府、企业、行业三个角度出发，提出促进我国汽车制造业优化升级的对策措施。

第四章　长三角地区产业转移与承接

产业转移是指由于资源供给或产品需求条件的变化，引起产业从原地点移出并由新地点承接的现象，它可以发生在国际上的不同国家之间，也可以发生在国内的不同区域之间。产业转移是区域经济发展到一定阶段后的必然要求。长三角地区在我国经济中占有重要地位,这里也是产业转移频繁发生的区域。20世纪80年代到21世纪初,长三角的经济增长主要是依靠生产要素投入的拉动,尤其是劳动密集型产业的投资扩张拉动,结果导致资源过度消耗,区域产业结构趋同化。近年,国际上开始了新一轮产业转移,美国、日本等发达国家正在进行产业的调整和升级,并致力于发展新兴知识信息密集型产业,将一部分在本国失去比较优势的资本、技术密集型产业转移到发展中国家去。在此背景下,长三角地区可以借此机会承接发达国家转移的产业,同时转移出高耗能、高污染的产业,从而促进当地产业升级,形成相对利益最大的主导产业和产业体系。

本章通过研究长三角的产业发展状况,利用最新统计数据,采用产业梯度系数法和产业集聚指数法,阐明长三角工业产业中存在比较优势的产业,同时指出这一地区在全国失去优势的产业,为长三角优化产业结构、实施产业转移奠定基础。

之后本章通过选取9种经济指标,采用主成分分析法,利用MATLAB软件进行计算,结果表明安徽省产业承接力在全国各地区中名列前茅。进而论证皖江地区完全具备承接长三角产业转移的能力。同时表明,长三角产业转移到皖江地区之后也完全具有发展潜力。最后以铜陵市为案例,通过产业梯度系数法分析,阐明铜陵市适合承接哪些长三角地区的产业。

作 者

目　录

第一章　区域产业成长与集聚

在市场经济条件下，发达地区通过技术创新，不断产生和吸引新兴产业，保持旺盛的增长势头，使自己的实力逐步壮大，并以自身特有的向心力，把落后地区的资金、技术、劳动力和资源吸引过来，形成回流效应，这会造成落后地区的进一步衰落。同时，发达地区虽然通过扩散效应，可以向腹地输送各类要素资源，但在区域经济发展过程中，扩散效应往往小于回流效应，特别是发达地区销到落后地区的廉价工业品，将会抑制落后地区工业的发展。在此条件下，落后地区要想实现赶超目标，一项重要措施是：通过培育当地产业成长和承接外地产业转移，形成区域产业集聚，建立富有特色的产业集群，提高区域经济集聚水平，设法增强自身的能量积累功能。

第一节　区域产业成长与集聚概述

区域经济集聚水平，往往取决于产业的集聚程度。产业集聚通常以产业集群形式出现，产业集群又是以企业集群为基础的。企业集群中的龙头企业，是推进产业集群成长和壮大的发动机。产业集群中的主导产业，不仅是引领产业集群向前发展的火车头，而且是推动区域经济发展的主力军。为了深入探索区域产业成长与集聚问题，需要先了解产业成长的一些相关理论，以及区域经济集聚的基本内涵。

一、区域产业成长的相关理论

（一）若干常见的产业理论

（1）三次产业理论。20 世纪 30 年代，克拉克和费希尔在研究区域经济的发展过程中，发现区域人均总产出的增加，将导致区域第一产业就业人口或产值的比重下降，第二和第三产业的就业人口或产值的比重相应上升，进而提出了三次产业部门的理论。

(2)产业发展乘数理论。三次产业理论出现不久,诺斯、梯鲍尔和豪特等人,把国民经济分为基础部门和非基础部门,认为基础部门的扩张会造成城市或区域的增长,将促使未来的区域生产总值是原来的数倍,形成一种乘数效果。由此形成了产业和区域发展的乘数理论。

(3)产业关联理论。1936年列昂节夫提出著名的投入产出法,认为一个地区与另一个地区之间,在投入和产出方面有着相互依存关系。通过投入产出分析,根据地区之间的贸易量、人均收入和就业状况,改变现存的工业结构,可以使一个国家或一个地区的工业布局更合理。后来,这一观点逐步演化为产业关联理论。

(二)罗斯托的产业成长理论

1. 主导产业概念的提出

罗斯托在分析经济发展的非均衡现象时,不是像佩鲁等经济学家那样从空间角度,而是从过去、现时和将来的时间角度进行分析。

罗斯托认为,经济发展的历史进程不是一条平坦的道路,而是在波动中不断地向更高阶段推进。经济成长和发展的不同阶段,有不同的主导增长部门或主导产业。主导产业的结构演变,会引起基础设施和区域产业结构发生相应变化,并促进区域经济快速增长。一个主导产业取代另一个主导产业,实现主导产业结构升级,将推动一个地区的经济进入新的高一级阶段。不同地区具有不同的经济发展阶段,各自主导产业的成长和演化,不可能同步进行,所以未来经济的发展必然呈现非均衡状态。罗斯托正是在这一研究过程中,提出并阐明了主导产业概念。

2. 产业的划分及主导产业的内涵

罗斯托根据经济成长过程中不同产业的增长速度,把它们划分为主导产业、补充产业和相关产业三类。

罗斯托认为,主导产业的主要特征,表现为具有高投入产出率,地区比较优势明显,对当地未来经济成长有较强的带动作用。补充产业是为适应主导产业成长而形成的附属性产业,将随着主导产业不断壮大而得到较快发展。相关产业,是指与未来经济增长,特别是跟主导产业的未来成长,具有连锁正效应的关联性产业。

3. 主导产业的产业比较优势

区域主导产业优先发展具有客观必然趋势,主要是由于主导产业与其他非主导产业比较,具有明显的产业优势:

(1)拥有能反映当代科技进步的技术设备,现实的或潜在的劳动生产率高,或技术设备虽然在全国还没有名列前茅，但适合当地生产力发展的实际，能够形成劳动、资金密集型产品的较大优势。

（2）由一系列能取得规模效益的企业群组成，在一定地区的国内生产总值中占有较大份额，或对全国国内生产总值的未来增长有一定影响。

（3）产品在当地生产的机会成本比其交换对方低，在地区市场、国内市场乃至国际市场，具有较高的销售成长率和市场占有率，并具有较高的利润率。

（4）生产所需的资源，当地往往在全国占有重要地位，或其富集程度较大幅度地高于全国的平均水平。

（5）拥有适当数量的补充产业，并有较多的“前向”和“后向”关联产业，能通过连锁效应，推进和拉动地区内一大批产业迅速增长。

（6）能够主导一定地区内未来经济发展和产业结构变动的方向。正是由于主导产业具有上述产业优势，使其能够产生极化效应，引起其他经济活动向它靠拢，形成区域集聚规模经济。通过优先发展主导产业，特别是优先发展主导产业部门中的龙头企业，可以拉动前向产业，推进后向产业，影响旁侧产业，提高补充产业，从而带动整个地区未来经济的快速发展。

二、区域经济集聚概述

（一）区域经济集聚的内涵

1. 区域经济集聚定义

区域经济集聚，指在一定区域范围内，由于某种原因而形成的资源和财富的积聚与集中。在现代汉语中，“集聚”与“聚集”的含义是完全相同的，都表示会合在一起的意思。因此，经济集聚也可叫做经济聚集。

2. 聚核与聚能

（1）聚核。经济集聚，与分散相反，它表现为一种经济向心运动。这种向心运动形成的物质沉淀，就是区域集聚体，通常以企业集群或产业集群形式存在。在一定区域集聚体中，能够吸引周边资源和财富，向其流入或靠拢的核心部分，称聚核。聚核可以是单个企业，也可以是企业集群。单个企业发展成聚核，必须有最低限度的企业规模。聚核的规模标准，在社会经济的不同发展阶段是不同的。就一定发展阶段来说，不同生产部门由于技术条件差异而各不相同，即使在同一生产部门内也会因区位差异而大小有别。

（2）聚能。生产要素因集聚而产生新效益的能力，是集聚能量，简称聚能。聚能大小，可用集聚能级表示。集聚能级，指生产要素在不同状态下集聚所具有的能量值。这种数值是不连续的，好像台阶一样存在等级差别，所以叫能级。

（二）经济集聚的基础

经济集聚，常以特定的区位优势为基础。有的地方原料供应充裕，质优价廉，慢慢集聚为原料型产业区；有的地方背靠广阔腹地，面对深水良港，渐渐形成港口型产业群；有的地方人口稠密，劳动力资源丰富，逐步发展成劳动密集型产业带；有的地方货物集散便利，购销网络发达、完善，商贾相聚而成商贸型产业圈；有的地方大学和科研单位多，科技人员云集，于是，科技产业成龙配套，蓬勃发展。

（三）经济集聚的性质

集聚是现代空间经济的一种组织形式，它由不同产业、企业和个人共同联结而成。在集聚区内，有对整个区域经济发展起核心作用的主导产业，也有为主导产业提供配套或服务的部门，以及区域自给性部门。有在主导产业中占统治地位起领头作用的龙头企业，也有围绕龙头企业共同构成主导产业的其他企业。有位居产业链上游的，如原料、燃料和辅助材料的供应者，机器设备和零配件的制造商，也有位居产业链下游的，如当地产品的批发商、零售商、用户和顾客。有制造物质产品的生产性企业，也有提供教育培训、法律咨询和广告宣传等方面的服务性机构。

（四）经济集聚类型

集聚类型，通常指集聚主体和客体具有共同特征的集聚种类。经济集聚现象，作为一个有机的整体，是由许多不同类型的具体集聚形式构成的。经济集聚类型，可以根据不同标志来划分，一般来说，按产业特征分类是最常见的，它们主要包括：农业集聚、工业集聚、商业集聚、金融业集聚、信息产业集聚、交通运输业集聚、房地产业集聚、饮食餐馆业集聚、旅游业集聚等。

不同产业部门，有自己的集聚特点和规律。但倘若撇开产业差别，从它们走向集聚的原因分析，产业集聚又可分成以下两大类。

1. 关联性集聚

（1）横向集聚。以区域主导产业为核心，吸引为其服务的配套产业、补充产业进入同一区域，并带动受主导产业影响的旁侧产业，以及当地自给性产业共同发展，从而形成横向联系的产业集聚。

（2）纵向集聚。以产业链为基础，吸引前向产业与后向产业、上游产业与下游产业相互靠拢，使前向或上游企业的产出品，成为后向或下游企业的投入品，从而形成具有投入产出纵向联系的产业集聚。

2. 指向性集聚

一个企业选择在什么地方开办，要综合考虑原料、燃料和劳动力的来源，交通运输条件，以及销售市场等情况。不同地点，具有不同的区位优势，有的是原料或燃料产地，有的劳动力资源丰富，有的位于交通枢纽上，有的紧挨最终产品市场。拥有某种区位优势的地点，都会对企业所选区位产生一种引力，而它们往往不在同一方向的一条直线上。这样，优化企业的空间布局，不仅要分析引力的能量大小，还要分析引力来自何方。最终确定的某个企业最优选址，应在各种区位优势引力矢量合力最大的一个方向上。这个方向，即为该企业选址上的指向。具有相同或类似指向要求的企业，集聚在一定区域内成为企业集群，进而形成产业集群，就是指向性的经济集聚。

三、区域经济集聚的溢出效应

（一）溢出效应

1. 溢出效应的定义

溢出效应（Spillover effect）也叫做外部效应或外部性因素。英国著名福利经济学家庇古最先阐明了这一概念，他说，在一方为另一方提供某种服务的过程中，同时为第三方带来好处或损失，这种附带形成的后果，第三方作为受益者不会支付报酬，作为受害者也得不到补偿。此类受益或受损，没有通过货币或市场交易反映出来，都不由发生作用的双方承担，所以是一种外部效应。对于经济主体来说，如果外部效应带来了利益，称作外部经济或积极溢出。相反，如果外部效应带来了损失，称作外部不经济或消极溢出。据此，不难明白，溢出效应的基本内涵是，在某一经济活动中，“根本没有参与的人得到可察觉的利益（或蒙受可察觉的损失）”①。

2. 溢出效应的形式

由于经济行为千差万别，它们产生的溢出效应也各不相同。有的溢出没有明确的对象化主体，任何单位和个人都可享受这份利益。有的溢出受体是确定的，只有特定的对象能够获得它带来的好处。有的溢出效应是单向的，例如，甲方的经济行为可以影响乙方，而乙方的经济行为却不会影响甲方。有的溢出效应是双向的，即甲乙双方之间的经济行为存在着互相影响。有的溢出可以加快要素集聚，有利于中心城市增强吸引力。有的溢出能够促进要素扩散，有利于带动外围腹地一起发展。

（二）集聚产生的溢出效应

集聚可以降低生产成本。马克思说过，这是“由劳动者的集结、不同劳动过

---

① 詹姆斯·米德．效率、公平与产权［M］．施仁译，北京：经济学院出版社，1992：302．

程的靠拢和生产资料的积聚造成的"[①]。集聚能使企业获得节约费用的集聚经济。集聚经济(Economy of agglomeration)本质上是一种外部经济,主要来自企业在相互接触和接近时产生的积极溢出效应。现代经济研究,把溢出效应作为经济增长的重要因素,罗默建立了知识溢出模型,卢卡斯设计了人力资本溢出模型。

我国产业由于集聚程度偏低,空间配置分散,布局不合理,溢出效益损失严重。这不利于主导产业的培育,不利于支柱产业的振兴,不利于幼稚产业的保护,也不利于衰退产业的调整,已在一定程度上影响了我国经济持续发展的实力和后劲。因此,必须深入探索经济集聚带来的溢出效应,充分利用积极溢出,及时消除消极溢出,以便加快实现增长方式的根本转变,提高国民经济的整体效益。

1. 企业集聚的溢出效应

集聚产生的经济向心运动,会把众多企业吸引到一定地点,形成区域集聚体中的企业集群。与单独存在的企业相比,区域集聚体内各企业产生的溢出效应,会更明显,更有效。如何认识企业集聚的溢出效应呢?

假定区域集聚体内的企业A和企业B。如果企业A的产出,完全取决于本企业的投入要素,不受企业B的任何影响,那么企业B对企业A不存在溢出效应。如果企业A的产出,除了依靠自身的投入要素外,还受到企业B产出的影响,这说明企业B对企业A产生了溢出效应。

如果企业B的生产经营活动为企业A带来了好处,企业B产量的增加会引起企业A效益的提高,是一种外部经济现象。倘若企业B给企业A带来一定效率损失,企业B产量的增加会导致企业A成本上升,则造成了外部不经济。

2. 家庭集聚的溢出效应

区域集聚特有的向心力,不仅会吸引生产要素,而且会吸引人口流向中心地区,造成区域人口或家庭的集聚。家庭成员消费社会产品,并为社会提供劳动力。在一定区域集聚体内,家庭个人消费虽然与企业生产消费不同,但它也会产生溢出现象,存在一定外部性经济问题。家庭消费的溢出效应,与物品的品种及数量直接相关。一般来说,普通日用品的消费行为溢出效应较弱,而选购品和耐用品的消费过程会出现较强的溢出现象。

假定区域集聚体内有A、B两个家庭。如果家庭A的消费受到家庭B消费

① 马克思恩格斯全集(第23卷)[M].北京:人民出版社,1975:365.

的影响，提高或降低了消费效用，则说明家庭 B 的消费对家庭 A 产生溢出效应。要是这种溢出效应带来了外部经济现象，那么家庭 A 将会随着家庭 B 的消费，增加原有消费品的功能，提高价值载体的质量，延长使用价值的使用期限，或者节能省耗，更方便，更安全。相反，家庭 A 的消费，将会由于家庭 B 的消费行为而减少效用，或付出更大代价。

3. 公共经济集聚的溢出效应

区域集聚的向心力，离不开公共经济的支撑。聚核质量越高，聚能越大，要求相配套的公共经济越齐备，同时，也会促使公共经济更快发展。公共经济以公用事业为核心，一般指基础设施和服务设施。反映基础设施状况的，主要是铁路、公路、水运、航空和管道运输等交通运输网及交通工具，人均居住面积，供电系统与人均可用电量，给水排水系统与人均可用水量，供气系统与人均可用燃气量等。反映服务设施状况的，主要是邮电、通信、计算机互联网络等信息产业网及电话机、计算机拥有量，商业和金融网点，劳动就业服务机构，科技人员拥有量与科技推广服务网，医院床位数，人均图书馆藏书，以及各类中介组织，如会计师、审计师和律师事务所、公证和仲裁机构、计量和质量检验认证机构、信息咨询机构、资产和资信评估机构等。

作为区域集聚体组成部分的中心城镇或开发新区，公共经济发展到一定水平，形成比较完善的公共物品和公共服务供给，就会产生积极的溢出效应，即通过良好的外在化因素，节省交易费用，降低企业的总成本和劳动者的居住、就业成本，从而更有力地吸引企业和家庭向中心区集聚。

公共经济一旦形成积极的溢出效应，就会通过正效果的外在化影响，为企业带来外部经济。公共经济的积极溢出资源，也会进入个人消费过程，从而提高家庭的消费效用。

与此同时，企业和家庭在中心区的合理集聚，不仅可以充分利用当地公共经济的积极溢出资源，减少公共物品的浪费，而且还能通过自身的积极溢出，提高公共经济的产出效率。

当然，公共经济与企业和家庭之间也会出现消极溢出现象。在区域集聚体内，企业过度集中，超出基础设施和服务设施的承受能力，公共经济就会溢出消极的外部性因素，造成生产经营成本提高。人口的过度稠密，也会导致公共经济供给不足，溢出消极成分，出现居住拥挤，过度就业竞争等问题。

（三）产业集聚的溢出效应

区域集聚体内的产业集聚，以企业集聚为基础。企业集聚可以产生多方面的积极溢出,其中最明显的,恐怕要数信息、知识和技术的溢出和共享。

如果某企业所在区域没有出现集聚现象,周围找不到相关企业,不可能产生积极溢出,也不受别的企业溢出效应的影响。在分散条件下,企业拥有的信息、知识和技术即使存在积极溢出效应,也会由于无人利用而白白浪费,很难产生积极的外部经济。

倘若该企业与别的企业集聚在一起,形成了信息、知识和技术的积极溢出,相关企业就可免费获得这种溢出带来的利益,从而进一步提高各自的信息、知识和技术水平。

信息、知识和技术等生产要素,在产业集聚状态下形成的社会边际产品,大于它们分散时形成的私人边际产品。

第二节　区域产业成长与集聚的一个理论来源

在世界经济思想宝库中,关于如何合理布局种植业、畜牧业、手工业和商业,我国先秦时期的文献就有大量记述。西方古希腊也有不少思想家做过研究。但研究近代产业布局和集聚的著作,其出版时间,距今还只有 200 多年。19 世纪后半叶,龙哈德以钢铁工业为样本,发表了两部著作,对厂址选择问题做了深刻的探索。他在《国民经济学说的数学论证》(1885 年)一书中,首次提出了“区位三角形原理”:假设某空间存在一个原料产地、一个能源基地和一个消费市场,把三点联结起来就形成了区位三角形,企业的所在地应位于三角形内。

阿尔弗雷德·韦伯在龙哈德研究的基础上,全面推进工业布局理论的研究,对区域产业成长与集聚作出了许多开创性的研究,成为这一理论的来源之一。1909 年,他出版了专著《工业区位论》,围绕工业区位,首次分析了工业的区位选择和合理布局,以及区域工业集聚等问题。此后,对工业区位和区域工业集聚理论做出较大贡献的,还有胡佛的《经济活动的区位》(1948 年)、艾萨德的《区位与空间经济》(1956 年)和纳斯的《地域经济学》(1968 年)等著作。这里着重分析韦伯的理论。①

---

① 张明龙,张琼妮.韦伯工业布局论的结构考察[J].浙江树人大学学报,2008,(5):64~67.

一、韦伯的运费最小工业布局理论

韦伯认为，在原料产地、能源基地与消费市场一定的情况下，运费最低的地点可以带来最大利润，是企业选址的最佳地点。

（一）决定运费的主要因素

韦伯认为，决定运费大小的主要因素，是运送货物的重量和运送距离。于是，他把工业原料分成两类：

（1）广布原料。指各地广泛分布、没有稀缺现象的原料。如空气、阳光、水、泥土等。

（2）偏布原料。指只分布于少数地点的原料。如原煤、原油、铁矿石等。它又可分成两类：一是偏布失重原料：加工过程中需要剔除部分废料或下脚料，只有部分重量转移到成品中的偏布原料。二是偏布纯原料：加工过程可以把全部或大部分重量转移到成品中的偏布原料。

（二）企业选址的原则

为了尽量减少运费，企业选址应遵循以下原则：

（1）使用广布原料越多的企业，应越接近消费市场。

（2）使用偏布失重原料越多的企业，应越接近原料产地。

（3）主要使用偏布纯原料的企业，可在原料产地或消费市场之间灵活选择。

如果原料、燃料产地和消费市场分散在许多点上，企业不能单纯依据原料运费来确定布局，可通过区位多角形求得引力最大的方向来选择最佳地点。韦伯根据龙哈德的“区位三角形原理”，假定某企业的原料、燃料产地和消费市场分布在平原上的三个不同地点，企业的最优区位应在三角形的中间。

（三）其他学者提出的完善措施

韦伯模式舍弃了一些不容忽视的重要因素，缺乏实用性。针对这种情况，胡佛和艾萨德等学者提出了改善办法，主要是增补其他需要考虑的一些重要因素，如原料或成品易碎、易腐、易爆情况，成品加工后过大过重难以运输等；还用按运价换算的重量代替自然重量。改善后的企业最优选址原则是：

（1）在原料产地、燃料产地和消费市场等多个点上，如果有一个点的换算重量比值超过其他各点之和，企业的最优区位应在这一点上。

（2）如果没有一个点的换算重量比值超过其他各点之和，应按照运输网分布的特点以不同原则确定企业最优选址。

①中位点原则。原料、燃料产地和消费市场分布在一条运输线上，企业的最

优区位应在中位点上。

②联结点原则。原料、燃料产地和消费市场分布在不同运输线上呈放射状态,企业的最优区位应在三者的联结点上。

③运费最低点原则。原料、燃料产地和消费市场之间的运输系统出现一个封闭的环线(类似阿拉伯数字的6或9),有两个以上具有某种区位优势的点坐落在环线上,只能通过计算运费最低点来确定企业的最优选址。

二、韦伯的劳动力费用最小工业布局理论

韦伯对劳动力费用如何决定工业布局问题的研究,是按照以下程序来进行的:首先提出独创的等费线概念,接着指出劳动力费用最小的区位点具有产业布局优势。在此基础上,阐明临界等费线的内涵,指出突破运费、劳动力费用等各种临界等费线的费用最小区域,对企业选址的吸引力最强。

(一)等费线概念

1. 等费线的定义

韦伯认为,把费用相等的点连成线,形成环绕原料、能源产地和市场的等值圈,这条线就叫等费线。

韦伯指出,同种费用可以环绕不同地点形成等费线。就运输费用来说,可以环绕不同的原料产地形成等费线,也可以环绕能源基地或产品市场画出等费线。如果A、B、C三个产地每吨原料运价相同,但矿石品位不同,加工中分别失重60%、50%、40%,按每吨成品的矿石运费画出的等费线将具有不同密度,如表1-1所示。

表1-1　原料失重率不同导致的等费线差别

原料(吨)	失重率(%)	成品(吨)	运费(元)	10元1条等费线(条)
A=750	60	300	750	75
B=600	50	300	600	60
C=500	40	300	500	50

上表可见,以每吨成品计算,A产地矿石运量最大,费用最多,等费线密度最高;B产地次之,C产地等费线联结范围最远,密度最低。

这里以RM_1和RM_2分别代表两个不同地点的原料产地,以M代表市场。假设RM_1和RM_2生产的都是失重原料,它们的失重率相同均为50%,而原料和产品每吨运价相等。此时,等费线可用图1-1表示。

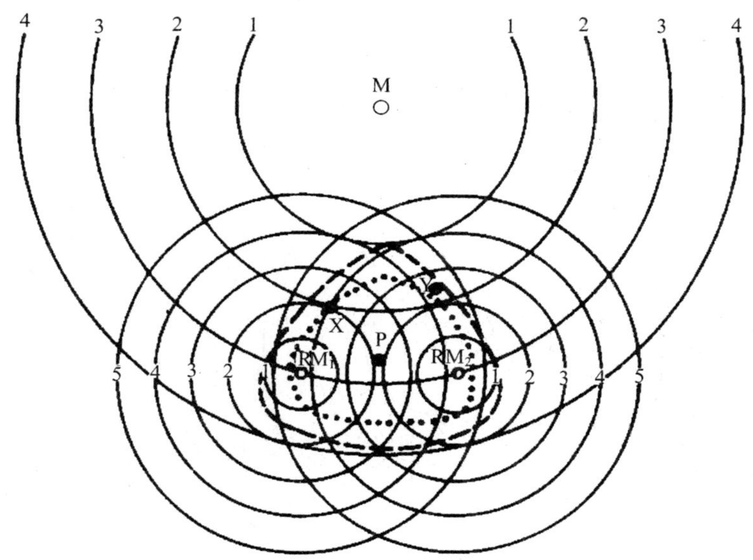

图1-1 运费等费线示意图

上图以市场M为中心的费用等值圈,表示单位产品(假定1吨产品)运往市场的运费。环绕第一原料产地RM_1和第二原料产地RM_2的费用等值圈,表示生产1个单位产品(假定1吨产品)所需原料的运费。由于原料是失重的,而产品是纯重的,所以环绕原料产地RM_1和RM_2的运费等值圈的间距,比环绕市场M的要密得多。

2. 等费线的类型

根据韦伯的观点,不同的费用可以形成不同的等费线。上述分析可知,从运费最小点出发向外移动,可以形成运费逐步增大的无数条等费线。同理,如果从劳动力费用最低点向外推移,可以画出无数条工资逐步提高的等费线(见图1-2);从城市向农村考察房地产租金变化情况,可以形成许多条租金逐步减少的等费线。

韦伯说,不同等费线在一定空间上可以出现交叉或重叠现象,使一些可以相互替代的区域经济活动处于临界状态。

(二)劳动力费用最小点的产业布局优势

韦伯指出,企业选址不仅要考虑运费大小,还要考虑劳动力费用高低。企业究竟开办在运费最小的地点,还是开办在劳动力费用最低廉的区域,主要看两种费用对生产总成本的节约程度。

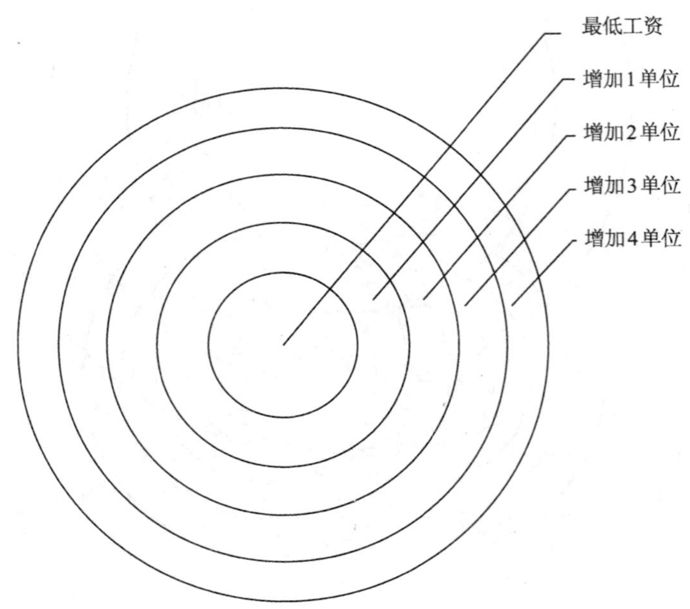

图 1－2　劳动力费用由最低点向外推移的等费线示意图

假设劳动力费用最小的地点，与运输费用最小的地点不一致，如果企业搬到工资水平最低地区节省的劳动力费用，大于由于搬到新地点原料和成品追加的运费，企业就可能离开或放弃运费最小的地点，转移到劳动力最低廉的区域。

假定 A 点是等费线内运费最小的点，而等费线外的 B 点，生产一个单位产品所需劳动力费用比 A 点低 3 个单位，如果到 B 点需追加的运输费用只有 2 个单位，甚至只有 1 个单位，那么从 A 点搬到 B 点就能提高经济效益，说明 B 点是一个总费用较低的位置。

一个企业到底由劳动力成本还是由运输成本决定配置地点，还须考虑其他因素，其中主要应该考虑的是劳动力系数的影响。所谓劳动力系数，指劳动力成本指数与所需运输的总重量的比值。而劳动力成本指数即为每个单位重量产品的平均工资成本；运输总重量包括工业生产需要运输的原料和成品的总重量。

（三）临界等费线

韦伯阐述道，不同等费线，在数值相同时，出现交叉或重叠的点联结成的等值圈，叫临界等费线。

如果企业搬迁后节省的劳动力费用等于由此追加的原料和成品运费，便处于临界等费线状态。此时，运费最小点与劳动力费用最小点，对企业具有相同的吸引力。

临界等费线是分析企业空间布局的有用工具。企业费用支出的各项内容，在不同区域是有差异的，它们的变量在一定条件下可以形成临界等费线。如企业由城市转移到农村而节省的房地产租金与相应追加费用等值时的连线；企业由高税收地区搬迁到低税收地区获得的税收优惠，与追加的运费、销售成本等值时的连线。突破各种临界等费线的费用最小区域，对企业具有最大的吸引力，如图1－3所示。

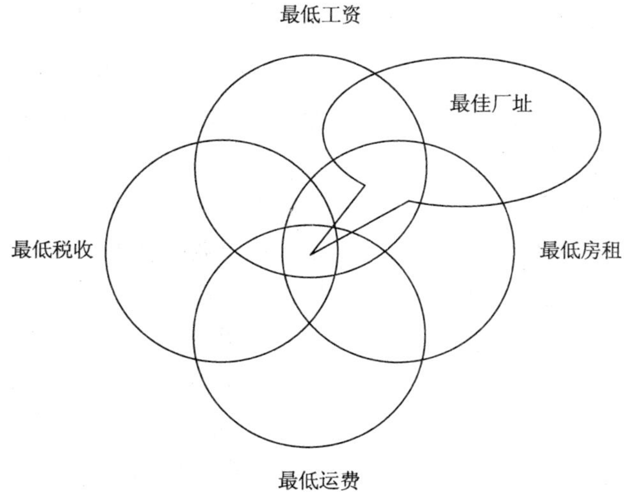

图1－3　突破各种临界等费线的费用最小区域

三、韦伯的工业集聚论

韦伯最早提出要加强对区域经济集聚作用的研究。他在《工业区位论》中，系统地阐述了集聚经济理论。

（一）集聚的内涵

韦伯认为，集聚实质上是工业企业在空间集中分布的一种生产力配置，能使企业获得成本节约的经济效果。集聚可以分成两大类型：

（1）自然集聚。由于港口、交通枢纽和大城市等自然因素而导致的工业企业集聚。

（2）纯集聚。为了集聚的经济目的而产生的工业企业集聚。它与位于一个港口、交通枢纽和大城市所造成的自然集聚现象不同。

韦伯认为，纯集聚的经济效益主要来自企业的规模效益、协作效益和外部经济利益的增长。一个企业获取集聚经济收入的方法主要有两种:一是扩大生产规模,增加生产的集聚程度,从而降低成本;二是选择与自己有密切关联的企业一起配置,可以共同使用专用设备,共同利用劳动力市场,共同使用公共设施,达到降低成本的目的。

(二)企业或产业集聚区的形成

韦伯在阐述集聚概念时,还分析了企业或产业集聚区的形成,这为后来的企业集群和产业集群理论奠定了基础。

他说,像劳动力费用可以克服运输费用最小的区位引力一样,由集聚形成的经济效益,也可以使区位优势偏离运输和劳动力指向。如果一个企业由集聚节省的费用,大于因其搬离运费和劳动力费用最小的位置而追加的费用,它就将按集聚指向进行新的配置。

韦伯仍用等费线方法分析集聚产生的区位引力。假定某空间内有 3 家企业,它们各自存在多条临界等费线。如果 3 家企业的临界等费线不交叉,就不会产生集聚现象。要是它们的临界等费线相互交叉形成一个重叠区域,就会在这个重叠区域内产生纯集聚效应,形成工业企业集聚区。

假定企业由集聚增加 3 个单位的经济利益,那么以此经济利益形成的等值线就是集聚产生的临界等费线。如果 3 家企业搬迁到集聚区需增加的运费和劳动力费用都小于 3 个单位,比如 A 企业为 2 个单位,B 企业只有 1.5 个单位,C 企业是 2.2 个单位,它们就会迁入集聚区内,如图 1-4 所示。企业集群和产业集群,就是在这种企业选址、搬迁形成集聚区的过程中产生的。

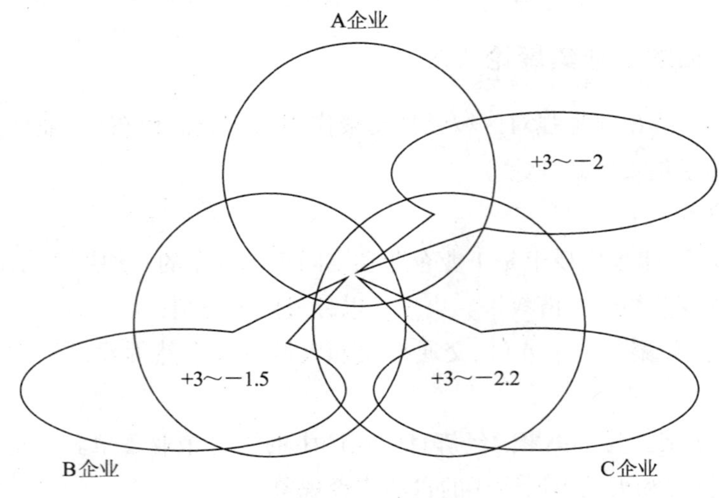

图 1-4　企业集聚区的形成

第三节 产业集群的形成和演变

产业集群,是在企业集群基础上建立起来的。在我国,产业集群越来越显示出自身强大的活力和能量,极大地推动区域经济的发展。同时,也有越来越多的产业集群陷入困境甚至败落,给区域经济的发展带来严重影响。根据科学发展观的要求,为了防止或减少产业集群出现衰退现象,要求我们在研究产业集群积极作用的同时,还须加强研究产业集群的生命周期,设法以延长生命周期来确保它的可持续发展。产业集群生命周期通常包括孕育、成长、成熟和衰退四个阶段,它们有各自鲜明的运行特征。产业集群生命周期曲线存在三个拐点,其中两个为重要拐点:一是出现于成长阶段与成熟阶段之间的巩固点;二是出现于成熟阶段与衰退阶段之间的控制点。从生命周期运行机制分析,产业集群与产业→企业→产品→技术之间存在着一种倒梯级制约关系,后者的生命周期决定前者的生命周期,从而形成产业集群的运行和演变过程。

一、企业集群的形成与发展

(一)企业集群的内涵

企业集群,就是众多既独立自主又相互关联的企业,依据专业化分工和协作建立起来的群体组织。

按专业化分工和协作原则,形成具有竞争与合作双重关系的众多企业,集聚在某一特定地区,共享外部经济等好处。集群内企业之间相对松散,相关企业活动前后关联,形成高效的供应链网络模式,维持着长期的非特定合约关系。它是一种特殊的柔性集聚体,是具有稳定、持续的强劲竞争优势的生产组织形式。

(二)企业集群的形成

企业集群是经济向心运动的产物。区域经济集聚与分散相反,它表现为一种经济向心运动。这种向心运动形成的物质沉淀,就是企业集群。

企业集群的产生与发展,常以特定的区位优势为基础。有的地方原材料供应充裕且质优价廉,有的地方紧挨着市场产品适销对路,有的地方以深水良港为依托运费便宜,有的地方劳动力资源充足平均工资较低,有的地方存在相配套的产业链共享共用信息多,有的地方科技人员云集研发基础扎实,还有的地方具有低租金、低税费优势。这样,由特有优势而节省的成本价值,都会形成自己的临界等费线。如果它们相互交叉,就会出现突破某些临界等费线的费用最小区域,它将吸引越来越多的企业来到自己的身边。于是,这一区域便产生了企业集群。

(三)企业集群的类型

企业集群作为一个有机的整体,是由许多不同类型的具体集群形式构成的。企业集群类型,可以根据不同标志来划分。一般来说,按产业特征分类是最常见的,如加工企业集群、商贸企业集群、金融企业集群、信息企业集群、物流企业集群、房地企业集群等。如果撇开产业差别,从它们走向集群的原因分析,企业集群又可分成两大类。

1. 关联性企业集群

(1)以区域主导产业为核心,吸引为其服务的配套产业、补充产业进入同一区域,并带动受主导产业影响的旁侧产业,以及当地自给性产业共同发展,从而形成产业横向联系的企业集群。

(2)以产业链或价值链为基础,吸引前向产业与后向产业、上游产业与下游产业相互靠拢,使前向或上游企业的产出品,成为后向或下游企业的投入品,从而形成具有投入产出纵向联系的企业集群。

2. 指向性企业集群

一个企业选择在什么地方开办,要综合考虑原料、燃料和劳动力的来源,交通运输条件,以及销售市场等情况。不同地点,具有不同的区位优势,有的是原料或燃料产地,有的劳动力资源丰富,有的位于交通枢纽上,有的紧挨最终产品市场。拥有某种区位优势的地点,都会对企业所选区位产生一种引力,而它们往往不在同一方向的一条直线上。这样,优化企业的空间布局,不仅要分析引力的能量大小,还要分析引力来自何方。最终确定的某个企业最优选址,应在各种区位优势引力矢量合力最大的一个方向上。这个方向,即为该企业选址上的指向。具有相同或类似指向要求的企业,集聚在一定区域内成为一个团块,就是指向性的企业集群。

现代区域发展表明,落后地区要想实现赶超目标,一项重要措施是,通过提高区域集聚水平,形成和发展企业集群,设法增强当地的能量积累功能。所以,合理的区域集聚和企业集群,既是发达地区保持发展优势的利器,又是落后地区摆脱困境的有效手段。

(四)企业集群的主要特征

(1)区域相关企业高密度分布。数量众多的企业集聚在相对狭小的空间内,有利于增强企业之间的内聚力和关联性,产生同向合力的乘数功能,降低企业整体生产费用,获得集聚经济和规模经济。

(2)分工专精而生产富有柔性。集群内众多企业各自有严密而精细的分工,每家企业只需专攻某个产品某一方面的制作，把它们的质量做得很精，批量做得很大，成本做得很低。同时，可以随时依据市场变化灵活调整生产工艺，或采用计算机集成方法，进行小批量、多品种、个性化生产，整个过程具有柔性化特点。

(3)拥有一个学习交流的网络平台。集群内各企业通过分工协作，形成一个相互关联的生产链，并与供应商、销售商、顾客、科研机构和中介服务组织等构建成一个网络系统。网络中各行为主体，通过相互接触和接近获取各自需要的积极溢出效应，共同推进企业集群的持续创新。

(4)依靠向心引力自行发展。企业集群通常是在自发条件下形成的，达到一定规模后就可产生积极溢出效应，形成特有的向心力，促使集群内不断繁衍出新企业，并吸引集群外企业纷纷加盟，通过自组织的形式达到自我增强。

(5)植根于当地深厚的社会环境中。集群内企业往往在同一文化背景中成长起来，以相同文化为纽带联结成相互依存的关系，并创建大家共同遵守的行为准则和行业规范，形成相互信任的社会资本。这能产生一种“集群胶”，使众多企业黏结在一起，既增强了区域整体凝聚力，又使企业深深扎根于当地。所以，企业集群一般具有植根性。

(五)企业集群的演变模式

企业集群产生于不同原因，是一个动态变化的过程。企业集群在演进过程中，由于内部结构或外部环境的变化，常常会发生从一种集群类型向另一种集群类型的更替，从而改变企业集群的区域分布。我国企业集群的发展演变主要呈以下四种形式。

(1)发展型模式。企业集群逐步发展成熟，实现了企业集群的升级和档次提高，逐步向更高层次的企业集群转变。

(2)转移型模式。企业集群随成本上升而向更低成本地区转移。特别是一些外商投资推动形成的企业集群，随成本的上升，一旦发现另一区域具有更好的生产经营场所，能够降低成本，为了生存和保持竞争力，就会出现投资的转移和集体迁入现象。

(3)停滞型模式。企业集群发展到一定规模后不再向前发展，产品质量停留在原有水平，市场容量难以扩大，集群没有通过技术升级和产品档次提高发展到更高层次。

(4)衰败型模式。由于龙头企业败落，缺乏高市场占有率和高利润率的主导产品，又没有高成长率的新产品，内部过度竞争，外部环境不断恶化，企业集群将逐步衰落，直至在这区域完全消亡。

二、产业集群的内涵与类型

（一）产业集群的内涵

产业集群，是指在一定生产领域和一定区域内，一群企业和其他法人机构，以产业链为基础形成既独立自主又相互关联的空间经济组织形式。它有利于提升企业的竞争力，是企业集群进一步发展而产生的空间经济组织。

产业集群增强企业竞争力的作用，主要表现在以下几方面：①通过加强企业之间的合作互补关系，有利于企业扬长避短，发挥自身的更大优势。②通过推进生产要素或资源的有机结合，增强产业之间的内聚力和关联性，产生同向合力的乘数功能，降低整体生产费用。③通过经济要素处于相对密集的状态，以及经济活动数量上的空间扩张，促使区域内企业数目增多和企业规模扩大，减少单位产品需要分摊的固定成本。④通过集群网络的学习交流平台，企业可以获取各种外溢的隐性知识，激发新思想，促进新发明，产生新技术、新工艺和新方法，制成技术含量和利润率高的新产品。⑤通过提高促使资本、财富和劳动力的运行密度，形成企业、家庭和公用事业集中分布的区域格局，达到集约用地的目的。

国内外文献中对产业集群有不同的称谓，如产业区、新产业区、地方企业网络、特色产业区、专业产品区、专业镇、块状经济、集聚经济等，实际都是指产业集群。又由于产业集群是以企业集群为基础，所以有的资料把产业集群称做企业簇群、企业集群、中小企业集群等。

产业集群，是生产集约化基础上出现的。从古代的农业集中耕种，到手工业作坊的集聚区，直至我国目前存在的各个专业化产业区，这一经济现象已经持续数千年。产业集群可以通过自身强大的活力和能量，推动区域经济迅速发展，也会由于陷入困境甚至败落，对区域经济造成严重影响。现代产业集群是以企业集群为基础的，许多企业集群的特征都反映在产业集群上，与企业集群内容相似或重复的就不再赘述了。

（二）产业集群的类型

（1）按产业领域划分，可分为：①水平型产业集群。即同一产业内的企业以及与之关联度较高的其他产业的企业在空间上的集中分布。②垂直型产业集群。即相互独立的不同产业部门之间，由于存在产品上下游关系而形成的企业集合。③混合型产业集群。即除水平型和垂直型产业群外的其他种类产业集群形式。

（2）按产业核心层次划分，可分为：①核心层产业集群，由构成主导产业的企业群组成。②内圈层产业集群，由与主导产业有密切关系的补充产业和相关产业的企业群组成。③外圈层产业集群，由企业以外的其他法人机构，如科研单位、教育部门和各种中介机构等组成的群体。

(3)按产业性质划分，可分为：①高科技型产业集群，如美国硅谷、印度班加罗尔地区、英国剑桥工业园、法国索非亚等产业群。②传统型产业集群，如意大利艾米利亚——罗马格纳地区的产业群。③资源型产业集群，如山西的煤炭、云南的烟草等产业群。④劳动密集型产业集群，如诸暨的织袜、嵊州的领带、温州的制鞋等产业群。⑤市场型产业集群，如义乌、浦江一带为义乌中国小商品城生产专供商品的企业群，永康、武义一带为永康中国科技五金城生产专供商品的企业群。

(4)按集群来源划分，可分为：①内生型产业集群。②外生型产业集群。③外资嫁接型产业集群。

三、产业集群产生的溢出效应

(一)产业集群的溢出效应

产业集群具有鲜明的空间经济组织特征。它通过系统进化的结构演变，促使资本、财富和劳动力的运行密度不断提高，形成企业集中分布的区域格局，达到集约经营的目的。通过推进生产要素或资源的有机结合，增强产业之间的内聚力和关联性，产生同向合力的乘数功能，降低整体生产费用。还通过经济要素处于相对密集的状态，以及经济活动数量上的空间扩张，促使区域内企业数目增多和企业规模扩大，减少单位产品需要分摊的固定成本。这些都包含着产业集群产生的积极溢出作用。

(二)产业集群中企业之间产生的溢出效应

一定区域的产业集群，总是以企业集群为基础的，所以，产业集群产生的溢出效应主要是企业之间的溢出效应。

产业集群产生的经济向心运动，会把众多企业吸引到一定地点，形成区域企业群团。与单独存在的企业相比，产业集群内各企业产生的溢出效应，会更明显，更有效。如何认识企业集群的溢出效应呢？假定企业为 E；E_A 企业生产的产品或提供的服务为 a，E_B 企业生产的产品或提供的服务为 b，各种投入要素为 $x_1, x_2, \cdots, x_n$。如果 a 的产出，完全取决于本企业的投入要素 E_{Ax}，那么，E_B 企业对 E_A 企业不存在溢出效应。如果 a 的产出，除了依靠自身的投入要素外，还受到 b 产出的影响，这说明，E_B 企业对 E_A 企业产生了溢出效应。此时，a 的生产函数是：

$$a = E_A(x_1, x_2 \cdots, x_n, E_B) \qquad (1-1)$$

现用 $\partial E_A/\partial E_B$，表示 E_B 企业对 E_A 企业溢出效应的边际生产率。$\partial E_A/\partial E_B > 0$，意味着 E_B 企业的生产经营活动为 E_A 企业带来了好处，b 量的增加会引起 a 效益的提高，是一种外部经济现象。倘若 $\partial E_A/\partial E_B < 0$，则表明 E_B 企业给 E_A 企业带来一定效率损失，b 量的增加会导致 a 成本上升，造成了外部不经济。

在双向溢出效应的条件下，b 的产出，不仅取决于自身企业的投入要素 E_{Bx}，也受到 a 产出的影响，其生产函数为：

$$b = E_B(x_1, x_2, \cdots, x_n, E_A) \qquad (1-2)$$

这里，$\partial E_B/\partial E_A > 0$，表明 E_A 企业会对 E_B 企业产生积极溢出，将带来外部经济的好现象；$\partial E_B/\partial E_A < 0$，表明 E_A 企业会对 E_B 企业产生消极溢出，将造成外部不经济的不良后果。

企业集群可以产生多方面的积极溢出，其中最明显的，恐怕要数信息、知识和技术的溢出和共享。假定某企业 E 的私有信息、知识和技术为 x_a，其他投入要素为 $x_{b1}, x_{b2}, \cdots, x_{bn}$，如果这家企业所在区域没有出现集聚现象，周围找不到相关企业，不可能产生积极溢出，也不受别的企业溢出效应的影响，它的生产函数是：$e = E(x_a; x_{b1}, x_{b2}, \cdots, x_{bn})$。倘若该企业与别的企业集聚在一起，形成了信息、知识和技术的积极溢出，相关企业就可免费获得这种溢出带来的利益，从而进一步提高各自的信息、知识和技术水平。假定在一定区域内，含有溢出效益的社会信息、知识和技术总水平为 X_A，企业数目为 n，那么，$X_A = x_a n$。需要指出的是，X_A 不等于企业分散时 x_a 的数量合计。因为，在分散条件下，企业拥有的 x_a 即使存在积极溢出效应，也会由于无人利用而白白浪费，很难产生外部经济。因此，X_A 总是大于 x_a 没有积极溢出效益时的简单叠加。

用 $\bar{x}_b$ 代替 $x_{b1}, x_{b2}, \cdots, x_{bn}$，表示信息、知识和技术以外的其他投入要素，规模都保持不变，且没有任何溢出效应。这时，由于集聚，企业单纯受 X_A 影响而形成的生产函数，将按以下路径演变：

$$e = E(x_a; x_{b1}, x_{b2}, \cdots, x_{bn}) \rightarrow = E(x_a, \bar{x}_b) \rightarrow = E(x_a, X_A, \bar{x}_b) \qquad (1-3)$$

在 $e = E(x_a, X_A, \bar{x}_b)$ 式中，E 既是 x_a 和 $\bar{x}_b$ 的规模收益不变函数，又是 x_a 和 X_A 的收益递增函数。这里，X_A 对产出的贡献，可以衡量信息、知识和技术，因产业集群造成溢出而带来的外部经济效果。如果假定 $X_A(t)$ 为社会信息、知识和技术总水平的运行轨迹，根据罗默增长模型原理，任何竞争性厂商都把 $X_A(t)$ 和价格看做是既定的。这样，对个别企业来说，信息、知识和技术的私人边际产品是$\frac{\partial E(x_a,X_a)}{\partial x_a}$；而对社会所有企业来说，在产业集群产生积极溢出的条件下，信息、知识和技术的社会边际产品即影子价格是$\frac{\partial E(x_a,X_A)}{\partial x_a}+n\frac{\partial E(x_a,X_A)}{\partial X_A}$。显然$\frac{\partial E(x_a,X_A)}{\partial x_a}+n\frac{\partial E(x_a,X_A)}{\partial X_A}>\frac{\partial E(x_a,X_A)}{\partial x_a}$，也就是，信息、知识和技术等生产要素，在产业集群状态下形成的社会边际产品，大于它们分散时形成的私人边际产品。

上述分析可知，产业集群的发展，可以加强集群内企业的相互接触和了解，产生积极溢出，并使各企业免费获得积极溢出带来的利益，从而降低成本，获得节约费用的集群经济。产业集群可以产生多方面的积极溢出，其中最重要的是信息、知识和技术的相互吸收与共享。

四、产业集群引起的相关溢出效应

产业集群在提高区域经济运行密度的过程中，不仅促使企业走向集中，产生企业之间的溢出效应，而且促使家庭和公用事业形成集中分布的区域格局，引起它们由于集聚而产生溢出效应。产业集群引起的相关溢出效应，主要来自家庭之间的溢出效应和公共经济的溢出效应。

（一）家庭之间的溢出效应

家庭成员消费社会产品，并为社会提供劳动力。家庭个人消费虽然与企业生产消费不同，但它也会产生溢出现象，存在一定外部性经济问题。家庭消费的溢出效应，与物品的品种及数量直接相关。一般来说，普通日用品的消费行为溢出效应较弱，而选购品和耐用品的消费过程会出现较强的溢出现象。

假定家庭为 F；F_P 家庭的消费为 P，F_Q 家庭的消费为 q，个人消费品的种类和数量为 $y_1,y_2,\cdots,y_n$。如果 F_P 家庭消费受到 F_Q 家庭消费的影响，提高或降低了消费效用，F_P 家庭的消费效用函数是：

$$P=F_P(y_1,y_2,\cdots,y_n,F_Q) \qquad (1-4)$$

当 $\partial F_P/\partial F_Q>0$ 时，F_P 家庭将会随着 F_Q 家庭的消费，增加原有消费品的功能，提高价值载体的质量，延长使用价值的使用期限，或者节能省耗，更方便，更安全。当 $\partial F_P/\partial F_Q<0$ 时，F_P 家庭的消费，将会由于 F_Q 家庭的消费行为而减少效用，或付出更大代价。

倘若 F_P 家庭的消费效用，也能直接进入 F_Q 家庭的消费效用，并对其产生一定的溢出效应，F_Q 家庭的消费效用函数为：

$$q=F_Q(y_1,y_2,\cdots,y_n,F_P) \qquad (1-5)$$

F_Q 家庭在 F_P 家庭消费溢出效应的作用下，要是 $\partial F_Q / \partial F_P > 0$，其消费效用会提高；相反，$\partial F_Q / \partial F_P < 0$，则会降低原有的效用。

（二）公共经济的溢出效应

公共经济以公用事业为核心，一般指基础设施和服务设施。反映基础设施状况的，主要是铁路、公路、水运、航空和管道运输等交通运输网及交通工具，人均居住面积，供电系统与人均可用电量，给水排水系统与人均可用水量，供气系统与人均可用燃气量等。反映服务设施状况的，主要是邮电、通信、计算机互联网络等信息产业网及电话机、计算机拥有量，商业和金融网点，劳动就业服务机构，科技人员拥有量与科技推广服务网，医院床位数，人均图书馆藏书，以及各类中介组织，如会计师、审计师和律师事务所、公证和仲裁机构、计量和质量检验认证机构、信息咨询机构、资产和资信评估机构等。

中心城镇或开发新区，公共经济发展到一定水平，形成比较完善的公共物品和公共服务供给，就会产生积极的溢出效应，即通过良好的外在化因素，节省交易费用，降低企业的总成本和劳动者的居住、就业成本，从而吸引企业和家庭向中心区集聚。

假定公共经济为 P_U；各种基础设施和服务设施的投入为 $z_1, z_2, \cdots, z_n$，公共经济的产出效用为 u。当公共经济完全依靠自身投入，不受企业和家庭等溢出资源的外部性影响时，其效用函数表现为：

$$u = P_U(z_1, z_2, \cdots, z_n) \qquad (1-6)$$

公共经济一旦形成积极的溢出效应，就会通过正效果的外在化影响，为企业带来外部经济。此时，企业的产出函数吸纳了公共经济的溢出内容：$e = E(x_1, x_2, \cdots, x_n, P_U)$，且 $\partial E / \partial P_U > 0$。公共经济的积极溢出资源，也会进入个人消费过程，从而提高家庭的消费效用，这种函数关系可以如此表述：$f = F(y_1, y_2, \cdots, y_n, P_U)$，且 $\partial F / \partial P_U > 0$。

与此同时，企业和家庭在中心区的合理集聚，不仅可以充分利用当地公共经济的积极溢出资源，减少公共物品的浪费，而且还能通过自身的积极溢出，提高公共经济的产出效率。当企业 E 对公共经济产生积极溢出作用时，公共经济随之降低交易成本，增大使用价值，这一函数是：$u = P_U(z_1, z_2, \cdots, z_n, E)$，且 $\partial P_U / \partial E > 0$。当家庭 F 的积极溢出融入公共经济时，公共经济的效用函数表现为：$u = P_U(z_1, z_2, \cdots, z_n, F)$，且 $\partial P_U / \partial F > 0$。

当然，公共经济与企业和家庭之间也会出现消极溢出现象。在一定区域内，企业过度集中，超出基础设施和服务设施的承受能力，公共经济就会溢出消极的外部性因素，造成生产经营成本提高。人口的过度稠密，也会导致公共经济供给不足，溢出消极成分，出现居住拥挤，过度就业竞争等问题。在此情况下，$\partial E/\partial P_U$，$\partial F/\partial P_U$，$\partial P_U/\partial E$ 和 $\partial P_U/\partial F$ 的值，至少有一个甚至全部会小于零。

五、以综合竞争力为基础的产业集群生命周期

（一）运用综合竞争力分析产业集群生命周期

产业集群表现为一种经济向心运动，可以产生节约费用的集群经济，是运用市场经济规律形成经济圈和经济带的重要手段。产业集群是一个鲜活的生命体，有出生之日，也有衰亡之时。国外学者早已关注它的生命历程，如布诺梭把产业集群的成长分为两个阶段，范迪克提出了产业集群成长阶段理论，波特认为产业集群的成长过程存在某种生命周期形态，蒂奇、塞格列和迪尼等人，则探索了如何划分产业集群生命周期的不同阶段。

我们在吸收国内外有关学术成果的基础上，试图以产业集群综合竞争力为依据，描述它的生命周期运行轨迹。① 产业集群综合竞争力，主要包括四项内容：

（1）集群结构，主要考察企业所有制结构如国资、民资、外资，企业规模结构如企业职工人数、年生产能力或产量等，以及相关机构如贸易组织、企业商会、同业公会、律师事务所、会计师事务所、税务机构等。

（2）集群构成要素的各自功能，主要考察构成集群主体的企业、行业协会、政府相关部门等，对促进集群发展和提高集群竞争力所起的不同作用。

（3）集群构成要素的矢量合力，主要考察企业和企业之间的纵向关系、企业和政府、企业和相关支撑机构之间的横向关系，以及它们形成的共同竞争优势和同方向合力。

（4）集群整体运作能力，主要考察集群诸多主体各自发挥功能及相互促进作用形成的集群整体功能，如集群整体的创新能力、集群整体的营销能力、集群整体的风险规避能力等。

根据产业集群综合竞争力这个综合指标，我们把产业集群的一般生命周期划分为孕育、成长、成熟和衰退四个阶段，也称孕育期、成长期、成熟期和衰退期。现把产业集群综合竞争力作为纵坐标，以时间作为横坐标，用来表示产业集群的生命周期曲线，如图 1－5 所示。

---

① 张明龙，官仲章．基于综合竞争力的产业集群生命周期［J］．河南科技大学学报（社会科学版），2008，（2）：80～83．

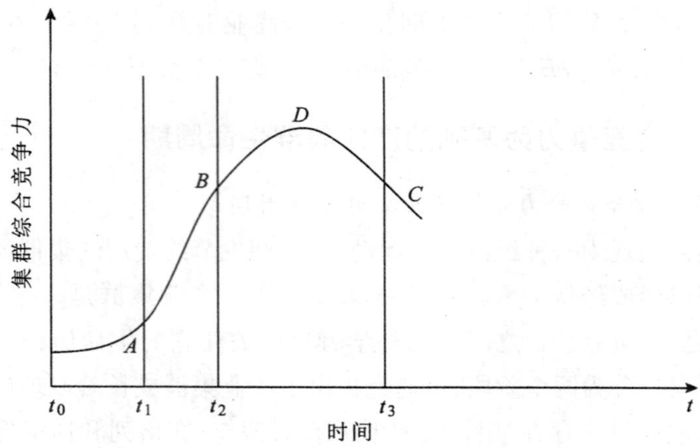

图1－5　产业集群生命周期曲线

（二）产业集群生命周期的四个阶段

1. 孕育期的运行特征

孕育期是产业集群形成过程的初始阶段。它一般表现为：在一个相对集中的区域内，开始创办或通过引进，形成若干生产同类型产品的企业。这些企业相互之间，尚未出现以产业链或价值链为基础的纵向联系，它们的技术创新过程表现为发明→开发→设计→中试→生产→销售等简单的线性过程。

这一时期，由于没有形成相互配套的产业链，从严格意义上来说并没有形成产业集群，也不具备集群所具有的各种优势与特征。所以，此时区域磁场的吸引力比较弱小，生产要素由外围向极点集聚的极化效应不是很强烈。在此期间，本地企业家逐步成长起来。由于企业家的活动具有很强的外部性，成功的经济绩效很容易被当地其他的经济主体发现并被模仿。①

2. 成长期的运行特征

产业集群随着孕育期的发展及企业赢利增多，它的集聚力逐步增强，使大量直接生产同种产品的企业集聚在一定空间内，形成集群的核心层。随着核心层的实力增强和规模扩大，吸引大量与本产品加工相关的企业自发地集聚在核心层外围。这意味着集群开始形成配套的产业链，标志着集群进入成长阶段。这是经济活动的地理集聚与外部经济相互推动而形成的结果。外部经济具有正反馈机制，即一旦产业集聚在某些地区，外部经济就会成为新的企业选择这一地区的推动力，从而

① 朱华晟.浙江产业群：产业网络、成长轨迹与发展动力[M].杭州：浙江大学出版社，2003：93.

促进产业集群的进一步发展，产生更大的外部经济，如此循环下去。①

这一时期，为避免过度竞争和促使集群发展，各种社会网络组织（如行业协会）等中介机构应运而生，基于知识生产和创造的创新服务体系（如教育机构、科研机构）等集群要素也开始形成。企业间开始通过有组织的活动（如展览会、各种论坛）以及非正式的交流进行横向联系。随着各企业在本地的联系越来越紧密，同一地区的知识扩散效应也逐步增强，企业的技术创新从线性式创新逐步过渡到网络式创新。创新的主要特点表现为，不再由一个企业独立进行，而是通过组织间的互动作用，完成知识的产生、传递和积累过程，创新能力迅速提升。与此同时，政府行为和外部竞争，也开始提升集群适应环境和利用环境资源的能力。

3. 成熟期的运行特征

产业集群经过成长期后，形成比较完整和相互配套的产业链体系，开始步入成熟阶段，从而拥有较强的集群竞争力，并逐步趋于稳定。到成熟期，产业集群在一定区域内已拥有数目众多的相关企业，进入集群的企业数目增长率逐步降低，企业集聚趋于稳定。

同时，与产业链上下游各环节配套的企业，已逐渐发展成为配套的企业群，构建成一个完整的产业价值链体系。在产业价值链体系中，相关企业的劳动分工更加明确，各企业之间的联系更加密切，相关企业之间彼此既有竞争又相互合作，形成了一个坚实、稳定、紧密的本地创新网络，呈现出基于共同社会、经济、文化背景的、通过集体性组织形成的根植性特征。这种产业价值链体系，在一段时间内能够维持与增强集群的竞争优势。另外，集群内的社会网络组织作用得到充分发挥，完善的创新服务体系开始形成。

4. 衰退期的运行特征

产业集群到了成熟阶段后期，受内外部多种不利因素的打击或影响，会使其步入衰退期。产业集群一旦进入衰退期，若是无法实施战略调整，它的集聚力将不断减弱，离心力则不断加强。这样，产业集群的生产规模开始萎缩，竞争力不断下降。

在此条件下，集群成员企业可能纷纷外迁，各种资产被变卖，集群内的原有人才和资本开始流往别处，导致区域资源出现转移现象。随着产业集群的持续衰退和成员企业的不断外迁，这一集聚区最终将出现产业空洞化，不再存在原有的集群。②

---

① 朱华晟. 浙江产业群：产业网络、成长轨迹与发展动力[M]. 杭州：浙江大学出版社，2003：93.

② Michael E. Porter. Clusters and New Economics of Competition[J]. Harvard Business Review, 1998. (11)：77 - 91.

六、产业集群生命周期存在的拐点

产业集群可以通过自身强大的活力和能量，推动区域经济迅速发展，也会由于陷入困境甚至败落，对区域经济造成严重影响。例如，产业集群是台州经济的一大特色。改革开放以来，台州依靠发展工业企业，构筑产业集群，促使经济发展水平从全省倒数第二位，跃居浙江前列。对于已有产业集群的区域来说，面对全球性金融危机和严峻复杂的国际经济形势，只有确保产业集群可持续发展，才能顺利实施当地发展战略，有效增强区域综合实力。

产业集群是一个不断演进的生命体，一般包含孕育、成长、成熟和衰退四个阶段。值得注意的是，它的生命周期会遇到引起夭折和衰落的拐点。为了防止或减少产业集群出现衰退现象，必须研究如何突破产业集群生命周期的拐点。

所谓产业集群拐点，就是产业集群生命周期中特殊的、关键的，甚至会发生生命性质变化的时期。准确判断生命周期拐点，可为产业集群及时巩固综合竞争力，保持旺盛生命力，合理配置区域资源，提出合理的解决方案。在产业集群的整个生命周期曲线中，通常会出现三个拐点，其中两个为重要拐点：一是成长阶段与成熟阶段间的拐点，称为巩固点；二是成熟阶段与衰退阶段间的拐点，称为控制点，[①]如图 1－6 所示。

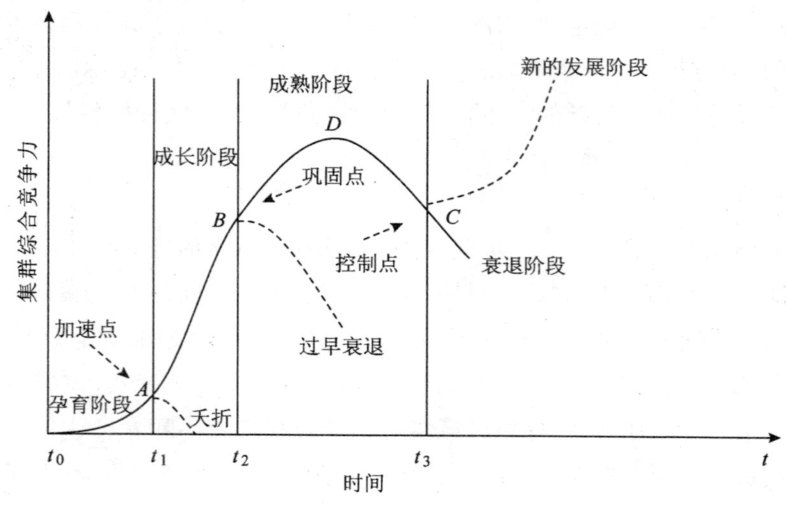

图 1－6　产业集群生命周期曲线拐点

① 张明龙，官仲章. 基于综合竞争力的产业集群生命周期［J］. 河南科技大学学报（社会科学版），2008，(2)：80～83.

由图 1 -6 可以看出，在产业集群的生命周期曲线中，分别有 A、B、C 三个拐点，相对应有 t_1、t_2、t_3 三个时点。在 t_0—t_1 期间，产业集群处于孕育阶段，生命周期曲线是凸起的；在 t_1—t_2 期间，产业集群处于发展阶段，生命周期曲线可能是凸起的，也可能是凹陷的；在 t_2—t_3 期间，产业集群处于成熟阶段，生命周期曲线是凹陷的；在 t_3 之后，产业集群的发展逐渐衰落，处于衰退阶段，直至走向死亡。在产业集群整个生命周期曲线中，我们把成长阶段与成熟阶段间的拐点 B 称为巩固点，成熟阶段与衰退阶段间的拐点 C 称为控制点。成熟期就处于巩固点和控制点之间。

分析产业集群生命周期曲线，可以看到，从巩固点进入成熟期后，有一个惯性上冲的过程，直到最高点。到达最高点后，由于种种原因，产业集群有一个下滑的过程，直到控制点。因此，成熟期又可以分为两个阶段，即上冲阶段（从 B 点到 D 点）和下滑阶段（从 D 点到 C 点）。在下滑阶段的任何一个时点上，产业集群都有可能进入第二个上冲阶段，直至经过下一个拐点进入第二个下滑阶段，以此反复。因此，一般而言，处于成熟期的产业集群都有一个反复上冲和下滑的过程，直至进入衰退期。但是，在这一阶段，稳定发展是常态。

巩固点是产业集群走向盛衰的分水岭。产业集群的生命运动到达巩固点后，会有两个发展方向：一是向上突破，产生质的飞跃，进入生命周期的成熟阶段。这样，产业集群的集聚运动趋于稳定，综合竞争力还有较大的提升空间，但就总体趋势来说它已开始减速而趋向平缓。二是向下滑落，提早进入衰退阶段，乃至走向消亡。这是由于产业集群的离心力或分散力逐渐增强，并超过凝聚力，产业集群成员企业要么开始迁徙到区域以外空间，要么难以维持而出现破产现象；产业集群综合竞争力未能及时得以巩固，出现迅速减弱趋势。值得注意的是，处于巩固点第二个方向即向下滑落的拐点，可以出现在产业集群生命周期成长期的任何一个时点上。

控制点是产业集群发展生死攸关的转折点。产业集群生命周期进入成熟阶段的 D 点到 C 点之间，运行曲线会有一个惯性下滑的过程，但其最终结果同样会有两个发展方向：一是停止下滑，回过头来再次向上健康发展，产业集群的集聚力重新增强并逐步趋于稳定。此时，产业集群采用新技术、新方法或新制度，提高竞争力步入新的发展期，或开始蜕变为更有竞争力的新产业集群，从而进一步走向辉煌。这种结果，可能出现在从 D 点到 C 点的任何一个时段上。二是成熟阶段后期的惯性下滑，转变为衰退阶段的常态下滑，而且这一趋势持续下去不能停止。这样，产业集群凝聚力渐渐耗尽，综合竞争力不断下降直至消失，区域出现产业空洞现象,产业集群消亡了。[①]

七、产业集群突破生命周期拐点的关键

产业集群只有通过加强技术自主创新,才能突破主产品的技术限制,才能开发出未来可成为主产品的新产品。只有这样,才能促使龙头企业不断壮大,促使主导产业竞争力不断提升,既可向上突破巩固点,又可从控制点起死回生。不言而喻,加强技术自主创新,是产业集群突破拐点使生命得以延续的关键。

(一)产业集群生命周期取决于主导产业生命周期

主导产业的投入产出率高,具有明显的地区比较优势,对当地未来经济成长有较强的带动作用,是整个产业集群中的主导力量和核心部分。

补充产业和相关产业,通常是因主导产业发展的需要而产生的。它们一般在产业集群生命周期的成长阶段开始形成并融入集群,孕育期起始点普遍晚于产业集群,但衰退阶段又是与产业集群相同的,所以它们的生命周期没有产业集群那么长。而且,它们的兴衰成败尽管会影响产业集群的发展,但不能决定产业集群生命周期的运行走向。

主导产业的作用则要大得多,它与产业集群生命周期曲线不仅形状大致相同,而且运行轨迹也非常接近,在一定条件下还会出现重合。就持续时间来说,主导产业与产业集群的生命周期长度大体相当,有时它的孕育期起始点略早于产业集群。而且,主导产业具有其他非主导产业无法比拟的产业优势,能产生极化效应,引起其他经济活动向产业集群靠拢,形成区域集聚规模经济。通过增强主导产业的竞争力,可以拉动前向产业,推进后向产业,影响旁侧产业,提高补充产业,从而带动整个产业集群快速发展;反之亦然。主导产业的兴衰成败,决定产业集群的繁荣与衰落,决定产业集群生命周期的运行轨迹。

(二)主导产业生命周期取决于龙头企业生命周期

1. 产业与企业在生命周期方面的联系

产业与企业的生命周期曲线形状大致相同,但在生命周期的持续时间上,一个产业要远远长于一个企业,因为产业生命周期是由众多企业生命周期有机联结而成的。不过,在特定条件下两者的生命周期也会产生重合。生命周期运行轨迹与产业重合或接近的企业,通常是在一定区域产业部门中占统治地位起领

---

① Grabher, G. . "The weakness of strong ties; the lock – in of regional development in the Ruhr area". In: Grabher, G. (Ed.), The embedded firm; on the socioeconomics of industrial networks. London, New York: Routledge, 1993:255 ~ 277.

头作用的推进型企业,即主导产业中的龙头企业。构成龙头企业的经济组织,可以是一个工厂,也可以是由若干核心企业共同组成的联合体。

2. 龙头企业的主要作用

主导产业部门的龙头企业迅速增长,造成集聚优势,促使主导产业不断壮大,从而引起其他经济活动向核心区靠拢,这一过程称做极化现象。极化现象将带来企业集聚、区位集聚和城市化集聚等集聚经济。

极化现象的直接结果就是极化效应,或叫做回流效应、倒流效应。它主要表现为生产要素由外围向龙头企业的所在地集聚,也就是在龙头企业的吸引下,腹地区域的财富包括资金、技术、人力和资源,不断流向主导产业迅速成长壮大的核心区,从而使核心区享有并保持集聚经济的优势。在极化效应的作用下,一定区域的经济活动集中于少数地点上,这些地点只要集聚经济优势尚在,即使早期龙头企业的吸引力消失了,它们仍然可以继续保持一段时间的繁荣局面。当然,极化效应不是无限的,如果核心区的工资、地租和公共服务费用,以及过度拥挤导致的开支等成本,超过集聚经济带来的利益,就会直接影响龙头企业的实力和后劲,造成主导产业对区域经济的推进力减弱,严重时甚至会导致核心区繁荣的现象消失。

龙头企业推动主导产业成长壮大,还会促使核心区不断向周围腹地产生辐射作用,释放自身能量,把产品、装备和原材料等核心区,扩散到外围地区,形成一种与极化效应引力方向相反的扩散效应。扩散效应的大小和强弱,取决于核心区的能量积累状况,实际上,主要取决于主导产业与龙头企业的创新能力、规模和素质。

3. 龙头企业决定主导产业的生命周期

前面分析可知,龙头企业是主导产业的核心部分,是推进区域产业乃至整个区域经济发展的动力来源。龙头企业不断壮大,会引起区域相关企业由分散走向集中,造成企业集聚,并促使主导产业迅速增长。不同类型企业的生命周期,对主导产业生命周期的影响是大不相同的。核心层外围单个企业消亡,可能对主导产业生命周期毫无影响,但龙头企业一旦出现衰败迹象,将会引起众多相关企业一起败落,主导产业的生命也就岌岌可危了。因此,在一定区域中,主导产业延长生命周期的一个重要方法,就是千方百计促使龙头企业兴旺发达,从而带动整个产业集群共同发展。在主导产业正常运行的情况下,它的生命周期曲线,是以龙头企业为基础的一个个企业生命周期曲线的包络线。

(三)龙头企业生命周期取决于主产品生命周期

企业与产品的生命周期曲线形状大致相同,但在持续时间上存在很大差别,企业生命周期是由一系列产品生命周期共同组成的，它要远长于一个产品的生命周期，当然在特定条件下它可以与某个产品的生命周期相重合。生命周期运行轨迹与企业重合或比较接近的产品，一般是具有高利润率、高销售成长率和高市场占有率的主产品。

龙头企业可以通过扩大主产品的市场容量，延长主产品的生命周期来增强自己的活力和生命张力。一个充满活力的龙头企业，除有主产品外，必定还拥有：①目前虽不能获利但有良好发展前景，预期将来可以成为主产品的新产品。②目前仍有较高利润率但销售成长率已趋向降低的维持性产品。③已近生命尽头的疲软产品。

龙头企业的生命周期，实际上是在不断开发新产品和剔除疲软产品，从而保持足够的主产品来得以延长的。如果龙头企业产品不断走向疲软状态进入衰退阶段，而没有新产品可以补充，这时龙头企业的生命就会随产品淘汰而寿终正寝。与此不同，当一种产品处于疲软状态，生命周期走向衰退阶段时，若通过技术创新获得的新产品可以更好地替代它满足消费需求，那么龙头企业生命周期曲线将以向上攀爬的姿势继续发展。在此条件下，龙头企业生命周期曲线，是以主产品为基础一个个产品生命周期曲线的包络线。

（四）主产品生命周期取决于技术自主创新生命周期

技术生命起始于科技自主创新和开发。科技创新和开发成果，表现为科学上的发现或发明通过应用研究和开发研究，形成可交给工厂制造的新产品。作为科技成果开发的新产品，是科研机构提供给厂商的样品或样机，不同于企业大批量生产用来满足社会需要的新产品。它从科研领域走向生产领域，存在于科研—生产环节中。而提供给消费者个人消费的新产品，则是从生产领域走向消费领域，存在于生产—消费环节中。

科技成果开发，不仅要制造出物质形态的样品，而且关键是要研究出制造该产品的技术和工艺，它涉及产品、材料、装备、工艺流程等自主创新活动。整个技术自主创新的生命周期，就是由这些创新活动共同组成的。

技术自主创新生命周期的曲线形状，与主产品生命周期的曲线形状大致相同，在特定条件下两者是可以重合的。在持续时间上，主产品生命周期的长度，取决于技术自主创新生命周期的最大时限。当然，一个主产品，可以通过多次技术创新，使自己的生命周期得以延长。

综上分析可得出简要结论：要确保产业集群之树常青，不断延长它的生命周期，必须努力提升主导产业的竞争力，促使龙头企业不断壮大，大力开发未来可成为主产品的新产品，加强技术自主创新突破主产品的技术限制。

第四节　培育产业集群的案例分析

浙江省台州市位于“长三角”地区南端腹地，在核心区的挤压和拉动下，由传统农业区脱胎为原生型的新工业区。它的空间拓展与联系，与核心区具有明显差别，它的经济发展方式也与核心区大不相同。[①] 可以说，台州培育产业成长、促进区域经济集聚走过的成功道路，为广大腹地树立了榜样。台州产业集群具有土生土长的原生性，具有特征鲜明的典型性，还具有促进区域发展的示范性，所以本节选择台州产业集群为案例进行分析。

一、产业集群案例选择的理由

（一）台州产业集群具有土生土长的原生性

台州北枕天台山，南卧雁荡山，西靠括苍山，三面群峰耸立，留下东部面对浩瀚东海，自然地理形状大体与拉丁字母C相似。陆上与其他地区交界处，多是崇山峻岭，沿途沟深坡陡，崎岖不平，历史上交通十分不便，相对比较闭塞。

台州虽然地处浙中沿海，但20世纪50年代是海防前线，60年代则成了“文革”火线，国家历来很少投资建设。改革开放前，国有、集体工商企业数量少，规模小，农业人口占总人口的80%以上。到了80年代，许多外出经商、打工的农民带回了资金和生产资料，也带回了生产技术、管理经验、经营技巧和活跃的市场意识，促使小作坊式的家庭工厂蓬勃发展。

为了壮大家庭工厂，有些台州作坊主，从“合伙经商”中得到启发，通过集资合作创办工业企业。这类企业的特点是自筹资金，合资合劳，利益同享，风险共担。当地人把这种制度创新，叫做“打硬股”。此类“联户企业”，后来在不断完善企业制度和经营管理原则的基础上，逐步发展成股份合作制企业模式。

股份合作制企业，坚持以劳动合作为基础，不劳动者不得入股，摒除了只拿分红不参加劳动的空股，仍然保留合作制原则。同时，它又具备股份企业筹资、分配、产权关系和经营管理等特点，体现股份制原则。这种新型的企业制度，“集千家资、聚千家力、致千家富”，比较符合当时台州发展经济的实际，在这块大地上蓬勃发展，为台州日后的区域繁荣开辟了一条广阔的道路。

---

① 张明龙，等. 中国区域经济前沿研究［M］. 北京：中国经济出版社，2006：60～61.

随着股份合作制企业的进一步发展，有些企业以生产车间为基础，孵化出许多上下游相关联的独立企业。有些企业以入股者承包业务为起点，逐步分化出许多相互并列的私营公司。还有些企业成长为典型的股份公司，甚至羽化为区域龙头企业。例如，2010年，台州有仙琚制药、伟星新材、南洋科技、爱仕达、齐合天地、艾迪西、双环传动、浙江永强、新界泵业等9家企业挂牌上市，募集资金总额达82.85亿元，其中齐合天地，以红筹方式登录香港主板市场，实现境外上市零的突破。到去年年底，台州累计已有上市公司23家，累计融资总额达到160.2亿元。一个地级市，拥有这么多上市公司，足见当地培育龙头企业绩效显著。

这样，在一个相对狭小的空间内，高密度地分布着有千丝万缕联系的企业，出现了企业集群。接着，这些企业集群与其他法人机构一起，以产业链为基础有机联结为一个空间经济组织，便成了产业集群。台州的汽车、摩托车及配件集群、缝制设备集群、塑料制品集群、模具集群、家用电器集群、阀门集群、鞋帽集群、服装集群等，都是这样土生土长发展起来的，它们深深地烙着原汁原味的印记。

（二）台州产业集群具有特征鲜明的典型性

台州产业集群经过多次升级演化，已经跃升到较高的发展平台。它早就摆脱了发展初期那种家庭作坊的形式，不再是群龙无首的乌合之众，而是特征鲜明的典型集群。

这里，大部分产业集群都以自己的核心产业为基础，形成主导产业，同时有各自的补充产业和相关产业。主导产业中，通常有一家或几家起领头作用的推进型龙头企业。正是这些推进型龙头企业，促使主导产业不断壮大。围绕着龙头企业，成百上千家企业集聚在一起。它们按照产业链各环节严密而精细的分工，各自选择某个生产过程，专攻一二个零部件，甚至专攻某个重要零件的几道加工环节，共同把产品质量做精，批量做大，成本做低。

在台州，许多产业集群，已经以优势产业为核心构筑起主导产业，补充产业紧跟主导产业发展并提供配套产品，上下游关联产业相互靠拢、紧密协作。于是，出现了大中小企业和谐共生，不同厂商各得其所的空间经济组织形式。同时，这些产业集群，往往有专业市场相配套，有社会网络可依托，有区域特色文化可传承。这样，尽管产业集群的众多企业是相互独立的，但是它们又在同一产业链的基础上紧密联结在一起，从而使集群的特征越来越鲜明。

（三）台州产业集群具有促进区域发展的示范性

台州没有资源优势可言，境内除了少量沿海平原外，大多是山区、半山区，可用土地十分紧缺，人均耕地只有0.4亩。人均水资源1650立方米，仅及全省的

80%。缺电严重,在用电高峰期,电力缺口在70万千瓦以上。特别是,由于山高坡陡,筑路条件困难重重,成为浙江陆上最迟通铁路的地级市。

过去很长一段时间内,台州一直属于浙江的落后地区。1978年,台州国内生产总值仅10.13亿元,人均225元,工业总产值6.5亿元,财政总收入只有1.19亿元,经济发展水平处于全省倒数第二位。

改革开放后,台州依靠大力发展制造业,逐步由家庭作坊发展为私营公司,由单家独户厂商发展成企业云集的块状经济,进而培育出20多个年产值超百亿元的产业集群。产业集群中的龙头企业,规模越来越大,实力日益雄厚。到2010年,已出现年产值超10亿元企业42家,超亿元企业724家;年主营业务收入500万元及以上工业企业(下面简称规模企业)6322家。

台州区域经济在产业集群的推动下,犹如搭上奔驰的列车飞速前行,综合实力在全省的排名不断前移。经济总量先后超过舟山、丽水、衢州、湖州、金华和嘉兴,跃居全省第5位。财政总收入曾连续保持7年超过绍兴,跃居全省第4位,仅次于杭州、宁波和温州3市。2010年,台州实现生产总值2415.12亿元,人均生产总值为41582元,按年平均汇率折算已达6143美元;规模企业完成工业总产值3783.32亿元;财政总收入310.6亿元,增长18%,地方财政收入165亿元,增长21%。不难看出,台州产业集群在促进区域发展方面,具有示范性。

二、台州产业集群的发展现状

(一)汽车、摩托车及配件产业集群

台州是我国最大的摩托车及汽车配件生产基地,现有汽车、摩托车及配件生产企业3000多家。

目前,台州全市汽车整车年生产能力超过30万辆,2009年汽车产量为17.18万辆。台州的吉利集团是全国第一家生产轿车的民营企业,2009年该企业全年实现整车销售33万辆,其中1/3在台州生产;另外,年产30万辆轿车的汽车工业城正在台州建设中。2010年3月28日晚,吉利集团在瑞典哥德堡与福特汽车签署最终股权收购协议,获得沃尔沃轿车公司100%的股权以及包括知识产权在内的相关资产。吉利集团计划在2015年建成200万辆产能。

台州生产的汽车冷却器、齿轮、轴承、刹车管、减振器、刮雨器、方向盘、汽车电器等产品在国内外市场均有较好的知名度和影响力;汽车用皮带轮、橡胶密封件、紧固件、高强度螺栓、摩擦片、离合器、传动轴、气门推杆、微型车凸架总成、汽车水泵、刹车泵、车内装饰件、空调压缩机等已形成较大规模,在国内汽车市场占有一定地位。目前,随着汽车整车生产企业的逐步发展,发动机、变速器、制动

器、方向助力器等汽车关键部件的研发正在向纵深发展，开始形成一批具有自主知识产权的创新成果，配套范围也在不断扩大。

台州的摩托车产量约占全国总量的10%，其中踏板式摩托车产量占全国的50%，配件占70%。钱江摩托集团的销售和利润，在全国同行中名列前茅，“钱江”品牌先后被评为中国驰名商标和中国名牌产品。2007年，台州共生产摩托车233万辆。2009年，由于受国际金融危机冲击，出口量急剧下降，生产总量出现了负增长，但摩托车整车生产企业都经受住了考验，没有出现因产量减少而倒闭。

台州汽车、摩托车及配件行业自主创新能力较强，产品趋于多样化和个性化，零部件产品结构比较完善，配套体系基本形成。

（二）医药化工产业集群

台州是我国最大的医药化学原料药生产出口基地，也是全国唯一的国家级化学原料药出口基地。近年，台州逐步形成一个实力雄厚的医药化工产业集群，它以海正药业、华海药业、仙琚制药、海翔药业、联化科技、永太科技等一批科技含量高、资本规模大、产品销路广的医药化工企业为龙头，带动2000多家中小企业共同发展，形成产业集群内部分工明确、良性互动的运行机制。

台州医药区域品牌优势明显。随着医化行业的梯度转移和市场分工协作的加快，台州化学原料药及其中间体档次不断提升，出口发展迅速。每届国际、国内化学原料药会议上，台州医化企业均占有相当大的比重，大会交易的大多数品种在台州均可采购和生产。外贸出口每年都以30%以上速度递增，其中激素类药、抗肿瘤药、抗生素药的产量和出口量居全省第一位，已形成“台州医药”的区域品牌。同时，企业家们跨出国门，直接与终端客户面对面洽谈，国际竞争意识不断增强。认真实施国际标准，通过美国FDA认证和欧盟COS注册，获取进入国际市场的“通行证”，“台州医药”的区域品牌进一步凸显。

台州化学原料药及其中间体的生产已在全国医药领域占有重要地位，许多品种在国际市场上有很强的竞争优势。海正集团是国家确定的抗生素抗肿瘤药生产基地，蒽环类抗肿瘤药产量名列世界前茅，其中阿霉素产量占世界的65%，表阿霉素占世界市场20%以上的份额；是继美国Merck制药公司之后，世界上第二家生产生物农药阿佛菌素和依维菌素的厂家，也是中国医药行业唯一一家由世界卫生组织（WHO）指定的全球抗结核病药物的生产企业；华海药业生产的心血管药物卡托普利的产量居世界第二位，依那普利的产量居世界第四位；中贝九洲生产的治疗癫痫药物卡马西平约占世界产量的60%；此外，永宁制药、仙琚制药、东港集团、海翔药业等生产的头孢菌素及其侧链、计划生育类药和激素类药、喹诺酮类药、氯洁霉素系列药物等产品在国内外医药市场上均具有较强的竞争力。①

据统计,截至2008年底,台州有医化企业2309家,实现产值361.11亿元。其中,415家规模以上医药化工企业实现总产值305.77亿元。到2009年,台州上市公司数量增至14家,而它们主要集中在医药化工领域。台州有500多个批量生产的化学原料药及其中间体品种,其中获得美国FDA注册认证的55个,欧盟COS注册认证的57个,澳大利亚TGA注册认证的16个,日本注册认证的21个,韩国注册认证的9个,印度注册认证的40个。2010年,台州规模企业,生产化学原料药5.93万吨,比上年增长25.5%。

(三)缝制设备产业集群

台州是我国最大的缝制设备生产出口基地,拥有年产各类缝制设备500多万台的能力。20世纪90年代以来,飞跃、中捷、宝石、杰克、珠光、通宇、求精、中森、大洋、顺发等一批缝制设备企业,如雨后春笋般地茁壮成长在台州大地。有关资料显示,在全国缝制设备行业中,排名前8位的企业台州占有6家。到2007年,台州缝制设备及配件生产企业达1000多家,规模以上企业总产值159亿元,生产各类缝制设备300多万套,占全国的1/4,出口额超3亿美元,约占全国的40%。产品品种多达300余种。拥有2个中国驰名商标:"飞跃"、"中捷";3个中国名牌产品:飞跃缝纫机、中捷缝纫机、宝石缝纫机。据有关资料统计,2010年,规模企业生产的缝纫机产量为262.83万架,比上年增长32.9%。

台州缝制设备产业集群,近年的发展重点是:

(1)特种机系列。在缝制设备中,特种机的加工和生产具有相当的技术难度,同时也具有较高的附加值。目前,我国仅有少数大型企业具有特种机的生产能力。服装产品的多样化,使服装生产企业对特种机的使用越来越多。台州缝制设备企业抓住市场需求这一变化,加快对订扣机、开袋机、锁眼机等特种机系列产品的开发和生产,已占有较大份额的特种机市场。

(2)机电一体化设备。在传统缝制设备产品上加装电脑,实现机电一体化,已成普遍趋势。机电一体化技术强化和扩展了纯机械产品的功能,减轻劳动强度,提高工作效率,有着广阔的前景。台州正在加快研制开发机电一体化产品,着重攻克电子芯片技术难关,充分运用嵌入式软件,不断提高缝制设备产品的技术含量和附加值。

---

① 台州市人民政府文件.关于批转台州市医药化工行业发展规划的通知[Z].台政发[2004]56号:5~6.

(3)多功能家用缝纫机。现代多功能家用缝纫机由于机电一体、功能多样、轻巧灵便而备受人们瞩目。台州已把多功能家用缝纫机的研制和生产,作为推动缝制设备产业发展的一个新增长点。

(4)其他缝制设备。重点发展电脑绣花机、裁剪机、黏合机、整烫机、定型机、吊挂设备、成套设备等其他缝制设备产品。

(5)缝制设备零配件。采取差异化发展战略,重点加强特种机零部件的研发与生产。

飞跃集团曾是国内缝制设备产业的"龙头企业",被认定为国家火炬计划重点高新技术企业,列入"全球最具竞争力中国公司50强",飞跃缝纫机被评为"中国十大世界影响力品牌"。

2008年上半年,飞跃集团受人民币升值、原材料涨价、下游纺织服装产业萎缩以及自身管理缺陷等因素影响,出现财务危机。浙江省、台州市、椒江区三级政府随后出台了一系列具体措施,努力帮助企业走出困境,维持正常生产。

2009年春节前夕,飞跃集团终于渡过持续10多个月的财务危机,成功重组。由7家企业参股,宣告成立浙江新飞跃股份有限公司,持股比例分别为:星星集团有限公司占31.65%,飞跃集团有限公司持有30.38%,台州市椒江区国有资产经营有限公司为14.24%,中捷缝纫机股份有限公司为9.49%,浙江海正集团有限公司为6.33%,钱江集团有限公司为4.75%,浙江新杰克缝纫机股份有限公司为3.16%。"新飞跃"建立了完善的法人治理结构,董事长由飞跃集团董事长邱继宝兼任,董事会聘请了业内资深专业人士卜伟平担任总经理,体现了"股权社会化、运作规范化、团队专业化"的特点。"新飞跃"正以崭新的面貌,在台州缝制设备产业集群中发挥自己应有的作用。

(四)家用电器产业集群

台州是我国重要的家用电器及制冷配件生产基地,现有家用电器生产企业8000家,其中规模以上企业700多家,年产值超过400亿元。台州家用电器产业集群在成长历程中,生产经营紧密结合市场需求,形成了多样化、系列化的产品种类,2009年在国际金融危机的冲击下,其主要产品产量仍然以较大幅度增长:家用电冰箱202.41万台,比上年提高9.8%;冷柜203.06万台,比上年增长15.8%;房间空调器19.05万台,产量也比上年有所增加。

从门类划分来看,具备了制冷系列、厨房系列、卫浴系列、小家电系列等四大类的生产能力,其中厨房炊具系列和卫浴系列产品规模优势、品牌优势及市场竞争优势明显。

从品种划分来看,具备了四大类系列化的生产能力,小到电热壶和电风扇,大到智能化变频中央空调和整体浴房，种类齐全、品种繁多。

从市场占有率来看，一些产品具有市场控制力。冷柜、压力锅、不粘锅、便洁宝等产品的国内市场占有率居第一。其中，不粘锅占据国内市场80%以上，压力锅占据国内市场60%～70%，整体浴房、空调、吸尘器、半导体小冰箱、冰箱压缩机、电热壶等产品都具有较强的市场竞争优势和规模优势。

同时，形成了国家级、省级、市级多层次的品牌体系，拥有3个中国驰名商标："星星"、"苏泊尔"和"爱仕达"；4个中国名牌产品："星星"冷柜、苏泊尔压力锅和不粘锅、爱仕达不粘锅；还有"双鹿"空调是国家质量免检产品。

（五）模具塑料产业集群

台州是我国最大的塑料模具生产基地，其中电视机外壳塑料模具覆盖全国50%的电视机生产厂家。台州的塑料模具行业在国内外享有较高的知名度，产业规模、生产工艺和技术水平、质量管理等处于全国同行业领先地位，素有"模具之乡"、"塑料制品王国"之美誉。台州模具技术和人才独具优势，模具制造企业近1000家，塑料制品生产企业上万家。

台州生产的模具90%以上是塑料模具，以注塑、吹塑模具为主。从塑料模具的用途看，主要是汽摩配件塑料模具和日用塑料制品模具，占总量的70%以上。部分模具生产企业开始生产精密家电配件和大型汽车配件模具。从销售地域看，以国内为主，出口规模进一步扩大，高档模具开始向意大利、日本、法国等发达国家出口。

台州塑料制品从结构上分析：规模企业的主要产品包括型材、板、管及水道配件，汽车、摩托车配件和生活用塑料制品三大类；小型工业企业以生产生活用塑料制品和汽车、摩托车配件为主；个体加工户主要生产包装用塑料品、农渔用塑料制品、玩具及工艺品等。目前，规模企业逐步从生活用塑料制品市场中退出，主攻工程、工业用塑料制品生产，已有部分规模企业开始生产家电产品和摩托车成品。

台州塑料模具的产业集聚基本定型，分工协作体系初步形成。在整个产销活动中，已形成从塑料原料采购、模具设计制造、塑料制品生产及交易市场等一系列专业化分工协作体系。塑料原料以聚氯乙烯、聚丙烯、聚乙烯、ABS为主，约占全部塑料原料的90%。台州75%的塑料加工企业从本地原料供应商采购新原料，路桥、黄岩已建有专业市场，并有完善的销售服务网络。塑料制品产销顺畅，由台州塑料工业协会承办的中国塑料制品交易会在海内外已有一定的知名度。

到2007年，规模企业总产值约202亿元。全市每年消耗塑料原料250多万吨,占全国总消耗量的1/8左右。全国各种家电、汽车塑料配件90%以上可在台州加工完成。台州模具行业拥有200多台国际先进水平的加工设备,产值占全国的10%,有4家企业承担国家级和省级火炬计划项目。2010年,规模企业生产的塑料制品总量达129.12万吨,比上年增长29.4%;规模企业生产的模具总量为4.37万套,比上年增长20.7%。

(六)阀门水泵产业集群

台州是我国最大的阀门和水泵生产基地,拥有生产企业1.2万多家,其中规模以上企业254家,2007年规模以上企业总产值136亿元。2010年,规模企业制造各类水泵2518.64万台,比上年增长5.1%;生产各种阀门27.11万吨,比上年增长26.9%。

台州被誉为"中国阀门之都"。台州阀门厂商主要集中在玉环县的楚门、清港、龙溪、坎门和玉城等五个乡镇。其产品主要包括铜阀门及配件、水暖器材、柱塞阀三大类。这里,已形成全国最大的低压铜阀门产业集群,也是世界三大阀门生产采购基地之一,产品出口量占全国的60%,国内市场占有率在50%以上,其中配件高达90%以上。

台州还被誉为"泵的故乡"。目前,台州已成为我国真空泵、微型泵的主要研发与生产基地。真空泵生产企业数占国内真空泵生产企业总数的80%,小型农用泵国内市场占有率超过50%,而潜水泵、螺杆泵、家用泵等占有的国内市场份额高达3/4,并大量出口到东南亚。台州水泵产品分水泵、气泵、真空泵三大类,厂商主要分布在椒江和温岭。椒江集聚的真空泵企业占全国的80%以上,其中浙江真空设备集团有限公司是全国最大的真空泵生产企业,其真空泵生产技术在国内乃至亚洲都处于领先地位。浙江海门试压泵厂是全国试压泵行业的主导企业,全国泵类行业协会试压泵组组长单位。温岭则主要生产小型水泵,在山市、大溪、潘郎、泽国四个乡镇约20平方公里的区域内,形成了以浙江新界泵业有限公司、浙江大元泵业有限公司为代表的几十家骨干企业、上百家初具规模的企业,以及成千上万户家庭作坊式企业三个层次组成的泵类产业集群。

(七)工艺品产业集群

台州是我国最大的圣诞礼品和节日灯生产出口基地。现有1.3万家生产企业,其中规模以上企业421家,2007年规模以上企业总产值144亿元。台州工艺品门类齐全,品种上万个,产品遍布世界100多个国家和地区,年出口量约5亿美元。台州水晶产量居世界第二、亚洲第一,木制工艺品、节日灯、太阳伞、车内装饰件等产量和出口量都居国内第一。台州拥有"中国工艺品之都"、"中国工艺礼品之都"、"中国休闲用品礼品生产基地"等称号。

台州工艺品大体可分成五类:①节日用品。包括节日灯、圣诞树及其挂件装饰品。发展初期主要面向欧美国家圣诞节、复活节等节日用品市场,目前已经逐步拓展到非节日装饰品种。②旅游用品。主要有太阳伞、沙滩桌椅、烧烤炉,以及用白银、奇石和贝壳制成的旅游纪念品。③装饰用品。主要有用柳藤、麦草、黄草、海草、灯芯草、纸草、麻草、玉米皮草、棕丝草等为原料开发出的编织装饰品,其他还有布艺制品、铁制品、蜡制品、聚氨酯塑料制品等装饰品。④玩具产品。大体包括布绒玩具、长毛绒玩具、皮毛玩具、木制玩具、塑料玩具、橡胶玩具、纸制玩具、电子玩具、机芯玩具、童车、游艺车产品,以及托儿所、幼儿园等学习器具。⑤雕刻制品。主要有翻簧竹雕、玻璃雕刻、彩石镶嵌雕、朱金木雕等著名产品。

台州工艺品企业主要集中在临海、黄岩和仙居三大区域,有永强、临亚、正特、宏广、东景、鑫泰、芸芝绣衣等较大规模企业,有吴子熊、金全才等著名的中国工艺美术大师。

(八)食品饮料产业集群

台州拥有丰富的水产和水果资源,是我国最大的橘子罐头生产出口基地。台州的食品饮料行业主要是罐头食品、啤酒饮料、水产品等。

台州是全球最大的罐头食品生产出口基地之一,其中橘子罐头每年生产10万吨,约占全国产量的一半。浙江黄岩罐头食品公司是我国最大的水果罐头生产企业,已成为世界橘子罐头的主要供应商。该公司拥有国际领先的罐头制造生产线,已形成一系列具有自主知识产权的产品。这些产品以橘子罐头为主,其他水果罐头为辅,主要包括粒粒橙、半成品浓缩果汁及其果肉果汁饮料、“梦之果”果冻及软包装罐头、速冻食品等五大类20多个品种,产品远销日本、美国、加拿大、欧盟等10多个国家和地区,其中每年出口的橘子罐头,占世界橘子罐头贸易量的1/3。

台州饮料制造业效益好,资产贡献率高。特别是,天台生产的“红石梁”啤酒,酿造技术在国际上处于领先地位,它以品质高雅、口味纯正、清纯淡爽的独特优势,赢得了广大消费者的青睐,在台州占有绝对优势,并以强劲势头挺进金华、绍兴、丽水、温州、宁波、杭州等地市场。2010年,台州生产啤酒40.23万千升,比上年增长9.2%。

多年来,台州的水产品产量居浙江省首位,其中冻虾仁产品出口量居全国第一,主要出口到日本。台州现有水产加工企业300多家,冷库300多座,加工品种有大块海水产品、小包装海水产品和淡水产品三大类20多个品种。温岭泽国水产品交易市场,已发展成为华东地区最大的水产品批发市场。2010年,台州水产加工品达26.14万吨，比上年增长15.4%。

（九）鞋帽服装产业集群

台州的鞋帽服装产业，是企业家数最多、分布最广、块状特点鲜明的产业集群。台州现有鞋帽服装企业2万多家，其中规模以上企业555家，2007年规模以上企业产值150亿元。2009年规模以上企业生产服装6750万件。这一行业的主导产品是：注塑仿皮鞋、真皮鞋、旅游鞋、注塑凉鞋、传统草编帽及工艺帽等鞋帽产品；羊毛衫、衬衫、西服、童装和传统绣衣等服装产品。产品以中、低档为主。台州是我国最大的注塑鞋生产基地，年产注塑鞋7亿多双，产品远销140多个国家和地区，产量和出口量居全国第一，也是全球最大的注塑鞋生产基地之一。

台州鞋帽服装产业在独特而良好的运行环境中，它依靠灵活的民营体制，运用灵敏的市场机制，凭借灵通的经济信息，通过灵巧的推销手段，与其他产业一起迅速成长。台州鞋帽服装产业，不仅具有鲜明的地方特色，而且具有很高的地方产业关联度。例如，台州之所以能够成为我国最大的注塑鞋生产基地，其中一个重要原因是台州享有“塑料制品王国”的美誉，与注塑鞋密切相关的塑料行业是当地发展势头最猛的主导产业之一。目前，台州生产的注塑仿真皮鞋出口量占全国的50%以上。生产企业主要集中在境内的温岭、黄岩、玉环三地，其中温岭的泽国、横峰、大溪一带，以宝利特鞋业有限公司为龙头，崛起了5000多家注塑仿真皮鞋企业，年产注塑鞋占台州全市的一半以上，成为我国最大的“鞋乡”之一。

（十）造船产业集群

台州东部海岸线绵长曲折，多半岛港湾，9县市区其中6个濒临东海。大陆海岸线长632.87公里，占浙江全省的28.6%。境内是全国港口资源较为丰富的区段，可开发利用的良港数量居全省首位。优越的天然条件，使台州具有历史悠久的船舶制造业。但台州过去多以修造渔船为主，而现代造船业则是从21世纪初刚刚起步的。

短短几年间，台州船舶制造业取得了一个又一个令人瞩目的成绩。目前，台州拥有船舶生产和修理企业近百家，涌现了皓友、枫叶、腾龙、合兴、宏冠、宏信、方圆等较大规模的造船公司，还有70多家配套企业，从事该行业人员6万多人。全市1万吨级以上船台有120多座，造船能力超过300万载重吨，形成以杂货船、集装箱船、危险品船（油轮）、工程船为主的四大产品系列，现已建成的最大船舶超过5万吨。2008年台州共造船506艘，总完工量378万载重吨，完成工业总产值177.64亿元，比上年增长59.9%。2009年受金融危机冲击，在订单大量减少的情况下，台州的民用钢质船舶仍以较快速度发展，完工量比上年增长

21.49%。由于船舶制造周期长，金融危机冲击的影响，到2010年才真正显现出来。这一年，民用钢质船舶完工量载重234.46万吨，比上年下降10.9%。

在台州的十大产业集群中，受金融危机冲击最明显的是造船产业集群。由于台州船舶制造业品种单一，50%以上是干散货船，而这次金融危机影响最大的便是干散货船，被取消的订单绝大多数也是这类船。

为了走出困境，台州造船业正在积极采取应对措施：①调整品种结构，努力寻找市场容量尚未减少的工程船、挖泥船、油轮、液化气船、特种集装箱船等特种船舶的订单，甚至向游艇领域拓展；②通过有订单企业与没有订单企业开展合作，利用闲置船台，给有订单企业加工船体等；③鼓励企业转产，从造船向修造结合，或以修为主，渡过难关；④鼓励造船企业向船用动力设备、船用电子仪器、船用装潢材料等产业转移或转产，延长台州船舶制造业的产业链，提高台州船舶制造业的配套能力。

三、台州促进产业成长政策支持体系的形成

改革开放初，台州非农人口不到总人口的20%，城市居民少，工业比重低，优势产品只有水产、水果及其加工品。当时，台州根据实际情况，提出优先发展“两水一加”产业的政策，即优先发展有优势产品的水产业、水果业和它们的加工业。后来，随着家庭工厂的发展，开始着手培育优势制造业。为此，台州制定一系列导向性政策，逐步形成一个政策支持体系，并以其合力形式，促使工业企业和产业集群快速发展。台州这一政策支持体系，大体通过下述三种方式形成。

（一）为壮大工业企业而制定导向性政策

台州企业由于基础差、底子薄，改革开放十多年后，规模仍然明显偏小。1994年，台州有关部门对全市工业企业统计测定，每个企业平均产值仅70万元。鉴于此况，台州市领导认为，应及时制定政策，推动工业企业上规模、上档次。于是，在1995年7月，制定《关于实施“131”工程、培植“小巨人”企业试行意见》（以下简称“131”工程文件）。[①] 具体目标是到2000年，争取有10家以上企业年销售收入超10亿元，且税利超1亿元；30家以上企业年销售收入超5亿元，且税利超5000万元；100家以上企业年销售额超1亿元，且税利1000万元，简称“131”工程。台州选择了140家企业列入“131”工程。这些企业集中在竞争性经济领域，基本上都是民营企业，它们在政府重点扶持下，享受财政、税收、

---

① 台州市人民政府文件.关于实施“131”工程、培植“小巨人”企业试行意见[Z].台政发[1995]73号.

金融、技术改造、用地等许多优惠政策，自主开展生产经营活动。日后闻名中外的海正制药、吉利汽车、钱江摩托车、星星冷柜、飞跃缝纫机、苏泊尔厨具、仙琚制药等集团，都是在“131”工程培育下快速成长起来的。

2000 年 12 月，印发《台州市工业企业“211”工程实施意见》（以下简称“211”工程文件）。[①] 市政府决定，在“九五”期间实施“131”工程、培育“小巨人”企业的基础上，“十五”期间实施“211”工程，其主要目标是：到 2005 年，有 2 家以上企业年销售收入超 50 亿元，且税利超 5 亿元；10 家以上企业年销售收入超 10 亿元，且税利超 1 亿元；有 100 家以上企业年销售收入超亿元，且税利超千万元。提出通过制定重点培育和扶持政策，使一批产品科技含量高、有一定生产规模、经营状况和发展前景良好的工业企业，发展成为台州各产业中的龙头骨干企业。

2001 年 8 月，发布《关于积极培育大企业集团，实施一企一策的意见》（以下简称“一企一策”文件），[②]对于在全国同行业中的技术水平居领先地位，有较强的技术创新能力和市场开拓能力，且年销售收入超过 3 亿元，税利超过 3000 万元的大企业，根据每个企业的具体要求给予特有的扶持政策。

在政府政策的有效激励下，台州工业生产热火朝天，工业企业上规模速度快得出乎意料。于是，市政府依照新情况及时调整政策，在 2002 年 1 月发出《关于将“211”工程调整更名为“128”工程及领导小组部分成员调整的通知》，把发展目标调整为：到 2005 年底，全市有 128 家销售收入超亿元企业，其中 1 家企业年销售收入超 100 亿元，2 家企业年销售收入超 50 亿元，5 家以上企业年销售收入超 20 亿元，20 家以上企业年销售收入超 10 亿元，100 家以上企业年销售收入超 1 亿元，且税利占销售收入的 10% 以上。2002 年 5 月印发《台州市“128”工程实施细则》（以下简称“128”工程实施细则），[③]在财政、金融、土管、建设规划、环保等方面制定了一系列优惠政策，鼓励大企业集团自主创新，快速发展。

“128”工程企业实施动态管理。在企业申报、县级政府部门推荐的基础上，根据严进入宽退出、符合产业结构调整方向、可持续发展的原则，经考核后有出有进每年调整，到 2004 年增加到 168 家。其中椒江有飞跃、海正、星星、东港、中贝九洲、宝石、海翔、杰克、浙江真空设备等 19 家，黄岩有永宁制药、黄岩罐头、公元塑业、浙江模具等 26 家，路桥有吉利、双菱、珠光电器、南洋电缆等 23 家，临海

---

① 台州市人民政府文件. 台州市工业企业“211”工程实施意见[Z]. 台政发[2000]209 号.

② 台州市人民政府文件. 关于积极培育大企业集团，实施一企一策的意见[Z]. 台政发[2001]111 号.

③ 台州市人民政府文件. 台州市“128”工程实施细则[Z]. 台政发[2002]1 号.

有德仁、伟星、华海药业、春和、沙星医药化工等17家，温岭有钱江、爱仕达、宝利特鞋业、万邦实业、新界泵业等25家，玉环有苏泊尔、中捷、凯凌、环宇阀门、双环齿轮等23家，天台有石梁酒业、天皇药业、银轮机械、天新药业等11家，仙居有仙琚制药、新农化工、竺梅、东景工贸等11家，三门有三变、亚达、浦东电工电器、三维橡胶等9家，台州经济开发区有雅晶电子等4家。

2005年，台州市政府颁发了《关于扶持企业上市的若干政策意见》①，对拟上市的企业在资金、税收、股权，以及土地、房产、车船等资产的处理等方面提出了一系列优惠政策，积极扶持它们成长为上市公司。

2006年3月，印发《台州市人民政府关于实施工业企业“513”工程的意见》（以下简称“513”工程文件）。② 市政府决定，在“十五”期间实施“128”工程的基础上，“十一五”期间实施“513”工程，促进工业企业发展的主要目标是：到2010年全市销售收入超过10亿元的企业45家以上。其中销售收入超过100亿元的企业5家，销售收入超过50亿元的企业10家，销售收入超过10亿元的企业30家以上。要求到2010年，列入培育企业的累计销售收入达2000亿元，市内销售收入达1500亿元，市内入库税金达90亿元。努力打造一批旗舰式现代化企业，积极促进以龙头企业带动产业集聚和产业升级。与此相配套，出台一系列的优惠政策，促使工业企业掌握核心技术，拥有一批自主知识产权，信息技术广泛应用于生产经营和创新决策管理。不久，台州市公布“513”工程企业名单③，确定50家企业列入，它们是：海正、飞跃、星星、东港、宝石、中贝九洲、海翔、杰克、强鹰、新世纪、公元塑业、双鸽、联化科技、永宁制药、王野动力、吉利、双菱、三友、永源、金龙、飞亚、通宇、吉奥、齐合天地、开来丰泽、巨科、南洋、雅晶电子、华海药业、伟星、永强、彪马、正特、天和树脂、德仁、临亚、钱江、隆标、爱仕达、鑫磊、利欧、宝利特、大元、苏泊尔、中捷、红石梁、银轮机械、仙琚制药、三变、亚达。

2006年5月，发布《关于推进工业企业信息化的若干意见》④，旨在进一步提高台州工业企业信息化水平，加快信息化带动工业化的步伐，积极推进企业发展，增强工业经济竞争力。《信息化意见》提出的主要目标是：①建立起企业信息化建设的投入、激励制度，完善企业内部的推进机制。“十一五”期间全市企

---

① 台州市人民政府文件.关于扶持企业上市的若干政策意见[Z].台政发[2005]41号.

② 台州市人民政府文件.台州市人民政府关于实施工业企业“513”工程的意见[Z].台政发[2006]13号.

③ 台州市人民政府办公室文件.关于公布市“513”工程企业名单的通知[Z].台政办发[2007]37号.

④ 台州市人民政府文件.关于推进工业企业信息化的若干意见[Z].台政发[2006]30号.

业信息化投入达到50亿元以上，其中“513”工程企业每年信息化投入占营业收入比重达1%以上。②规模以上企业95%以上实行计算机辅助设计、制造（CAD、CAM）；规模以上且有连续工艺过程的企业，70%以上实行工艺过程自动化控制，80%以上建立以办公自动化、财务管理为主的信息系统，50%以上推行以企业资源计划（ERP）、供应链管理（SCM）、客户关系管理（CRM）为目标的综合管理系统，95%以上建立网站或通过中介网络开展信息交流，电子商务成交额有较大幅度增长。其中“513”工程企业信息化建设实现管理系统高度集成，辅助决策。制造业基地内建有完善的信息化技术服务平台，产业集聚辐射功能得到充分发挥。③建立起网络宽、安全性高、运行速度快、服务质量优的企业信息化技术支持体系，及从人才培养、软件开发、项目实施、监理、评估到管理咨询都规范有序的中介服务体系。

2006年11月，颁布《关于加快非公有制经济发展推进民营经济创新示范区建设的若干意见》（以下简称民营经济创新示范区文件）①提出为了促进工业企业发展，打造民营经济创新示范区，需要进一步拓宽非公有制企业的发展空间。具体措施是：

（1）平等准入、公平待遇。坚持“非禁即入、有需则让”原则，积极探索非公有制企业市场准入的综合配套改革。对政府已经投入的可由民间投资的项目，能退则退；对新的可由民间投资的项目，政府性资金原则上不再进入。在投资核准的条件和程序、融资服务、财税政策、土地使用、对外贸易和经济技术合作等方面，对非公有制企业与其他所有制企业实行同等待遇。切实执行民间投资备案制度，对企业不使用政府性资金建设的项目，以及《政府核准的投资项目目录》以外的项目，一律不再实行审批。对需要实行许可、核准和备案的事项，政府部门必须公开相应的制度、条件和程序。对可以采取招投标方式选择经营者的项目，实行公开招投标，允许非公有制企业平等参与竞争。外商投资企业依照有关法律法规的规定执行。

（2）允许非公有资本进入垄断行业及基础设施、社会事业、现代服务业等领域。允许非公有资本按照国家和省有关规定进入垄断行业。支持非公有制企业投资发电行业，以及从事电力安装、设计、施工等辅业。允许符合条件的公司制企业申请经营电信增值业务。支持非公有资本参与城镇供水、供气、供热、公共交通、污水和垃圾处理等市政公用事业的投资、建设与运营。进一步扩大非公有

① 台州市委文件. 关于加快非公有制经济发展推进民营经济创新示范区建设的若干意见[Z]. 台市委[2006]17号.

资本投资教育、文化、卫生、科研、体育等社会事业领域。鼓励非公有资本投资发展现代服务业和现代农业。鼓励非公有资本通过独资、合资、合作、联营、项目融资、特许经营权转让、BOT(建设－经营－转让)、TOT(转让－经营－转让)等有效方式,以项目为依托参与铁路、港口、博物馆和展览馆等基础设施建设。

(3)放宽企业注册登记条件。降低公司注册资本限额,除法律法规另有规定外,有限责任公司降至3万元,一人有限责任公司为10万元,股份有限公司最低注册资本降至500万元。凡注册资本达到500万元以上的,均允许投资设立投资公司,投资公司注册资本可在五年内分期缴纳,其对外投资比例可以不受净资产限制。允许以专利、商标、版权等知识产权和法律法规允许的其他形式作价出资,知识产权等无形资产出资额可由投资各方协商约定,在货币出资额不低于公司注册资本的30%的前提下,其占公司注册资本的比例可不受限制。放宽企业集团登记条件,重点骨干企业组建冠名"台州"的企业集团,其母公司注册资本可放宽到3000万元,母公司和子公司的注册资本总和可放宽到5000万元。注册资本在100万元以上的各县(市)生产型、服务型企业可冠台州市名。农民专业合作社不受注册资本限制,均可冠市名。

(4)积极破解非公有制经济发展中的土地要素制约。利用台州海涂资源优势,加快海涂围垦,加快滨海工业区块建设,多途径拓展用地空间、增加用地指标,逐步解决非公有制经济发展的土地要素制约问题。妥善解决农业生产经营过程中配套辅助建筑用地。完善工业用地市场化配置。对技术先进、投资密度大、市场前景好的项目优先选择。严格执行限制和禁止供地目录。加强对协议出让土地的监管。积极探索农村集体非农建设用地流转机制。

2008年4月,台州市政府办公室印发《百强成长型中小企业培育工作实施方案》,提出为了进一步实施中小企业成长计划,加大对成长型企业的扶持力度,培育台州工业经济新的增长点,促进中小企业持续、快速、健康发展,决定在市区范围内开展百强成长型中小企业培育工作。

2009年5月,发布《台州市专利示范企业管理办法》,旨在进一步推进企业专利工作,充分发挥专利制度在促进企业技术创新、形成自主知识产权、增强企业核心竞争力中的作用。提出专利示范企业的主要任务是,要把专利工作作为推进企业技术创新的重要措施来抓,充分调动全体员工特别是科技人员的积极性和创造性,着力推进企业科技进步,并在以下几方面做出显著成绩:①建立有效的专利工作机制,机构、人员、经费落实。②制订专项宣传培训计划,提高企业员工的知识产权意识,培养企业知识产权管理人才。③加强企业专利管理工作,包括专利的开发、申请、后续管理和保护等,特别是加强技术活动中形成的与专利申请和保护相关档案的管理以及技术人员业务活动的规范。④加强专利信息利用工作，提高企业运用专利信息能力。在新技术、新产品开发立题前和开发过程中，要进行专利文献检索，以提高研究开发起点，避免低水平重复和侵犯他人专利权；在技术、设备引进和对外合资、合作中，凡涉及专利的都要对其法律状态进行检索，以避免不应有的损失和防止侵犯他人专利权。⑤开展企业专利战略的研究和实施。制定比较完善的专利发展规划，企业具备一定的专利制度运用能力。⑥建立企业专利工作绩效考核制度，将专利工作与技术创新工作的考核评价有机结合，加大专利成果分配奖励力度，形成有效的激励机制。

(二)为壮大主导产业而制定导向性政策

台州在着力培育工业企业的基础上，进一步出台促进产业发展的支持政策，壮大主导产业。主导产业，一般指具有地区比较优势的先进产业或新兴产业，它既是在全国生产地域分工体系中占有相当重要地位的重点产业，又是在整个区域经济发展中起核心作用的关键产业。早在20世纪90年代，台州就开始运用政策推动主导产业的发展。进入21世纪，加快了出台相关政策的步伐，陆续推出了以下文件：

2000年8月，台州市委印发《关于加快人才引进和培养，增强技术创新能力，发展高新技术产业的若干意见》(以下简称人才引进和发展高新技术产业的文件)，[①]把高新技术产业、支柱产业、主导产业、新兴产业、重点工程等领域所急需的中高级专业技术人员和高级经营管理人员，作为人才引进的首要对象。努力增强人才引进和培养的力度，为科技创新和主导产业发展提供有力的人才保障。同时，加大政策扶持力度，营造有利于推动创新活动，加快发展主导产业的宏观环境。

2001年4月，制定《台州市加快发展开放型经济的若干意见》(以下简称加快发展开放型经济的文件)，提出采取积极的财政政策，安排专项扶持资金，除了做好招商引资等工作外，还用于培育机电、医化和高新技术等主导产业，促进其产品的出口。

2001年8月，印发《关于加快工业园区建设，推进工业集聚的若干意见》(以下简称加快工业园区建设的文件)，[②]要求各地区从实际出发，引导企业多形式

---

① 台州市委文件.关于加快人才引进和培养，增强技术创新能力，发展高新技术产业的若干意见[Z].台市委[2000]14号.

② 台州市人民政府文件.关于加快工业园区建设，推进工业集聚的若干意见[Z].台政发[2001]112号.

集聚。通过高技术集聚、园区集聚、特色行业集聚、龙头企业集聚等形式，加快主导产业的成长与壮大。要求重点规划建设好五大省级经济开发区、浙江化学原料药基地、台州椒江机电工业园区、台州汽车工业城、中国模具城、浙江温岭高校产学研园区等，使之成为国内外知名的生产基地。各县（市）要根据当地实际，抓好本地重点园区建设。

2004 年 2 月，制定《台州市先进制造业基地建设规划纲要》（该纲要及其相关文件，以下合称先进制造业基地建设的文件）①，确定建设 10 个全国性先进制造业基地。提出做大做强经济型汽车、摩托车、医药化工、缝纫机、模具、塑料制品、家用电器、阀门泵类等主导产业。提出通过认真梳理现有政策，补充完善相关产业政策，形成建设先进制造业基地的政策体系。提出运用企业发展政策、工业园区建设和招商引资政策、人才引进、培育和激励政策，以及财政金融政策等合力，和主导产业发展。

2004 年 9 月，印发《台州市人民政府关于推进先进制造业基地建设的若干意见》，②提出通过构建科技创新体系，深化抓大活小新举措，拓展产业发展新空间，营造外引内联新格局，健全服务工业新保障等措施，并制定相关政策，激发创新活动的热情和干劲，推动先进制造业基地建设，不断壮大主导产业。

此后，陆续制定《台州市汽车摩托车行业发展规划》③、《台州市医药化工行业发展规划》④、《台州市缝制设备行业发展规划》⑤、《台州市家用电器行业发展规划》⑥和《台州市塑料模具行业发展规划》⑦，形成更有针对性的具体政策，促进主导产业中的民营企业开展生产经营活动。

《台州市汽车摩托车行业发展规划》提出的发展目标是到 2010 年台州汽车、摩托车及配件行业的发展目标——工业总产值达到 1000 亿元，其中汽车行业工业总产值 360 亿元，摩托车行业 120 亿元，配件行业 520 亿元。①汽车：到 2010 年，全市汽车及零部件工业总产值达到 600 亿元，占全市工业总产值的 10%。汽车整车年产量 70 万辆，其中轿车年产量 40 万辆，皮卡车与 SUV 箱式

---

① 台州市人民政府文件. 关于印发台州市先进制造业基地建设规划纲要的通知[Z]. 台政发[2004]11 号.

② 台州市人民政府文件. 台州市人民政府关于推进先进制造业基地建设的若干意见[Z]. 台州市人民政府公告，2004－09－02.

③ 台州市人民政府文件. 关于批转台州市汽车摩托车行业发展规划的通知[Z]. 台政发[2004]49 号.

④ 台州市人民政府文件. 关于批转台州市医药化工行业发展规划的通知[Z]. 台政发[2004]56 号.

⑤ 台州市人民政府文件. 关于批转台州市缝制设备行业发展规划的通知[Z]. 台政发[2004]57 号.

⑥ 台州市人民政府文件. 关于批转台州市家用电器行业发展规划的通知[Z]. 台政发[2004]60 号.

⑦ 台州市人民政府文件. 关于批转台州市塑料模具行业发展规划的通知[Z]. 台政发[2004]61 号.

车10万辆,低速装载汽车、改装车、跑车及环保节能车20万辆。②摩托车:到2010年,全市摩托车及零部件工业总产值达到400亿元;踏板式摩托车占全国市场的80%,形成3家年产50万辆摩托车的行业龙头企业。③汽车、摩托车的配件:创立一批关键零部件名牌产品,做大做精做强零部件,以零部件发展促进整车发展,以整车发展带动零部件发展。到2010年,汽车配件与本地整车生产企业配套率达到70%以上,摩托车配件的配套率达到90%以上。出口份额要达到10%以上,重点企业生产的零部件进入国际汽车零部件配套体系。到2020年汽车摩托车行业远景预测目标:工业总产值达到2500亿元,汽车年产量达到150万辆,摩托车年产量达到500万辆。产品从低档向中档发展,建成国际性汽车摩托车生产基地。该规划提出的战略定位是:①汽车:努力建成"两个整车生产基地",即建成路桥、临海全国经济型汽车生产基地。②摩托车:以温岭、路桥、黄岩为中心,通过整合重组,扩大企业生产规模。坚持国内为主,努力扩大出口。巩固踏板式摩托车生产的领先地位,不断扩大市场份额,形成摩托车与电动自行车互补发展的格局。③汽车、摩托车的配件:在全市形成汽车摩托车零部件特色产品区域,椒江重点发展密封件、电机等附件;黄岩重点发展塑料件、灯具等配套件;路桥重点发展发动机、变速器、车架等关键零部件;临海重点发展发动机、管路等零部件;温岭、玉环重点发展变速器、减振器、方向盘、泵类、摇臂等机械零部件;天台、三门、仙居重点发展热系统、座椅、装饰件、橡胶件等配套件。同时形成"十大龙头产品",即建成发动机、变速器、冷却器、减振器、座椅、空调压缩机、方向盘、车灯及线束、装饰件与密封件等十个龙头产品,培植龙头企业,延伸产业链。

《台州市医药化工行业发展规划》提出的发展目标是:①发展总体目标:以浙江化学原料药基地建设为载体,着眼于高起点、高水平,进一步突出区域集聚与产业集群优势,到2020年左右建成国内一流、具有较强国际竞争力的亚太"药谷"。②发展具体指标:医化工业总产值年平均递增16%左右,其中规模以上企业工业总产值年平均递增20%;医化工业出口交货值年平均递增25%左右;医化工业利税年平均递增20%左右。到2010年全市实现医化工业总产值500亿元,利税80亿元,出口创汇40亿美元。③增长质量目标:生产能力布局趋于合理,产业集聚度进一步提高,化学原料药基地产出比重达75%左右;产品和企业结构调整进展明显,新产品产值率达50%。形成以大型企业集团为主体,"精、专、特、新"企业为配套的企业群体;行业整体科技水平显著提高,科技研发费用占销售额的比重超过8%,形成以企业为主体,产学研相结合的科技创新体系;污染治理措施进一步加强,医化企业ISO 14000认证率达85%，坚持排放总量控制的原则，逐步降低单位产出的三废排放率，实现环境保护与行业发展的双赢。

《台州市缝制设备行业发展规划》提出的发展目标是：①2004～2010年，缝制设备行业工业总产值年均增长18%，2010年工业总产值达到250亿元，利税25亿元，出口创汇8亿美元，年产各种缝制设备600万台套，其中特种机及机电一体化产品的比重提高到30%。②远景目标：2010～2020年期间，缝制设备行业工业总产值年均增长13%，2020年工业总产值达到850亿元，利税90亿元，出口创汇30亿美元，年产各种缝制设备1200万台套，其中特种机及机电一体化产品的比重提高到60%。

《台州市家用电器行业发展规划》提出的发展目标是：到2010年，全行业销售收入超600亿元，其中出口交货值超150亿元；6家企业销售收入超10亿元，其中4家企业销售收入超30亿元；6个以上产品居国内（外）销量第一，其中3个以上产品产量占全国市场10%以上。该规划提出的发展定位是：正确把握市场需求动态，巩固提升主导产品，培育发展优势产品，积极开发新兴产品，做强做大产业配套优势，全面提高行业技术含量和附加值，重点抓好制冷系列、厨房系列、卫浴系列、小家电系列等四大系列，椒江、黄岩、路桥、温岭、玉环等五大区域，苏泊尔、星星、双菱、爱仕达、摩尔舒、滨海、亿力、本岛、亿利达、云峰等10个企业，努力把台州建设成为浙江家用电器制造中心、长三角南翼家用电器制造基地。

《台州市塑料模具行业发展规划》提出的发展目标是：①2004～2010年塑料模具行业工业总产值年均增长15%，2010年工业总产值达到720亿元，其中模具产值90亿元。②加快产业集聚。建成黄岩、路桥、温岭三个产业集聚区；到2010年，培育年销售收入超亿元的企业25家，其中年销售收入超10亿元的企业5家。③扩大产品出口比重。到2010年塑料及模具产品的出口交货值占工业总产值的20%以上。④到2010年，建成全国有影响的塑料研发中心、质量检测中心和模具设计研发中心、制造中心，全面提升塑料制品和模具的档次，力争达到世界水平。

2004年12月，印发《台州市人民政府关于加快台州五大主导行业发展的若干政策意见》（以下简称加快五大主导行业发展的文件），①正式以文件形式，把汽车摩托车、缝制设备、医药化工、家用电器、塑料模具五大行业，确定为台州的

---

① 台州市人民政府文件. 台州市人民政府关于加快台州五大主导行业发展的若干政策意见[Z]. 台政发[2004]63号.

主导产业,认为它们技术含量高,产品附加值大,产业关联性强,对全市社会经济发展起到举足轻重的作用。同时,制定符合各主导产业特点的扶持政策,推动创新活动,促进主导产业更好更快地发展。

2006 年 2 月,印发《台州市国民经济和社会发展第十一个五年规划纲要》,[①]确定五大主导产业的重点发展方向是:①汽车摩托车及零部件行业:经济型轿车节能、环保、新能源轿车,皮卡,SUV 车与农用车,环保、节能、安全摩托车,高档休闲用电动车,汽车摩托车发动机、传统系统、制动系统及关键零部件,轿车柴油发动机,车用新型动力,新型汽车电子产品。②医药化工行业:自主知识产权药物,新型抗癌及抗病毒、抗生素及合成抗菌素、脂溶性维生素、心血管及血液系统、内分泌及生殖系统、抗艾滋病及老年性疾病防治等原料药,高效长效新型化学原料药及其最终产品、新型制剂,新型医疗器械、仪器及包装材料,高经济价值药材及优良原产地药材种植、繁育及产业化,高效中药新产品及新型制剂,中药生产关键技术与装备应用。③塑料模具行业:新型农用塑料制品及喷灌、滴灌等塑料节水器材,新型渔用塑料制品及海水养殖用网箱,高档 PVC、UPVC、CPVC、PP - R、PE 等给排水管、阀门、改性门窗、异型材、石油输送管、燃气管和电工器材、道路设施产品,新型防水建材制品,交通运输业用工程塑料制品及汽车塑料零部件,新型家电、电子信息产业用塑料制品,高档日用及新型医用塑料制品,生物可降解塑料原料、改性塑料及产品、中高档塑料机械设备生产,大型薄壁精密压铸模具,精密、长寿命、复杂型模具,模具标准件,非金属模具。④缝制设备行业:新型机电一体化的平缝、包缝、曲折缝和特种工业缝纫机,智能化、多功能家用缝纫机,其他缝制设备,缝制设备关键零配件。⑤家用电器行业:智能、模糊、变频、静音空调及小型中央空调,新型智能、环保、节能的制冷技术和产品,制冷系统产品重要零配件,新型健康、节能、环保、时尚的厨房系列及其他小家电,新型高档、多功能卫浴设备,拥有核心技术的电磁感应热水器及新型太阳能、高效节能热水器。

接着,制定了先进制造业基地建设目标责任制年度考核办法。其中《2007 年度县(市、区)先进制造业基地建设目标责任制考核办法》[②],由工业经济总量、工业性投入、规模经济、创新升级、对外经济、节能减排等六个方面组成,包括 28 项具体指标:工业增加值增长率、规模以上工业总产值增长率、工业性投入、设备

---

① 台州市人民政府文件. 台州市国民经济和社会发展第十一个五年规划纲要[Z]. 台州市人民政府公告,2006 - 02 - 24.

② 台州市人民政府办公室文件. 2007 年度县[市、区]先进制造业基地建设目标责任制考核办法[Z]. 台政办发[2007]104 号.

工器具投入、重点工业性项目投资进度、投资项目开工率、已农转用土地供地率、100 万平方米标准厂房建设、新增规模以上企业家数、亿元以上工业企业销售收入占规模以上工业企业销售收入比重、第一批"513"企业两项指标完成规划家数、高新技术产业增加值占工业增加值比重、新增省级以上高新技术企业家数、新增市级企业技术中心家数、先进制造业建设资金、政府性科技投入占当年财政经常性预算支出的比重、R&D 经费占 GDP 比重、每万人口专利授权量、每万人口人才资源数、人才培训、万元产值综合能耗、节能降耗专项扶持资金、清洁生产企业创建家数、省重点耗能企业编制"十一五"节能规划家数、工业"三废"治理率、污染物总量减排、工业制成品出口增长率、利用外资。

2008 年 4 月,印发《关于建立台州创业服务园的若干意见》(以下简称创业服务园文件)①,决定在台州经济开发区建立台州创业服务园,主要鼓励工业设计、经营组织、人力资源、科技服务、资本服务、会计服务、信息服务、法律服务等生产性服务业企业入园。规定它们应以当地汽车、摩托车及配件、医药化工、塑料模具、缝制设备、家用电器、船舶制造业等主导行业为主要服务对象。

(三)为壮大区域竞争力而制定导向性政策

台州在为壮大工业企业和主导产业而制定政策的同时,着眼于壮大区域竞争力、增强区域综合实力而制定相关政策,从更广泛的意义上调动社会资源,促进企业科技创新和产业成长。这方面的具体内容很多,其中主要有以下几项:

1997 年初,印发《台州市科学技术发展"九五"计划和 2010 年远景目标纲要》②,提出运用现代科技培育主导产业,振兴支柱产业,加快产业结构调整,加强主导产业、支柱产业发展中重大关键技术的研究开发和引进创新。提高加工工业的技术层次,加强机电产品一体化、轻纺产品新型化、仪表产品智能化、医药产品系列化的研究,提高经济效益,增加品种,提高质量,增加市场竞争力。要求在继续贯彻"科技进步法"、"技术合同法"、"专利法"及国家、省、市有关科技进步法规、政策的同时,从"科教兴市"的高度,制定有关科技进步配套政策,形成较完整的科技进步政策体系,着力推进当地企业的科技创新活动。

2001 年 9 月,印发《台州市科技发展"十五"计划和 2015 年规划纲要》,③提

---

① 台州市人民政府文件. 关于建立台州创业服务园的若干意见[Z]. 台政发[2008]33 号.

② 台州市人民政府文件. 台州市科学技术发展"九五"计划和 2010 年远景目标纲要》[Z]. 台政发[1997]7 号.

③ 台州市人民政府办公室文件. 台州市科技发展"十五"计划和 2015 年规划纲要[Z]. 台政办发[2001]166 号.

出建设高水平、有特色的高新技术产业园区和高新技术产业，加强传统产业的技术改造，积极发展自主知识产权，努力完善以企业和行业为龙头的区域科技创新体系框架。因此，对已出台的政策加以疏理，借鉴先进地区的做法，围绕经济结构的调整和优化、高新技术产业的发展、技术创新能力的提高、科技成果的转化、人才的培养和引进，制定出台政策更优、力度更大的一系列促进科技进步和创新活动的政策。

2006 年 2 月，印发《台州市国民经济和社会发展第十一个五年规划纲要》，提出力争在产业优化升级、提升自主创新能力等方面取得重大进展，努力建设长三角地区先进制造业基地。整合和完善扶持工业的政策，充分发挥政策对工业发展的引导作用，推进大企业加强规模经济和国际竞争力。加强创新与创牌的联动，加大名牌产品培育力度。完善科技创新激励机制，鼓励科技要素参与收益分配。引导和扶持创立民营科研机构和科技型企业，增强自主创新能力。加强区域创新体系建设。积极申报中国民营经济创新试验区和国家知识产权试点城市，营造有利于自主创新的区域环境。引进“大院名校”共建科技创新载体 20 家，鼓励企业申报博士后科研工作站。抓好浙江大学台州研究院和市高新技术创业服务中心扩容工程建设，加快上海（台州）科技园建设。推进区域创新服务中心建设。用好高新技术创新风险资金，积极培育“研发经济”。加快培养基础人才，积极引进高级人才。开展服务于制造业的人才培训和职业教育，培育职业经理人市场。

2006 年 7 月，印发《关于进一步增强自主创新能力的若干意见》（以下简称增强自主创新能力文件）①，提出：一要推进科技创新平台建设，增强企业自主创新能力。①加快共性关键技术攻关和引进技术的消化吸收再创新；②鼓励支持建立研发机构；③优先保证自主创新项目的建设用地；④扶持科技中介服务企业；⑤加快建设新型的农村科技创新服务体系；⑥引导企业加大科研及成果转化的力度；⑦推进科技型企业孵化器建设；⑧鼓励企业申报国家、省级等各类项目；⑨鼓励高新技术外商投资企业的滚动发展。二要建立多元化科技投融资体制，优化自主创新的金融服务。①保障财政科技投入稳步增长并完善管理制度；②鼓励和支持风险投资公司、创业投资企业的发展；③支持科技型企业通过金融市场融资；④健全科技型企业信用担保体系和保险业务体系。三要加快培养和引进，强化人才对经济发展的支撑作用。①强化本地院校对地方产业的支撑作用；②积极引进和培养“科研团队”；③支持和鼓励企业加大创新人才培养力度；

① 台州市委文件. 关于进一步增强自主创新能力的若干意见[Z]. 台市委[2006]9 号.

④完善人才服务体系。四要优化创新环境,加强自主创新工作的组织领导。①优化知识产权保护环境;②建立财政性资金采购自主创新产品制度;③完善考核制度。

2007年2月,印发《台州市"十一五"科学技术普及工作规划》[①]建立健全科普工作良性运行机制,加强科普能力建设,普及科学知识,倡导科学方法,传播科学思想,弘扬科学精神,全面提高公众科学素养,大力营造"讲科学、爱科学、学科学、用科学"的良好社会风尚。

2007年11月,印发《关于动员和组织广大科技工作者为建设创新型城市作出新贡献的若干意见》,[②]提出要进一步明确广大科技工作者在建设创新型城市中的突出地位,充分发挥广大科技工作者在建设创新型城市中的主力军作用,努力培养造就一支结构合理、素质优良的科技工作者队伍,切实加强科技团体服务广大科技工作者的能力建设,加大对科技工作的支持力度。

2008年8月,根据《国家知识产权战略纲要》、《浙江省"十一五"知识产权发展规划纲要》和台州市《关于进一步增强自主创新能力的若干意见》精神,制定《台州市知识产权发展规划纲要(2008~2015)》(以下简称知识产权规划纲要)[③]。

该文件提出的总目标是:通过实施知识产权发展规划纲要,促进全社会提高知识产权意识,激发自主创新活力,增强综合竞争力。经过7年努力,逐步建立适应社会主义市场经济体制要求、符合市场经济发展规律、科学有效的知识产权工作机制,初步形成以人才为支撑的知识产权创新体系,行政司法并行运作的知识产权保护体系,社会共享的知识产权公共服务体系,以及统一高效的知识产权管理体系。结合新一轮"创业创新"活动,将台州建设成创业环境优越、创新活力强劲、要素市场齐全、转化渠道畅通、知识产权保护有力、知识产权人才集聚、知识产权运作体制完善的新型工业城市。

该文件阐明的主要分类目标是:

(1)专利。专利申请量和授权量与全市经济同步增长。到2015年,全市年专利申请量、授权量分别达到1万件和7000件,力争位居全省前5位。每万人

---

① 台州市委办公室文件.关于印发《台州市"十一五"科学技术普及 工作规划》的通知[Z].台市委办[2007]7号.

② 台州市委办公室文件.关于动员和组织广大科技工作者为建设创新型城市作出新贡献的若干意见[Z].台市委办[2007]109号.

③ 台州市人民政府办公室文件.批转市知识产权领导小组办公室关于台州市知识产权发展规划纲要[Z].台政办发[2008]85号.

专利授权量达12件以上,其中发明专利和实用新型专利占全部专利比例超过50%。涉外专利申请量大幅增长。专利技术实施率和标准转化率逐步提高,在一些优势产业和关键技术领域拥有或控制一批具有自主知识产权的专利技术,制定一批反映台州专利技术的先进技术标准。

(2)商标。到2015年,注册商标总数达到5.5万件,平均每家法人企业拥有1件商标;出口商品企业在主要出口国拥有自己的境外注册商标;驰名商标(行政认定)总数达16件以上,浙江著名商标达330件以上,市著名商标700件以上,有重点地培育1~3件在国际市场上具有较大影响力和竞争力的世界知名品牌;积极培育一批具有较强国内国际市场竞争力的产品品牌和产业品牌,发挥品牌的引领作用,建立起商标品牌主导经济发展的品牌经济模式。

(3)版权。加强对计算机软件、图书、音像制品、美术和摄影作品、实用工艺品等知识产权的保护。鼓励权利人对作品的版权登记。采取有力措施,保护权利人的合法权益,促进版权产业的发展。

(4)标准。形成一批具有自主知识产权的高新技术标准,着力培育运用自主知识产权参与国家或行业标准制定的企业。推进企业采用国际和国外先进标准,力争5000万元以上工业企业的采标率达到70%以上。

(5)其他领域的知识产权。一是加强企事业单位商业秘密的管理和保护,鼓励、督促企事业单位与管理人员、技术人员、营销人员签订保密协议,明确企事业单位和职工的权利、义务。二是不断提升集成电路布图设计企业和大专院校的设计水平与实力,实现集成电路布图设计登记量的新突破。三是积极培育具有台州农业优势的原创性植物新品种,注重农业产品原产地标记的申请和认定,形成台州农业独特的知识产权优势。

(6)知识产权优势企业培育。积极培育一批以专利、商标、商号、版权等为特色的知识产权优势企业,其中培育国家级专利试点示范企业1~2家,省级专利示范企业50家,市级专利示范企业70家以上。省级以上大型骨干企业和省级以上高新技术企业基本拥有自主专利和核心技术。

四、台州促进产业成长政策支持体系的内容

台州在壮大工业企业、发展主导产业和增强区域竞争力的过程中,制定了一系列促进产业成长和集群发展的政策。这些政策大多以政府文件形式出现,可以覆盖整个市域的各个方面,有很强的导向作用,还有规范化、易操作、具有稳定性和适应性强等特点,既可促使区域产业集群不断增强,又能保证政府对产业集群发展的调节与控制。这些政策涉及产品、产业、技术、财政、税收、金融、土地、

中介服务、对外贸易、人才和行政管理等各个方面，已初步形成一个比较完整的促进企业创新和产业成长的政策支持体系。以下介绍其主要内容。

(一)产品政策

“131”工程文件规定，列入“131”工程的企业，必须具备这一条件：立足科技进步不断开发新产品，有重大技改项目。

人才引进和发展高新技术产业的文件规定，经认定的高新技术产品，自确认之日起3年内征收的所得税和增值税留地方部分，经批准可由财政予以返还。高新技术产品出口，实行出口退税政策。加大技术引进力度，对国内没有的先进技术和设备的进口，执行国家有关税收扶持政策。

加快发展开放型经济的文件提出，鼓励企业到国外创品牌和获取国际标准认证。对于企业在境外注册和使用自有商标的，机电、医化和高新技术产品获得国际标准认证的，给予一定的奖励。

“一企一策”文件规定，研究开发新产品所发生的实际费用，可不受比例限制计入管理费用，同比增幅在10%以上的，可再按实际发生额的50%抵扣应税所得额；经省认定的高新技术企业集团，生产研制开发高新技术产品的关键设备、测试设备单台在10万元(含10万元)以下，可一次或分次摊入管理费用，10万元以上的设备等固定资产折旧最高可按25%提取。

加快工业园区建设的文件提出，鼓励入园企业进行新产品开发。企业研究开发新产品的费用，允许按实计入管理费用。园内企业固定资产经有关部门批准可加速折旧，特殊行业的折旧率经财政部门批准可提高到30%。

先进制造业基地建设的文件提出：①引导企业推进标准化，实施名牌战略。加强对标准、检测等共性技术的研究，鼓励企业积极采用国际标准和国外先进标准，制定具有国际竞争力、高于现行国家标准的企业内控标准。对质量长期稳定、市场占有率高、企业标准达到或高于国家标准的产品，以及三年内监督检查连续三次以上合格的产品，要重点帮助申报国家、省级名牌产品、免检产品和驰名商标；对获得中国名牌、中国驰名商标和国家免检产品的企业，分别奖励50万元、50万元和20万元。开展专业商标品牌基地建设，对取得国家级、省级专业商标品牌基地称号的，给予组织单位适当奖励。②引导和鼓励企业创立出口品牌。对获商务部重点支持和发展的名牌出口产品企业，以及在产品出口国(地区)注册商标并有出口实绩的，分别予以奖励。

《台州市医药化工行业发展规划》提出建立具有国际品牌的、竞争力强的产品体系。发挥特色优势，接受国外产业分工转移，进行专利医化产品的委托加工；瞄准国际战略前沿，创建具有自主知识产权和比较优势的医化产品，最终确立主导地位，形成以资本实力、品牌优势和知识产权为依托的具有国际竞争力的产品体系。①医药行业：重点巩固发展抗生素抗肿瘤药、普利类和他汀类心血管药、β—内酯胺类药物及中间体、抗寄生虫抗生素类、三环类的抗癫痫药及其中间体、喹诺酮类抗生素、甾体激素等化学药品及其中间体产品系列。大力发展那韦类抗艾滋病药物、抗抑郁药物、糖尿病药物、抗病毒药物等产品系列。加大制剂产品开发的力度，努力提高制剂的比重，充分发挥原料药的优势，加快向制剂转化的进度；积极开发控释、缓释、透皮吸收制剂、复方制剂等新剂型，形成一批多剂型、高附加值及高生物利用度的制剂新产品。积极发展以铁皮枫斗晶、固本咳喘片和银杏叶滴丸等为代表的现代中成药和保健品系列，加快黄姜、毛地黄、乌药等符合 GMP 规范的种植基地建设，全面实施中药现代化工程。积极开拓一次性医疗器械系列产品。充分发挥台州机械工业的优势，开发光电机一体化医疗器械。扩大原料药的优势，发展相关制剂品种，加快新剂型的开发和应用。②化工行业：重点巩固发展活性染料及其中间体、特种油墨、黏合剂、饲料添加剂和生物农药等产品系列。大力发展食品添加剂、工业表面活性剂、水处理剂、气雾剂、阻燃剂、造纸化学品、油田化学品、皮革化学品、电子化学品及生物化工等新领域精细化工产品。发展商品化染料、高效低毒低残留化学农药、环保型涂料、各种化学助剂及高档橡胶密封件产品。努力开拓石油化工和海洋化工。

《台州市家用电器行业发展规划》提出实施名牌战略，通过企业品牌和区域品牌的互动促进，全力提升“台州制造”的品牌形象。充分利用苏泊尔、星星、双鹿、爱仕达等中国驰名商标、中国名牌产品及国家免检产品的效应，引导更多的中小企业加入知名品牌企业的生产分工和协作体系，发挥品牌效应，做大名牌产品规模。对产量居国内前三位、市场占有率达到10%以上或者参与产品国家标准制定的企业，均可享受“128”工程企业待遇。同时采取各种奖励措施，培育一批新的知名品牌，力争在若干年内使台州家电行业新增 1 ~ 2 个国家级名牌。

《台州市缝制设备行业发展规划》提出，注重零部件生产体系的发展，实行差异化发展战略。首先，要提高缝制设备产品的本地化配套率。台州有着很强的机电产品制造能力，缝制设备零部件绝大部分都能在本地制造。但目前台州缝纫机电机等许多部件还从外地配套。要改变这一状况，必须注重零部件生产体系的发展。改变小作坊、小规模的生产方式，加大对零部件生产企业的整合，重点扶持发展一批骨干企业，推动零部件生产企业的技术改造和技术进步，促进零部件企业上水平。各整机生产企业要着眼于长远，注重培育和发展当地零部件配套企业，不断提高缝制设备产品的本地化配套率。逐步形成以大的主机厂为配套中心，整零企业互相支持、协调配套、专业分工科学、配套能力完整的缝制设备生产体系。其次,要采取差异化发展战略,重点加大特种机零部件的生产,与国内零部件发展相对成熟的江苏、宁波等地差异化发展,减少竞争,迅速占领特种机零部件市场。

加快五大主导行业发展的文件规定,对获得商务部重点支持的名牌出口产品的企业,每只品牌一次性奖励人民币20万元(同一企业不重复计奖);凡在产品出口国(地区)注册商标并有出口实绩的,给予一定的奖励。以上两项资金由市财政专项列支。对产品获得国家级"之都"(基地、城、乡)等称号的,由政府给予组织单位适当奖励,奖金从先进制造业基地建设专项资金中技改贴息资金部分列支。企业生产的产品数量、规模和市场占有率达到国内(外)第一的,均可享受"128"工程企业待遇。

加快五大主导行业发展的文件还规定:①当年上国家公告的汽车摩托车新产品,政府给予汽车摩托车新产品开发课题组适当奖励,汽车新车型每款奖10万元,摩托车新车型每款奖2万元,开发汽车关键零部件每项奖2万元。企业通过ISO/TS 16949认证奖2万元。②对当年攻克技术难关或研发出省级以上新产品并经市缝制设备行业协会初审,市级有关部门认定,行业发展协调小组核准,政府给予每个课题组10万元奖励。③凡开发成功并获得国家新药证书和生产批准文号的,给课题组适当奖励:一类新药,每只奖励50万元;二类新药,每只奖励8万元;积极引导企业由生产中间体、粗品向原料药、制剂转变,获得原料药、制剂生产批准文号,每只奖励分别为2万元、3万元。获得FDA认证的产品,每个认证奖励10万元;获得COS、DMF注册的产品,每个奖励分别为8万元、5万元。制剂产品通过FDA认证、COS、DMF注册,加倍奖励。医疗器械通过CE认证,每个奖励3万元。④支持模具行业企业不断提高模具质量,经中国模具协会评审达到国内先进水平的模具,每项奖励2万元。引进模具设计先进软件并实施产生显著效益的,经行业协会推荐,行业发展协调小组核准,按软件成本的5%给予奖励。⑤对单个产品国内产量前三位或国内市场占有率达到10%,并经有关权威机构确认;参与产品国家标准制定的企业;均可享受市"128"工程企业待遇。

增强自主创新能力文件提出,建立财政性资金采购自主创新产品制度。积极推动台州企业自主创新产品认证。各级政府机关、事业单位和团体组织用财政性资金进行采购时,应优先购买本地区列入目录的自主创新产品。在政府采购评审方法中,须考虑自主创新因素。以价格为主的招标项目评标,在满足采购需求的条件下,优先采购自主创新产品,其中,自主创新产品价格高于一般产品的,要根据科技含量和市场竞争程度等因素,对自主创新产品给予一定幅度的价格扣除，自主创新产品企业报价不高于排序第一的一般产品企业报价一定比例的，将优先获得采购合同。以综合评标为主的招标项目，要增加自主创新评分因素并合理设置分值比重。

民营经济创新示范区文件要求，推动非公有制企业实施品牌战略。加强品牌创造、品牌创新和品牌管理，推进自主品牌建设，培育品牌企业和品牌产品，形成一批拥有自主知识产权和知名品牌、国际竞争力较强的优势企业。引导非公有制企业加强质量管理，建立健全计量检测控制体系，全面推行国际标准认证，重点扶持获得产品、服务和管理体系认证的企业。鼓励非公有制企业争创驰名（著名）商标、名牌产品和知名商号。注重发挥骨干企业的品牌效应，构筑群体优势，培育一批区域品牌、行业品牌和产业集群品牌。鼓励非公有制企业积极开展商标境外注册，努力增强企业开拓国际市场的竞争力。

《关于印发积极扶持农产品深加工推进现代农业发展的若干政策意见的通知》（以下简称扶持农产品深加工文件）①，提出对农产品深加工实施品牌战略。对获得中国名牌、中国驰名商标和国家免检产品的农产品深加工企业，分别奖励50万元、50万元和20万元，具体办法按台政办发[2003]77号文件执行；所需经费，市本级由市、区各承担50%，其他的由市财政承担15%、企业所属县（市）承担85%。对获商务部重点支持和发展的名牌出口产品企业，对获得有机食品、绿色食品、无公害农产品认证的农产品加工企业，对通过HACCP、欧盟CE和食品加工企业国家QS认证、美国FDA注册的企业，由当地财政给予一定奖励。

（二）产业政策

人才引进和发展高新技术产业的文件规定，推动建立和完善政策引导的，以企业为主体的融资体系，大力促进和支持技术创新和发展高新技术产业。从2000年起至2005年，市财政每年安排1000万元高新技术投资资金。主要用于高新技术成果转化项目的支持和高新技术风险投资基金以及对技术改造项目的贴息。

加快工业园区建设的文件规定：①加大对现有工业园区（小区）的整合力度，所有已建、在建的园区项目须经市级以上计划部门审核；新建园区项目必须经市级以上计划部门审批。对不符合产业政策、规模要求的工业园区（小区）坚决实行淘汰。②今后除市“211”工程企业和大型企业外，园区外原则上不再布置新的工业项目。根据国家产业政策和台州产业结构调整规划，坚决杜绝重污

---

① 台州市人民政府办公室文件.关于印发积极扶持农产品深加工推进现代农业发展的若干政策意见的通知[Z].台政办发[2007]134号.

染、高能耗等“五小”企业入园。③重点规划建设好五大省级经济开发区、浙江化学原料药基地、台州椒江机电工业园区、台州汽车工业城、中国模具城、浙江温岭高校产学研园区等，使之成为国内外知名的生产基地。

《台州市科技发展“十五”计划和2015年规划纲要》的产业政策导向是，提高支柱产业尤其是大中型企业的研发能力，为确立台州企业在市场上的竞争优势地位提供技术支持；加快高新技术产业园区的建设，以医药、电子信息、新材料、环保和海洋新兴产业为重点，大力发展高新技术产业，实现跨越式发展，形成新的支柱产业；加快用高新技术改造传统产业的步伐，重点提升机电、医药、化工、家电和海洋产业在国内、国际的竞争能力，使高新技术产业的发展和其他产业的升级互为动力，协同共进。

先进制造业基地建设的文件提出：①全市制造业增加值超过1200亿元，年均增长13%，制造业规模占全省的12%以上；着力打造10个全国性制造业基地，产量分别占全国市场份额的10%以上，100个以上产品居国内(外)销量第一。②大力发展新兴产业：一是电子信息产业，二是新材料产业，三是瞄准国内外的前沿科研成果，积极发展海洋生物工程、环保产业以及临港型工业。③做大做强主导产业：打造中国经济型汽车之都、中国摩托车之都、中国医药之都、中国缝纫机之都、中国模具之都、中国塑料制品之都、中国家用电器之都、中国阀门泵类之都。④改造提升传统产业：打造中国工艺品家具之都、中国果蔬罐头之都，并改造提升鞋帽服装、普通机械等产业。⑤提升制造业的集聚度。加快生产力布局的战略性调整，到2010年，工业区工业销售收入占全市工业销售收入的60%以上；规模以上工业企业销售收入占全部工业的60%以上；上亿元工业企业销售收入占规模以上工业企业的60%以上。

《台州市汽车摩托车行业发展规划》提出，制定专门的行业扶持政策。在先进制造业基地建设资金中专门切出一块汽车摩托车行业发展资金，优先考虑扶持汽车摩托车产业。制定出相应的政策措施，在土地、资金、用电、规费等方面实行特殊政策倾斜，特别在工业用地发展空间越来越小的情况下，重点支持关联度大、带动作用明显的汽车行业。鼓励和引导企业加大研发、销售与服务投入，逐步整合现有整车生产企业，探索联合兼并重组之路。

《台州市医药化工行业发展规划》提出的产业结构调整方向是：坚持高新技术产业化与传统产业高新技术化相结合，全面推进医化行业结构调整。继续扩大化学原料药的优势，向生物技术、基因药物、天然药物和生物新材料方向发展；加强对中药工业的改造，加速中药工业现代化。进一步发挥生产一次性医疗器械的优势，努力向高档次医疗器械方向发展；促进医化行业的高技术化，提升产业层次和行业竞争力，逐步达到化学药物、中成药和医疗器械协调发展。继续大力发展精细化工，特别是新领域的精细化工产品；积极发展适销对路、产品档次高、具有特色的橡胶制品；适当发展农用化工，重点发展高效低毒、环保型农药。努力开拓石油化工、海洋化工等新兴领域。

《台州市家用电器行业发展规划》提出以整合为导向，着力提升区域竞争力的产业政策。它认为，整合优化台州家电产业结构，提升产业竞争力，主要有以下三大模式：①以龙头企业为核心，通过企业兼并、重组，实现紧密型的"中心—卫星"模式。鼓励大企业以资本、技术、品牌和销售网络为手段，实现低成本扩张，培育一批旗舰型企业。重点在炊具、空调、冰柜、冰箱、整体厨卫等生产企业中组建规模较大的集团股份有限公司。②以行业协会为抓手，通过企业联盟和合作，实现松散型的"竞争—合作"互动模式。鼓励扶持行业协会的发展，积极发挥协会的产业自律管理功能，推动企业在信息收集、共性技术研发、原材料大批采购、物流仓储、会展、开拓国外市场等方面建立企业联盟，增强产业集群在市场竞争中的"集体行动"优势。③以产业链为纽带，实现产业纵向的"价值链联结"模式。量大面广的中小企业形成的配套协作的产业链优势是台州家电行业的最大特色。围绕产业链，以工业园区、开发区、生产出口基地等形式，鼓励中小企业进入大企业产业链，通过"借大联大"和专业化协作，与大企业建立稳定的分工协作关系，形成若干个以龙头企业为核心的金字塔型产业集群。

加快五大主导行业发展的文件认为，汽车摩托车、缝制设备、医药化工、家用电器、塑料模具五大行业是台州工业经济中的主导行业，技术含量高，产品附加值大，产业关联性强，对全市社会经济发展起到举足轻重的作用。目前，台州五大主导行业规模上企业的产值占全部规模上企业工业总产值的60%左右。

《台州市国民经济和社会发展第十一个五年规划纲要》的产业政策导向是：①着力自主创新，打造先进制造业基地：加强布局引导，推进产业有效集聚；加强自主创新，优化提升产业层次；发挥特色优势，做大做强集群产业；发挥沿海优势，发展临港新兴工业。②加大支农反哺力度，大力发展现代高效生态农业：优化农业布局，提高综合生产能力；扎实推进产业化，不断提高农业竞争力；加强标准化建设，打造台州农业名牌。③加大扶持力度，加快发展现代服务业：大力扶持现代物流业，整合提升商贸流通业，优化发展交通运输业，积极发展旅游休闲业，鼓励发展金融保险业，加快发展信息服务业，有序发展房地产业，积极发展新兴服务行业。

（三）技术政策

《台州市科学技术发展"九五"计划和2010年远景目标纲要》提出，强化以企业为主体的技术开发体系，加强科研攻关、新产品开发和科技成果推广应用工作，建立起包括企业技术开发机构、行业科研机构、农村技术服务组织，民营科技企业在内的全社会科技进步体系。“131”工程企业要普遍建立、健全技术创新机构，增强自主开发创新能力。中小型企业要继续寻求、建立与科研单位、大专院校稳定的技术依托关系，不断提高技术素质和创新能力。鼓励科技人员和社会各界自筹资金，采取多种形式创办民营科技企业。对民营科技企业在信贷、人员流动、职称评定等方面与国有企业一视同仁。

《台州市科技发展“十五”计划和2015年规划纲要》提出的科技政策主要目标是：①高新技术产业增加值占全市工业增加值比重在2005年要达到28%，2015年力争达到40%；高新技术开发区技工贸总收入在2005年达到80亿元，到2015年实现160亿元。②“十五”期间全社会研发经费达到GDP的1.5%，市（县级市、区）、县的政府财政科技投入分别达到当地财政支出的4%和3%，其中科技三项经费不低于50%；骨干企业的科技投入不低于销售额的3%；高新技术企业的科技投入不低于销售额的5%。③2005年专利申请量达到1300项。④“十五”期间，民营科技企业在数量和质量两方面都进入全省先进行列。到2015年，要力争在龙头行业建成具有国内先进水平的科研实体。⑤专业科技人员总量2005年达到13.5万人，预计2015年达到30万人。

人才引进和发展高新技术产业的文件提出，大力发展民营科技企业，企事业单位列入国家级高新技术研究开发中心的，给予一次性50万元的匹配支持，列入省级高新技术研究开发中心的，给予一次性30万元的匹配支持，列入市级高新技术研究开发中心的，给予一次性20万元的补助支持。引导并促使企业主动增加科技投入。企业技术开发经费在销售收入的比例，一般企业要达到1%，重点骨干企业要达到3%，高新技术企业和建有工程技术研究开发中心的企业要达到5%以上。

“一企一策”文件规定，经计经委、主管税务机关认定的技术改造项目所需国产设备投资的40%，从设备购置当年比上一年新增的企业所得税中抵免；采取融资方式租入的机器设备，折旧年限不低于3年。

先进制造业基地建设的文件规定：①鼓励企业申报国家、省、市级等各类项目。对列入国家级、省级、市级重点技术改造项目的，先进制造业基地建设专项资金优先予以设备贴息和补助，同时建设厂房所需缴纳的地方各项规费，予以减半收取；对列入“863”计划、“火炬”计划、科技型中小企业创新基金（资金）及高新技术产业化等项目的，先进制造业基地建设专项资金予以相应补助。②增强企业技术创新能力。设立的各类国家级、省级、市级企业技术中心、高新技术企业研究开发中心、区域科技创新服务中心、高新技术企业孵化器、产品质量检测中心、引进“大院大所”共建创新载体的，经有关部门考核确认，给予一次性匹配资金补助。企业实际发生的技术开发费可按实列支；赢利企业研究开发新产品、新技术、新工艺所发生的费用比上年实际发生额增长10%（含10%）以上的，其当年实际发生的费用除按规定据实列支外，可再按其实际发生额的50%直接抵扣当年应纳税所得额，年终纳税申报时再按规定向税务机关报送有关材料和有效凭证。③大力发展高新技术产业。加快培育信息产业、生物工程、新医药、新材料、光机电一体化、环保等高新技术产业，积极引进国内外高技术公司，培育一批重点民营科技型企业。经认定的高新技术企业、高新技术成果转化项目、高新技术产品，享受相关优惠政策。④加快专利技术的转化应用和产业化。鼓励各类科研人员开发专利技术和产品，申报专利的费用由政府给予一定补助。企业开发的新产品经专家鉴定达到国际先进和国内领先的，分别予以奖励。鼓励企业、高校、科研院所和科研人员研究开发具有自主专利权的高新技术及其产品，发明专利可直接推荐参评省科技进步奖。切实保障专利权所有单位和发明人、设计人的合法收益，支持专利技术有偿转让或作价入股，作价入股最高可提取35%的比例，划给发明人、设计人和成果转化主要实施者。

《台州市汽车摩托车行业发展规划》提出，引导和支持整车企业建立完善产品研发中心。引导和鼓励企业建立研发机构和技术中心，重点突破发动机、变速器等关键零部件开发与规模化生产。采用先进的制造工艺，进口冲压模具及焊接夹具等先进的工艺装备，提高机械化、自动化水平，关键工序逐步采用机械手或机器人操作。鼓励企业加入国际各大汽车公司的开发网络，缩短开发周期，逐步提高台州汽车工业自主开发能力。

《台州市缝制设备行业发展规划》提出，加大研发力量，拓宽研发领域，逐步从缝制设备外观和局部改进向产品整体技术创新转变，不断提高产品的科技含量；加大技术攻关，着重开展“伺服电机及控制技术的研究和开发”、“计算机模拟及仿真技术在缝制设备上的应用”、“新型热处理技术在实践中的应用”、“噪声振动的测量分析与判定”、“新型材料（如无油、微油技术）在缝纫机中的应用”、“漏、渗油问题与缝纫机供油系统的研究创新”等方面的研究，重视自控技术、传感技术、激光技术等前沿技术与缝制设备行业的嫁接，积极采用柔性制造系统和计算机集成制造系统，广泛采用精铸、精冲、精锻等少、无切削新工艺，提高缝制设备产业层次，促进产业升级。同时规定，鼓励企业开展科技攻关和新产品研发。每年年初，由台州市缝制设备行业协会根据国际国内行业发展态势，提出技术攻关或新产品研发项目，在行业内进行公布。对当年攻克技术难关或研发出省级以上新产品并经市缝制设备行业协会推荐，市行业发展协调小组认定，政府给予课题组一定的奖励。

加快五大主导行业发展的文件规定：①对设立的各类国家级、省级、市级企业技术中心、工程技术中心、研究开发中心、产品质量检测中心，经有关部门考核确认并保持正常运作的，国家级、省级、市级的分别给予100万元、35万元、20万元一次性补助，在先进制造业基地建设专项资金中技改贴息资金和高新技术投资资金部分列支。②企业开发具有自主知识产权的发明专利并形成产业化后，当年因专利产品新增增值税超过100万元的，一次性给予课题组10万元奖励，按财政体制由市区两级政府专项列支。

增强自主创新能力文件规定，对新增的国家级、省级重点实验室，经有关部门考核确认并保持正常运作的，分别一次性给予每家100万元、35万元的补助。鼓励和支持企业博士后工作站建设。国家、省批准的企业博士后工作站每招收1名博士后研究人员，在进站两年研究期间，由政府给予8万元的经费资助，资助经费分别由市和县(市、区)财政各承担50%。还规定，经认定的市级、省级孵化器，分别给予一次性奖励20万元、35万元。

民营经济创新示范区文件提出，以产业集群和行业龙头企业为依托，积极培育国家级、省级企业研发中心、技术中心、产品质量检测中心以及企业博士后工作站等创新机构，推进非公有制企业与国内外高等院校和科研院所共建创新载体工作。根据行业发展的实际和公平原则，以行业重点企业为依托，设立若干区域产业性公共创新平台。提升企业知识产权保护能力，各级政府在科技三项经费中专门设立知识产权补助基金，对发生的企业国内外专利申请费、软件著作权登记费、海关知识产权保护备案费以及行业标准制订费用、专利购买费用给予适当补助。还提出，积极支持非公有制企业将信息技术应用于研发、生产、经营、管理等各个方面，不断推进设计、制造过程信息化、产品信息化和企业商务电子化。经市经委认定的企业购置软硬件设施实际完成额在50万元以上的信息化建设项目，视为技术改造项目，按项目投资总额的一定比例给予补助。企业外购的达到固定资产标准或构成无形资产的软件，报经主管税务机关备案后，其资产折旧或摊销年限最短为两年。

《台州市国民经济和社会发展第十一个五年规划纲要》指出，加大科技创新投入，全社会科技经费支出占生产总值比重提高到3%，其中R&D经费占生产总值比重提高到1%左右。完善科技创新激励机制，鼓励科技要素参与收益分配。引导和扶持创立民营科研机构和科技型企业，增强自主创新能力。加速技术要素市场化进程，培育、扶持、规范和完善科技中介服务，建立技术交易平台，促进科技人才的合理流动和科技成果的转化。完善科技服务体系,建立科技投资信用担保机制,鼓励发展创业投资。依法保护知识产权,吸引和激励高层次科技人才。以企业、高校、研究院所和区域科技创新服务中心等为载体,扶持发展一批民间创新主体。

知识产权规划纲要规定,台州市政府将在原设立年专利专项资金 50 万元的基础上,建立市知识产权专项发展基金和市商标品牌培育基金,按照年财政收入情况,每年以一定比例增加,到 2015 年,市级财政知识产权专项发展基金和市商标品牌培育基金将达到 300 万元,重点用于推进专利技术产业化进程和商标品牌扶持力度,支持可产生自主知识产权的研发项目。各县(市、区)和台州经济开发区管委会也设立相应的知识产权专项资金,用于当地企业专利申请和专利技术标准化,知识产权维护、培训、宣传和执法,以及重大知识产权技术项目实施的资助与奖励。在创新资金计划中,设立自主知识产权技术研究项目,支持企业开展重大专利、自主版权、集成电路以及软件系统研究项目。同时要积极落实企业研究开发新技术、新产品、新工艺等方面的税收优惠政策,鼓励企业采取知识产权入股、质押、信托、拍卖等多种形式募集发展资金,推动具有自主知识产权产业的发展。

(四)财政政策

"131"工程文件规定,凡列入"131"工程的企业,经同级财政批准,允许其在财务制度规定的最短使用年限加快折旧。企业为引进先进技术,提高产品技术含量,以融资租赁方式租入固定资产,有承受能力的,报经同级财政批准后,也可以实行加快折旧,其折旧年限可与租赁期限相等。还规定,当年实现税利总额 1 亿元以上,上交税收总额 4000 万元以上,奖给厂长、经理个人 30 万元;当年实现税利总额 5000 万元以上,上交税收总额 2000 万元以上,奖给厂长、经理个人 20 万元;当年实现税利总额 1000 万元以上,上交税收 400 万元以上,奖给厂长、经理个人 5 万元。奖金按同级财政渠道解决。

"211"工程文件规定,对年销售收入达到 50 亿元、10 亿元和 1 亿元,且利税达到 5 亿元、1 亿元和 1000 万元的企业厂长、经理分别给予 50 万元、20 万元和 1 万元的奖励。奖金按同级财政渠道解决。对超目标实现"211"工程规划的县(市、区),市里每年给予物质奖励。

"128"工程实施细则规定,对年销售收入达到 100 亿元、50 亿元、20 亿元、10 亿元和 1 亿元,且税利占销售收入 10% 以上的企业董事长或总经理,分别一次性奖给 100 万元、50 万元、20 万元、10 万元和 1 万元的奖励。奖金按同级财政收支渠道解决。对超目标实现"128"工程规划的县(市、区),市政府每年给予政府有关人员物质奖励。

人才引进和发展高新技术产业的文件规定，对符合国家产业政策的市级重点技改项目投资中的银行贷款部分，可在项目竣工投产后，企业新增实现税收征收后由财政返还，用于还贷。

“一企一策”文件规定，在市、县（市、区）安排的各项财政扶持金中，重点安排企业集团的高新技术研究开发、技改、计算机软件应用管理和环境治理项目资金贴息或补助。

加快工业园区建设的文件规定，园区当年上缴所得税比上年增长的地方所得部分，由同级财政全额奖励给园区用于基础设施、检测中心、企业技术中心等建设，实行滚动使用。

先进制造业基地建设的文件规定，建立先进制造业基地建设专项资金。发挥财政资金的导向性作用，在原有管理渠道不变前提下，将市本级技改贴息、园区建设、高新技术投资资金等统一改为市先进制造业基地建设专项资金，在资金使用上重点用于先进制造业基地建设和重点产业发展等方面的扶持。

加快五大主导行业发展的文件，除了规定对技术创新进行财政资助外，还规定：①各级政府可根据当地财力情况，多渠道筹措资金，充分发挥财政资金的导向和“四两拨千斤”作用，扶持和促进五大主导行业发展。在市先进制造业基地建设专项资金中，每年用于扶持五大主导行业发展的资金不低于专项资金的70%。②与外商创办中外合资合作企业，实际外资达200万美元以上的，自该合资合作企业投产第一年实现税收起，财政部门按其当年上缴地方财政新增实得部分（仅指新增增值税部分）的15%，奖励给企业，连续享受三年。凡经企业引荐外商来市区举办合资、合作和独资企业，实际外资达200万美元以上的，由财政部门按外商投资企业当年上缴地方财政实得部分的15%一次性奖励给引资有功企业。若合资合作的对象或引入的企业是世界500强，奖励按30%计。

增强自主创新能力文件要求，保障财政科技投入稳步增长并完善管理制度。从2006年开始各级政府要确保财政科技投入增长速度明显高于同级财政经常性收入的增长速度。到2010年，各级财政科技投入占同级财政支出的比例一般应达到5%。科技型中小企业技术创新基金（原市高新技术投资资金）等专项资金五年内在原有基础上按照20%比例逐年增长。充分发挥财政资金对企业自主创新的引导作用。政府财政科技投入引导带动企业科技投入比例应达到1∶10。市级以上高新技术企业研发费用支出应不低于销售收入的5%，大中型重点骨干企业和科技型中小企业应不低于3%。制定专项资金的使用管理办法，加强财政审计监督，确保专项资金专项使用。建立健全政府财政科技投入资金绩效评估和报告制度，提高资金使用效率。科技立项及其实施，应组织专家进行技术、经济等可行性论证，并根据发展需要和实施条件的成熟度，报经有关部门备案或批准并组织实施。

民营经济创新示范区文件提出，要运用财政政策加大对非公有制企业的扶持。各县、市、区政府要积极安排中小企业专项扶持资金，主要用于培育中小企业、小企业创业辅导、社会化服务体系建设以及国家扶持项目的配套资金等。继续实行非公有制企业扩大投资、技术改造、新产品开发和创名牌产品、驰名商标、著名商标等财政支持政策。

扶持农产品深加工文件，要求加大对农产品深加工的财政扶持力度：①建立农产品深加工发展专项资金。市财政每年安排 200 万元专项资金，用于农产品深加工企业的技术改造项目补助，以及先进设备引进和更新的贷款贴息。在原有管理渠道不变前提下，市先进制造业基地建设专项资金每年安排 10% 比例的资金，重点扶持农产品深加工企业的兴办、技术引进改造、设备更新、品牌建设和重大农产品加工技术研发；市科技三项经费每年安排 10% 比例的资金，鼓励企业积极开展行业关键技术攻关。市本级专项资金用于扶持市区农产品深加工企业发展，县(市、区)财政也要设立农产品深加工发展专项资金。②鼓励投资兴办农产品深加工企业。对新办的农产品深加工投资项目，经考核认定，一年内设备投资规模超过 20 万元的，按照企业设备投资额给予适当比例的贷款贴息或项目补助。③鼓励现有农产品加工企业加大技术改造力度发展深加工。积极推动现有农产品加工企业开展技术改造，改善提升装备水平，发展深加工。对现有加工企业通过技术改造发展深加工，经考核认定，一年内设备投资规模超过 20 万元的，按照企业设备投资额给予适当比例的技改贴息或项目补助。对列入国家、省农产品深加工专项项目的，优先予以设备贴息和补助。

(五)税收政策

“131”工程文件规定，企业上交地方所得税超过上年 5% ~15% 以上部分，由各县(市)、区根据财力可能，3 ~5 年内全额或部分返还给企业用于技术改造和发展生产。

人才引进和发展高新技术产业的文件规定，经认定的高新技术成果转化项目，从第一次销售之日起 3 年内，相应于企业所得税和增值税的留地方部分，由财政全额返还，之后两年减半返还。经认定的拥有自主知识产权的高新技术转化项目，自认定之日起 5 年内，相应于其所得税和增值税留地方部分，由财政全额返还，之后 3 年减半返还。在台州注册、且所得税在台州缴纳的企业，以税后利润投资经认定的高新技术成果转化项目，由财政返还相应投资的所得税。科研机构、高等学校等单位的科技人员，其科技成果项目转化的股权收益，经核准，2 年内不征收个人所得税。还规定，经认定的高新技术企业，自认定之日起，前 2 年内交纳的所得税留地方部分，由财政全额返还，后 5 年减半返还；按规定返还税收期满后，凡当年出口产品的销售达到 70% 以上，经核准，由财政再返还相应 50% 留给地方部分的所得税。高新技术企业的增值税，以上一年度为基数，新增的留地方部分，从 2000 年起（新认定的高新技术企业自认定之年起）3 年内按 50% 的比例给予返还。一般纳税人销售其自行开发生产的计算机软件产品，可按法定 17% 的税率征收后，对实际税负超过 6% 的部分实行即征即退，小规模纳税人生产销售计算机软件按 6% 的征收率计算缴纳增值税。对按规定比例提留技术开发费用，实际发生额比上年增长 10% 或以上的高新技术企业，经核准，其当年实际发生的技术开发费除按规定按实列支外，可再按实际发生额的 50% 抵扣当年应纳税所得额。全市范围内首次应用发明专利技术生产的产品，经核准，自销售之日起，3 年内缴纳的所得税和增值税留地方部分由财政全额返还。经认定的高新技术企业和重点技术改造企业，用于开发，生产高新技术产品的仪器、设备，经核准，允许按年 25% 计提折旧费。

“一企一策”文件规定，列入培育名单的大企业集团，其计税工资基数可在国家规定的基础上提高 20% 。聘任的高能管理、技术人才的工资可全额计入成本。

加快工业园区建设的文件规定，改革税费分成和考核办法。集聚到工业园区企业规费，归园区所在地收入；税按规定实行属地征收，税务部门相应调整税收计划；影响企业原所在地财政可用财力部分，在县（市、区）域内的工业集聚，由县（市、区）财政予以调整；集聚到市区工业园区的，由市财政予以调整。具体操作办法由市、县（市、区）财税部门制定并实施。集聚到市区工业园区内企业的税收入，暂纳入原所在地财政收入统计范围。对各县（市、区）进行目标考核时，由财政、统计等部门对考核数据予以调整。

先进制造业基地建设的文件规定，凡投资于符合国家产业政策的技术改造项目的企业，其项目所需国产设备投资的 40%，可从企业技术改造项目设备购置当年比前一年新增的企业所得税中予以抵免。符合国家产业政策的需引进设备的技术改造项目，在投资总额内进口的自用设备，除国家规定不予免税的商品外，免征关税和进口环节增值税。

加快五大主导行业发展的文件规定，企业实际发生的技术开发费可按实列支；赢利企业研究开发新产品、新技术、新工艺所发生的费用比上年实际发生额增长10%以上的,其当年实际发生的费用除按规定据实列支外,还应在规定期限内附有关资料向所在地主管税务机关提出享受加计扣除的申请,在取得税务机关下达的加计扣除审核确认书后,企业可再自主按其实际发生额的50%直接抵扣当年应税所得额。年终纳税申报时再按规定向税务机关报送有关材料和有效凭证。

《关于扶持企业上市的若干政策意见》规定,企业在改制设立股份有限公司时,按规定量化到个人的资产和因资产评估增值以及原企业历年积累的资本公积,归属个人部分,缓征个人所得税,待股权转让时再按规定征收。

增强自主创新能力文件,提出运用优惠税收政策推进企业科研活动及成果转化。它规定:允许企业按当年实际发生的技术开发费用的150%抵扣当年应纳税所得额。实际发生的技术开发费用当年抵扣不足部分,可按税法规定在5年内结转抵扣。企业用于研究开发的仪器和设备,单位价值在30万元以下的,可一次或分次摊入管理费,其中达到固定资产标准的应单独管理,但不提取折旧;单位价值在30万元以上的,可适当缩短固定资产折旧年限或加速折旧。首次应用发明专利生产的产品,经核准销售之日起,3年内根据企业对地方财政的贡献给予一定比例的资助。规定符合条件的科技企业孵化器,依照国家规定享受免征营业税、所得税、房产税和城镇土地使用税等优惠政策。规定对主要投资于中小高新技术企业的创业风险投资企业,实行投资收益税收减免或投资额按比例抵扣应纳税所得额等优惠政策。还提出扶持科技中介服务企业。支持台州中介服务机构开展企业信息化、咨询、监理、设计等技术支撑服务。对新办的各类科技中介机构免征两年所得税。

民营经济创新示范区文件提出,对非公有制企业加大税收扶持力度。允许企业按当年实际发生的技术开发费用的150%抵扣当年应纳税所得额。实际发生的技术开发费用当年抵扣不足部分,可按税法规定在5年内结转抵扣。企业提取的职工教育经费在计税工资总额2.5%以内的,可在企业所得税前扣除。非公有制企业从事种植林木、林木种子和苗木作物以及从事林木产品初加工取得的收益按国家规定享受优惠政策。经批准实行“工效挂钩”的企业,经税务机关审核,其实际发放的工资额在核定额度内可在当年企业所得税前扣除。企业通过非营利性社会团体和国家机关向扶贫帮困、希望工程以及教育卫生文化体育等社会公益事业或慈善事业捐资捐赠的,凭受捐单位的合法凭证按规定的范围和适用的标准在税前列支。

创业服务园文件规定,入园企业自工商注册登记之日起,前三年按企业所上缴的税收地方所得部分70%补贴给企业用于再投入。五年内,在园区企业工作的中高层管理人员和技术带头人，工作业绩突出，按年工资和奖金等收入在园区所在地缴纳的个人所得税累计超过10万元以上者，市政府予以重奖，其奖金额度按其在园区所在地缴纳的年个税总额的60%确定。

（六）金融政策

“131”工程文件规定：①凡列为国家、省和市重点技改项目所需资金，财政、银行要共同帮助筹集。其中，市、县（市、区）财政筹集不少于10%；通过多渠道共同向上争取，使银行贷款不少于50%；市、县（市、区）银行技改贷款总额的70%以上用于上述重点技改项目。②设立“131”工程专项基金（专项基金来源另定），专门用于“131”工程项目的贷款、贴息和风险金。③在流动资金贷款上，各专业银行要优先给予安排。④企业内部集资、发行短期融资债券、横向拆借资金等，人民银行给予倾斜支持。

人才引进和发展高新技术产业的文件提出，探索建立高新技术产业风险投资机制，鼓励社会各方面力量对科技的投入。金融机构要积极探索多种途径，改进对高新技术发展的信贷服务，用于科技进步的信贷规模的年增长幅度，应高于信贷规模的年增长幅度。对符合条件、能提供合法担保的高新技术项目，要优先给予贷款；对有市场发展前景、技术含量高、效益好、能替代进口的高新技术成果转化项目，要加大贷款支持力度。培育有利于高新技术产业发展的资本市场，吸引国外、境外风险投资公司来台州进行风险投资，支持企业，特别是成长中的科技型中小企业发展高新技术产业。通过科技合作，招商引资，优先推荐高新技术企业和技术进步企业上市等途径，进行资本运作，吸纳社会资金，增加对技术创新和发展高新技术产业的投入。

“一企一策”文件规定，列入培育名单的大企业集团，可享受两项优惠金融政策：一是优先推荐股票上市，二是贷款主办银行可授予企业一定额度的信用贷款，对于巨额资金需求，可由贷款主办银行牵头组织银团贷款。

加快工业园区建设的文件指出，计划、工业管理部门要积极做好协调工作，加强银企沟通，各金融机构要积极为园区企业提供信贷支持，在贷款条件上优于一般企业，减少贷款环节，简化贷款手续，加大扶持力度。

先进制造业基地建设的文件规定：①各级政府要依法设立中小企业发展基金，落实扶持中小企业的相关政策。②大力推进中小企业信用体系建设。通过三年努力，全市规模上企业全部完成信用等级评价。开展信用知识培训，强化企业信用风险防范意识，提升企业信用管理水平。③建立完善中小企业担保体系。对现有的担保公司要重点抓好质的提高，促进规范化运作。积极鼓励企业创办担保公司。各级政府每年安排一定比例的担保风险补偿备用资金，以弥补担保机构的担保风险损失。凡列入国家担保试点的非营利性的中小企业担保、再担保机构,经上级有关部门批准后,三年内可免征营业税。④增强对全市金融机构工业信贷考核力度。促进金融机构扩大工业信贷业务。组织召开各类银企洽谈会,向金融机构推荐一批信誉和市场前景好的中小企业和项目,加大对中小企业的融资力度。

《台州市医药化工行业发展规划》提出建立多元化融资体系:支持有条件的企业集团建立财务公司,灵活调配资金,降低融资成本,争取国债项目和技改贴息资金。由政府牵头,上市公司、国内外财团、民间资金入股,筹建医化行业技术创新风险投资机构,建立专门的医化技术创新风险投资基金。充分发挥浙东南一带个私经济比较发达的优势,多渠道吸收民间资金。优先扶持符合条件的企业股票上市,发行债券。争取新增上市企业 8～10 家,力争筹资 30 亿元。通过若干年的努力,在主板市场上构建具有区域特色、高科技含量、高成长性的台州板块,实施证券强市。同时,加大招商引资力度,充分利用医化行业集群优势和行业配套能力强的有利条件,以存量引增量;挑选一批项目,精心包装,争取与外资进行嫁接;注重引进外资的优势互补,提高外资引进的门槛,重点引进技术优势、管理优势明显的外资项目,促进本地企业管理和产业结构的升级;精心组织各类招商活动,积极参加广交会、厦投会、浙洽会等重大投资贸易洽谈活动;落实发展空间,内外资企业一视同仁。

加快五大主导行业发展的文件规定,大力推进企业的股份制改造和上市融资步伐。企业完成股份有限公司改造、通过上市辅导期验收、上市公开发行后,分别由同级财政给予奖励。拟上市重点企业占有的划拨土地转出让的,在用地性质不变的情况下,按征收出让金总额的 80% 以上予以奖励。

增强自主创新能力文件要求优化自主创新的金融服务:①鼓励有条件的县(市、区)设立创业风险投资引导基金。支持风险投资公司和创业投资企业的发展。引导创业风险投资基金投资处于种子期和起步期的创业企业。县(市、区)可根据企业项目情况,进行筛选培育、跟踪扶持。对支持高新技术产业发展、单个项目累计风险投资额在 200 万元以上、稳定运作时间超过一年的风险投资公司给予奖励。②支持科技型企业通过金融市场融资。大力推进科技型企业上市。选择和包装好一批科技型中小企业,在国家推出创业板后抓住机会上市。支持符合条件的高新技术企业争取发行公司债券。加大科技型企业的贷款支持力度,鼓励和支持政策性银行、商业银行和其他金融机构开展知识产权权利质押业务试点。③健全科技型企业信用担保体系和保险业务体系。鼓励政府和社会资本担保机构加大对科技型企业技术创新活动的支持,凡向高新技术企业及民营科技企业提供信用担保超过累计担保金额70%以上的信用担保机构，可享受高新技术企业有关优惠政策。支持保险公司发展科技型企业财产保险、产品责任保险、出口信用保险、业务中断保险等险种，为科技型企业提供保险服务。

民营经济创新示范区文件提出，加大对非公有制经济的金融支持力度，具体措施是:①积极利用资本市场融资。积极鼓励非公有制企业在境内外上市。支持科技型中小企业在国家推出创业板后抓住机会上市。支持一批符合条件的工业企业，依照国家有关规定发行企业债券，建立人民银行、承销机构和企业主管部门的短期融资券协调机制，支持符合条件的工业企业通过发行短期融资券解决短期融资问题。规范和发展产权交易市场，推动各类资本的流动和重组。②加快地方金融机构的发展。鼓励有条件的非公有制企业参与城市商业银行综合改造，争取稳步实现跨区域经营；城市信用社改制为商业银行后，要进一步按照商业银行的要求规范发展。农村合作金融机构要坚持“四自”经营，办成主要为“三农”服务的地方性金融机构。积极争取引进全国性银行、外资银行在台州设立分支机构。③完善融资担保体系。规范已经创立的、以社会资金尤其是民间资金为主体的信用担保机构的业务行为。加快创建企业(行业)互助担保、商业性担保等多层次、市场化运作、法人化管理的信用担保和再担保体系。各级政府每年安排一定比例的担保风险补偿备用资金，以弥补担保机构的担保风险损失。凡列入国家担保试点的非营利性的中小企业信用担保、再担保机构，经上级有关部门批准后，三年内可免征营业税。④积极开发利用民间资金。鼓励非公有资本组建风险投资公司、创业投资企业和产业投资基金公司。有条件的县、市、区应设立创业风险投资引导基金，引导风险投资公司和创业投资企业投资处于种子期和起步期的创业企业。支持民间资本依法投资参股金融机构。探索开办个人委托贷款业务。进一步规范民间融资。⑤推进金融业务和信贷产品创新。开发适合非公有制企业特别是中小企业特点的融资服务项目和信贷品种，积极推广应收账款、仓储货单、存货、商标权、专利权、市场摊位使用权等形式的动产及权利抵(质)押贷款及联保协议贷款、法定代表人抵押担保贷款、出口退税账户托管贷款、土地厂房购建贷款、小额抵押积数贷款等一系列新型信贷品种。积极为非公有制企业境外投资和开拓国际市场提供金融服务。支持台州商业银行与国家开发银行合作开展微小企业贷款试点，鼓励地方商业银行依托政策性银行开展转贷款业务，发展面向中小企业的融资和小额信贷。鼓励和支持现有期货经纪公司的发展，大力引进上规模、上档次期货经纪公司在台州设立分支机构，积极引导企业利用期货等现代金融工具规避市场风险。抓好农业保险试点工作,逐步建立和完善农业保险制度。⑥加大对非公有制企业的贷款支持力度。金融机构要完善为非公有制经济服务的内部组织体系和信贷工作机制。加强客户经理队伍建设,建立和健全贷款营销制度;完善信贷授权制度,适当下放非公有制企业贷款审批权限,优化流程提高审批效率;推行切合非公有制中小企业实际的信用评级办法和授信制度,合理确定授信额度。完善对金融机构的考核。

扶持农产品深加工文件要求,努力增加用于农产品深加工的信贷资金投入:①放宽信贷业务范围。各金融部门要把支持农产品深加工作为信贷支农的重点,对成长性好、资信好的企业核定一定的授信额度并逐年增加;每年由有关部门逐批排出项目向金融部门推荐,加大对农产品深加工企业的融资力度,对农产品深加工企业实行贷款利率优惠政策。②拓宽融资渠道。积极鼓励社会各方力量参与农信担保公司建设,鼓励现有担保机构开展农产品加工企业融资担保业务。允许农产品加工企业以自有不动产、动产以及商标等开展抵押质押贷款。对以动产及商标等开展质押贷款的,有关部门要积极帮助企业做好登记确认和相关服务工作。对出口农产品加工企业的农产品收购资金贷款,金融部门可凭企业出口产品订单和外商提供的由其开户行出具的信用证优先发放,缓解原料收购高峰期的资金困难。

《关于支持台州城市商业银行发展的通知》[①]指出,台州市商业银行、浙江泰隆商业银行和浙江民泰商业银行等3家城市商业银行,为有效化解台州小金融机构的风险,保证社会稳定,支持小企业发展发挥了重要的作用。为了促使它们更好地服务于台州经济,要求采取以下措施:①创造公平合理的竞争环境。②拓展广阔的服务空间。各级政府和银监会等有关部门要积极创造条件,支持3家城市商业银行在台州各县(市、区)增设、调整网点,在机构网点的规划安排、用地审批和规费收缴等方面给予支持和优惠。鼓励支持在台州市外跨区域设立分支机构。③加大呆坏账核销力度,建立小额信贷风险补偿机制。各级政府和有关部门要积极支持3家城市商业银行盘活资金存量,提高资产质量。财政、税务部门要积极向省有关部门争取政策,力争多核销、快核销呆坏账;积极创造条件解决台州市商业银行历史遗留呆坏账问题。城市商业银行对台州小企业、个人经营性贷款和农户贷款等小额信贷,地方财政将以风险补偿基金的形式给予支持和倾斜。④维护良好的金融生态环境。⑤走出一条创新发展的新路子。

---

① 台州市人民政府文件.关于支持台州城市商业银行发展的通知[Z].台政发,[2008]46号.

(七)土地政策

"131"工程文件规定:①列入"131"工程的城区企业进行改造、迁建、转产时,在符合城镇总体规划的前提下,允许企业进行老厂区的综合开发,其土地开发的收益全部返还企业用于技术改造。②按批准的企业发展规模,安排用地规划,留足用地规划,留足用地量,留有发展余地。

人才引进和发展高新技术产业的文件规定,总投资在1000万元以上的高新技术企业、重大高新技术成果转化项目进入台州高新技术产业园区建设,享受下列优惠:①土地采取优惠出让,出让金中属于市政府纯得部分予以减免,并限期办理审批手续;②城市建设配套费给予减半收取;③建设中的水、电、气的增容费等规费给予免缴。

"一企一策"文件规定,优先安排入围企业集团的生产科研土地指标,土地出让金市、县(市、区)政府所得部分采取先缴后返办法优惠80%;建设用地城镇建设配套设施给予50%~80%减免;按成本价缴纳折抵指标费。在符合城市规划条件下,厂区不新增土地进行技改,可由企业集团自行建设报当地有关部门备案,免除各种行政性收费;老厂区用于综合开发的土地按规定程序报批后,同意其开发部分的土地增值返还企业集团用再发展。

加快工业园区建设的文件规定:①各地在编制和调整土地利用总体规划和城市总体规划时,要留足工业园区发展空间,促进工业集聚。②市域工业集聚区规模应达到5平方公里以上,县域在3平方公里以上,特色工业园区一般在1平方公里以上。③园区项目优先列入重点建设项目,用地指标优先予以保证,工业地价一般为每亩6~12万元,对高新技术项目和规模投资项目,工业地价的底线可优惠到每亩6万元。④在符合城镇总体规划下,经政府批准,允许入园企业的老厂房进行综合开发,开发土地增值部分可按比例返还给企业专项用于搬迁和技术改造。

先进制造业基地建设的文件规定:①鼓励工业园区内工业项目用地选择年租制方式取得承租土地使用权,租约期最长可为50年。将集体建设用地的土地使用权出租给进区企业,或将集体建设用地的土地使用权作价入股投资公司,建设标准厂房出租,其标准厂房建设期间涉及的市及以下收取的规费一律减半。②高新技术项目工业用地依据项目技术的先进程度(分市级、省级、国家级三个等级),在项目建成后,按工业用地合同价格分别给予20%、30%、50%的奖励。外资工业项目根据国家的有关产业政策,属于鼓励类的,在项目建成后,按工业用地合同价格给予30%的奖励。新成立、引进的生物医药、电子、机电一体化、信息产业、新型建材等内资企业或现有内资企业增加上述项目的，在项目建成后，按工业用地合同价格给予20%的奖励。③对于投资总额1亿元人民币、注册资本5000万元人民币以上的大型工业项目以及实际利用外资500万美元以上的外商投资项目，在项目建成后，按工业用地合同价格给予50%的奖励。④工业园区工业用地固定资产投资强度，超出省有关规定20%的，从该项目达到标准之年年终，经有关部门认定后，按工业用地合同价格给予20%的奖励；对于建设多层标准厂房的，按市有关规定予以减免一定比例的城建配套费。

加快五大主导行业发展的文件规定，小规模工业建设项目和现有规模下企业扩建项目原则上都要进入工业园区的标准厂房；规模上企业的工业用地固定资产投资强度必须达到省市有关要求，对于超出省有关规定20%的，从该项目达到标准之年年终，经有关部门认定后，按工业用地基准地价给予30%的奖励。

《关于扶持企业上市的若干政策意见》规定，企业在改制设立股份有限公司时，原行政划拨土地可转为出让，并在不改变用地性质的前提下，土地出让金先征后返80%。还规定，企业在改制设立股份有限公司时，土地、房产、车船等资产的变更，按非交易性过户处理；企业在上市过程中，需要分离或重组的资产，在股权转让、资产购并时不变更最终所有者的，可按非交易过户处理。因历史原因，部分权证不全但无争议的房产、土地，依法补齐权证后列入资产。

增强自主创新能力文件规定，允许国家级高新技术企业按照规划要求在企业工业用地范围内建研发大楼，工业性质用地不变。高新技术项目建设用地依据项目技术的先进程度（分市级、省级、国家级三个等级），在项目建成后，按工业用地基准地价分别给予一定比例的奖励。对省级以上高新技术企业、高新技术成果转化项目、引进的各类研发机构，建设所需用地指标优先解决。

扶持农产品深加工文件提出，加大对农产品深加工的用地政策支持：①农产品加工集聚区建设。各地要科学规划农产品加工业布局，在主要农产品生产区和集散地，利用好现有工业园区，同时合理布局建设一批新的农产品加工园区进行重点扶持建设，降低企业入园门槛，促进产业集聚。各县（市、区）每年要切出一定数量的用地指标，安排集聚区建设和农产品深加工企业的空间拓展。②降低企业进入成本。对于科技含量高、生产规模大、市场开拓能力强的农产品深加工企业建设用地，要优先安排、优先审批，各项费用按最低标准执行。

（八）中介服务政策

加快发展开放型经济的文件提出：①建立“市境外投资服务中心”。②进一步简化各类企业经贸人员出国审批手续。对重点招商机构的专业招商人员，出口骨干企业、外经企业和境外投资企业的主要负责人、业务主管经理和业务骨干的出国(境)手续试行直报市政府审批,政审上优先办理,实行一次审批3年有效。对到境外承包工程和到境外投资的主要业务骨干,允许其家属、子女随行出国(境)。

“一企一策”文件规定,各级经济管理部门,应直接向列入扶持名单的企业集团,提供经济信息、政策、法规,并提供管理指导、技术咨询、信息化培训等服务。

“128”工程实施细则规定,扶持培育市“128”企业,是一项系统工程,各级政府及部门,对公布的企业,除政策要兑现外,还要为企业提供经济信息、管理指导、技术咨询、培训等服务。

加快工业园区建设的文件提出,建立精干高效的园区管理机构,推行政府管理和行业管理相结合,公布办事程序和所有收费项目,有条件的,推行中介专业机构代理服务,为企业提供“一站式”全程服务。各部门对园区内企业的考核、检查、收费、奖罚等,须事先告知园区管理机构。

先进制造业基地建设的文件提出,大力发展信息服务、管理咨询、技术服务、产品标准、技术认证、培训、创业服务、资产评估、质量检测和认证、信用担保、法律保险服务等各类社会和行业中介组织,完善功能,强化自律,规范发展,为建设先进制造业基地服务。

《台州市缝制设备行业发展规划》提出建立行业协会,形成政府协会企业良性互动。①建立台州缝制设备行业协会。实践表明,行业协会作为中介组织,在帮助企业提高生存能力、追求行业整体利益、减少行业无序竞争、积极拓展国内外市场等方面发挥着举足轻重的作用。要引导企业提高对行业协会重要性的认识,形成共识,建立台州缝制设备行业协会,并有效运作。②充分发挥行业协会的作用。政府要把一些不应由政府行使的职能转移到行业协会,逐步把那些涉及评比、鉴定、统计等方面的工作委托给协会,努力形成政府、协会、企业三位一体良性互动的局面。协会要充分发挥政府和企业间的桥梁和纽带作用,积极开展各项活动,制订行规行约,建立自律性机制,规范行业自我管理行为,拓宽协会服务领域,健全行业协会在共性技术开发、教育培训、法律咨询、国际合作、组团参展等方面的功能,形成行业整体竞争优势,促进台州缝制设备工业朝健康、有序、快速的方向发展。

《台州市塑料模具行业发展规划》提出发挥行业协会作用,健全配套服务体系,积极做好以下各项工作:①搜集国内外塑料模具行业发展动态,及时为企业提供信息咨询服务;②通过网络与新闻媒体等途径,加大台州塑料模具企业与产品的宣传力度,尤其要发挥台州塑料行业网站的作用,把台州塑料企业及产品推向国内外市场，提高台州塑料模具行业在国内外的知名度；③引导、协调、监督企业生产的经营行为，加强行业自律，制止企业间的无序竞争；④了解掌握企业发展动态，反映企业的呼声与要求，为企业排忧解难，为政府决策提供可靠依据；⑤组织企业学习先进管理方法与经验，考察国内外市场，参加国内外大型博览会和展示会；⑥进一步加强和完善市塑料行业协会建设，逐步建立专业分会，如建立改性塑料、建材塑料、包装塑料、医用塑料、工程塑料和塑料机械等专业分会，促进塑料模具行业全面协调发展；⑦加强塑料协会和模具协会与其他行业协会如汽车行业协会的联系，推动塑料模具产业对其他产业的配套服务。

加快五大主导行业发展的文件规定，加强中介服务体系建设。加快行业协会组建，充分发挥行业协会在政府和企业间的桥梁和纽带作用，努力形成政府、协会、企业三位一体良性互动局面。对五大主导行业市级行业协会成立后前三年，市政府每年给予每个协会 10 万元的专项经费补助，保障协会起步阶段能正常运作。协会要积极开展各项活动，制定行业发展规划，建立行业自律性机制，加强行业间的交流与合作，举办各种展览会、论坛等，促进行业朝着健康、有序、快速的方向发展。

《台州市国民经济和社会发展第十一个五年规划纲要》提出，把服务业作为重要增长点加以培育，优先发展为先进制造业和现代农业服务的生产性服务业，积极发展为城乡居民生活服务的消费性服务业，大力发展知识型新兴服务业，加快改造提升传统服务业，不断优化服务业态，促进服务业总量扩大、质量提升、结构优化。2010 年争取全市服务业增加值突破 1000 亿元。

增强自主创新能力文件规定，支持中介服务机构开展企业信息化、咨询、监理、设计等技术支撑服务。对新办的各类科技中介机构免征两年所得税。

民营经济创新示范区文件提出，大力发展和提升社会中介服务。大力发展行业协会（商会），充分发挥行业协会（商会）在发展非公有制经济中的协调服务、参谋咨询、桥梁纽带、招商引资和资源整合等作用，进一步改革调整和充实完善行业协会职能，积极引导非公有制企业自愿加入和发起各类行业协会。切实将政府现有职能中应由中介服务机构承担的社会服务职能转移到中介机构，中介机构要与政府部门脱钩，明确自身职责和任务。加强五大主导行业的行业协会建设，对五大主导行业市级行业协会成立后前三年，市政府每年给予每个协会 10 万元的专项经费补助。鼓励非公资本积极进入现代市场中介领域，大力培育和发展中介服务业，加快咨询、评估、会计、律师、招投标代理等中介服务的标准制定和管理监督机制建设，整顿市场秩序，规范服务行为。扶持和推动科技信息和咨询机构、技术产权交易机构、知识产权服务机构等科技中介机构的发展。

创业服务园文件规定，对在国际国内有一定知名度，又属台州急需引进的生产性服务业企业，全额减免三年合理面积内园区房租；对属台州鼓励引进的生产性服务业企业，按评定的级别，可酌情在合理面积内给予三年内30%～80%幅度的园区房租优惠。

知识产权规划纲要提出，加强知识产权中介服务机构建设。鼓励和发展知识产权代理、评估、咨询等中介服务机构，加强市场规范和政策引导，支持知识产权中介服务向市场化、规模化发展；鼓励知识产权中介服务机构以多种形式引进国内外先进经营方式和管理模式，提高专业服务水平，增强公信力；鼓励具有良好经营理念和市场信誉的知识产权中介服务机构拓展综合服务功能，培育知名服务品牌。建立健全知识产权法律维权服务中心，拓展法律服务市场，充分发挥律师在知识产权法律维权服务中的作用。到2015年，全市将引进或建成9家知识产权中介服务机构，基本形成覆盖全市的以知识产权代理、评估、交易、咨询、诉讼为主要内容的中介服务体系，为社会提供优质的知识产权市场服务。

（九）对外贸易政策

人才引进和发展高新技术产业的文件规定，高新技术企业经海关批准可以在台州高新技术产业园区内设立保税仓库、保税工厂，为生产出口产品从国外进口原材料，由海关按规定进行监管，以实际加工出口数量，免征进口关税和进口环节增值税。进口自用的先进设备，海关按规定免征进口关税和进口环节增值税。

加快发展开放型经济的文件，制定了比较系统的对外贸易政策，其主要内容有：①市财政安排专项外经贸扶持资金，用于招商引资和外贸促销活动。以台州经济开发区为招商引资重点，力争占实际利用外资的40%以上。每年在全市范围推出5～10个政府主导型的重大项目。对引荐外资项目的单位和个人，根据项目的难易程度和引荐人贡献大小按引进外资实际到位的5‰～7‰予以审定奖励。②对上年度出口超千万美元的企业予以重点扶持，在同等条件下，优先安排国内外交易会摊位和出口配额、开拓新兴市场补贴、出口退税和贷款资金。各有关部门要建立专人联系制度，及时帮助解决开拓经营中遇到的困难和问题。③适当延长境外加工贸易业务和贸易性窗口（市场）出口收汇核销期限：凡经国家批准从事境外加工贸易项目设备、技术、零配件、原材料的出口收汇核销期限可延长至10个月，贸易性窗口（市场）的出口收汇核销期限可延长至12个月。④建立“市境外投资服务中心”，大力发展境外加工贸易，推进中小企业走向国际市场。⑤继续开展对外商投资企业税外收费的清理工作，规范行政事业性收费行为。根据外商投资项目的规模大小降低用地价格,并对其水、电等部分生产要素实行一定的价格补贴,切实为外商投资企业减轻负担。⑥进一步简化各类企业经贸人员出国审批手续。对重点招商机构的专业招商人员,出口骨干企业、外经企业和境外投资企业的主要负责人、业务主管经理和业务骨干的出国(境)手续试行直报市政府审批,政审上优先办理,实行一次审批,3 年有效。对到境外承包工程和到境外投资的主要业务骨干,允许其家属、子女随行出国(境)。

先进制造业基地建设的文件规定:①建立健全统一的产业招商引资项目库和定期信息发布制度,引导外资投向台州的“十大之都”建设。②外贸企业兴办的生产性企业自营出口高新技术、机电、医化产品和扩大加工贸易业务出口的,其出口总量超过上年实绩部分,分别予以奖励。引导出口企业投保出口信用保险,其保费支出最高可享受35%的补助。③对获商务部重点支持和发展的名牌出口产品企业,以及在产品出口国(地区)注册商标并有出口实绩的,分别予以奖励。④出口企业参加经市政府认可的,由市有关部门统一组织实施的各类境外交易会、博览会,分别予以补贴。⑤对出口企业参加反倾销、反补贴应诉发生的相关支出,给予补助;年终对应对国内外反倾销、反补贴、保障措施和贸易壁垒方面表现突出的出口企业给予一定金额的奖励。⑥对经国家授权部门批准到境外设立贸易机构、开展带料加工、装配业务项目以及承接境外工程的企业分别予以补贴和奖励。

加快五大主导行业发展的文件规定,与外商创办中外合资合作企业,实际外资达 200 万美元以上的,自该合资合作企业投产第一年实现税收起,财政部门按其当年上缴地方财政新增实得部分(仅指新增增值税部分)的 15%,奖励给企业,连续享受 3 年。凡经企业引荐外商来市区举办合资、合作和独资企业,实际外资达 200 万美元以上的,由财政部门按外商投资企业当年上缴地方财政实得部分的 15%一次性奖励给引资有功企业。若合资合作的对象或引入的企业是世界 500 强,奖励按 30%计。还规定,对经国家授权部门批准到境外设立贸易机构、开展带料加工、装配业务项目以及承接境外工程的企业分别予以一定的补贴和奖励。

民营经济创新示范区文件阐明,支持非公有制企业“引进来”、“走出去”。加强引进内外资工作,加大对重大项目和优势项目的引进力度,鼓励和支持在外台州人回乡创业。鼓励和支持非公有制企业采用国际标准融入跨国公司的供应链,在境外设立营销网点,建立国际营销网络;鼓励和支持有条件的企业赴境外并购企业、承包工程、投资办厂、建立研发机构以及到资源富集地投资。简化境外投资项目审批和企业核准程序,在信贷、外汇、融资、保险、信息等方面给予支持。引导和推动非公有制企业与国内外大企业大集团合作,利用国内外优质资本、先进技术、优秀人才和现代管理等资源,提升产业层次和核心竞争力。鼓励和支持非公有制企业参加由市政府统一组织的国内外展览、展销以及招商引资活动,其宣传推介和企业展位费用可给予一定补贴。

(十)人才政策

人才引进和发展高新技术产业的文件规定:①凡引进高级专业技术人员,落户到台州能工作满五年的,标准面积内住房由用人单位按经济适用房价格给予支付,超标准面积的,由个人按经济适用房价格购买。单位经费困难的,由所在地政府予以补助。政府一次性补助安家费,副高职称每人1万元,正高职称每人2万元。各级政府提供一定数量的人才公寓,供来台州短期服务的高级人才租住以及为引进人才提供周转用房。②从2000年起,市财政每年拨专款200万元,专项用于引进人才。对来台州工作的博士,政府一次性给予3~5万元的科研经费。③对高新技术成果作为无形资产参与转化项目投资,作价金额占公司注册资本比例可达35%。④市政府出资设立"科技贡献奖",每两年评选一次,名额限定在5名以内,每人一次性奖励20万元。⑤科研机构、高等学校等单位的科技人员,其科技成果项目转化的股权收益,经核准,2年内不征收个人所得税。

加快发展开放型经济的文件提出,积极引进一批高层次、复合型的外经贸人才;加强在职外经贸人员的短期培训、大专院校深造和赴境外进修等专业培训工作;在落实已出台的人才政策的基础上,市外经贸局与市人事局等部门要制定境内外外经贸人才引进和管理的具体办法。

"一企一策"文件提出,鼓励企业集团引进和培养各类人才。引进的人才按市委文件规定享受各项优惠;企业集团专业人员及管理人员的培训经费按实列支,主要用于对高级管理人员、技术人员在职攻读MBA研究生,或类似的课程班,或到国外培训。

先进制造业基地建设的文件提出,改善人才的创业环境,落实各项保障政策,增强企业对人才的吸引力与凝聚力。加快企业经营者市场配置的改革步伐,运用人才柔性流动机制,鼓励企业采用岗位聘用、项目聘用、任务聘用等灵活方式,引进高技术和高层次管理人才,着力建设一支专业技术高端人才队伍和职业经理队伍。

加快五大主导行业发展的文件提出,开设人才引进"绿色通道",吸引各种人才来台州创业。依托本地高校开设与主导行业相衔接的专业班,通过定向培养的方式，为台州主导行业输送各种技能型、应用型人才。鼓励企业实施人才培训工程，不断提高劳动者的科学文化素质和专业技能，培训费用经有关部门确认可按实在管理费中列支。

增强自主创新能力文件提出，与台州学院或其他高校共建培养行业专业人才的二级学院，以便支持当地优势产业的龙头企业。引导支持台州职业技术学院、台州科技职业学院、台州电大及各中等职业技术学校、技工院校等紧密结合台州产业特色开展教育改革，充分利用现有的师资、设备等资源加快技能型紧缺人才的培养和农村转移劳动力的培训。鼓励兴办民办职业技术培训机构。鼓励高校建立产业研究中心，并与企业合作建立学生实习基地。建立高校教师到企业挂职锻炼，高校聘请企业创新人才兼任客座教授制度。该文件还规定，立项的省级、国家级高新技术项目产业化成功后，根据贡献大小给予“科研团队”一定比例的奖励。对推进台州科技进步有卓越贡献的科技人员，授予“荣誉市民”、“科技功臣”等荣誉。对获得国家承认的博士学位或具有高级专业技术职务任职资格的人员，带高新技术成果、项目来实施转化或从事高新技术项目研究开发的，经有关部门立项备案后，可获 10 万元以下的一次性创业资助资金。

民营经济创新示范区文件详细阐述了如何建立完善人才服务体系：着力构建政府引导、社会参与和企业自主相结合的培训机制。加快台州厂商人才队伍建设，开展工业企业家和高级管理人员 MBA 培训、上市辅导培育、实用性政策运用培训和国际化经营培训。认真组织实施专业技术人员继续教育、企业经营管理者培训、技能人才培训和务工农民素质培训等工程。要切实加强职业技术教育，推广校企合作的办学模式，根据台州产业、行业和企业的发展需求调整课程设置，为台州非公有制企业发展培养更多的熟练技术工人。相关部门在分配企业专业技术人员用以知识更新、业务培训的计划指标方面，非公有制企业应和国有企业享受同等待遇。开设人才引进“绿色通道”，落实《人才居住证》制度，对能够带动台州产业结构调整，实现产业升级的重点急需高层次人才，经市有关部门认定后，可实行“一人一策”。各级政府应高度重视人才住房问题。在符合规划的前提下，允许企业在工业园区集中建设专家公寓楼（企业内部周转房）。企业引进特殊人才，使企业经济效益明显增长，并对地方财政有特殊贡献的企业，按贡献程度给予一次性住房补助。按税法规定，企业根据国家规定按工资总额一定比例为本企业职工缴纳的住房公积金，可在税前扣除。企业中省级以上突出贡献专家，省级以上某一学科技术领域带头人；博士研究生或具有正高级专业技术职务任职资格人才的未成年子女转入台州中小学或幼儿园，在本县市区公立学校优先就学，免收国家、省、市规定的学杂费以外的其他费用（民办学校规定的收费除外)，由各级教育行政主管部门负责落实。出台并实施《台州市企业技术秘密保护办法》，切实保护企业非专利独有技术、工艺的权益，规范非公有制企业间技术人员的有序流动。

知识产权规划纲要规定，采取多种形式，加快培养知识产权人才。重视学校知识产权教育，在基础教育中注重培养中小学生的创造性思维，鼓励小发明、小创造；高等教育中注重培养创新能力，普及知识产权基础知识；职业教育中注重培养知识型技能人才，激发各行各业技术人员、能工巧匠的创新思维和创造热情，使他们成为知识产权创造的源头。鼓励市场资金和民间力量，积极参与到知识产权教育和人才培养之中。坚持学校教育与在职教育相结合，知识普及与专门培训相结合，自身培养人才与引进外来人才相结合，重点培养从事知识产权代理、评估、交易、咨询、诉讼和专利检索 等实务工作的专业人才；加快培养一批懂专业、懂外语、懂法律、熟悉知识产权国际规则的复合型人才；利用台州大专院校、党校和职业学校，开设知识产权基础知识课程；将知识产权相关知识列入各级干部，特别是领导干部培训的内容，列入对专业技术人员的继续教育内容，列入对企业科研开发、经营管理人员的培训内容。支持各行业协会、科技协会为企事业单位提供具有行业、专业特色的知识产权培训服务。同时，还要实施“走出去”和“引进来”战略，集聚一批知识产权优秀人才。到 2015 年，基本形成一支数量足、素质高、结构合理、能与台州知识产权工作发展需要相适应的人才队伍。

(十一)行政管理制度

“131”工程文件规定：①实行市县区领导成员挂钩联系制度。10 亿、5 亿档的企业由市级领导和企业所在县市区领导成员共同联系；亿元档的企业由各县市区领导联系。②“131”工程实行动态管理。要求列入“131”工程的企业，由企业提出申请，交县市区计经委(经委)审核上报，由市计经委召集有关部门研究确定。每年第一季度按企业年度实施计划进行考核调整。

“211”工程文件规定：①成立台州市“211”工程领导小组，下设台州市“211”工程办公室(设市计经委)，负责“211”工程培育过程中综合协调和日常具体工作。②实行市、县(市、区)领导成员挂钩联系制度。50 亿、10 亿档的企业由市四套班子领导和企业所在县(市、区)领导成员共同联系；亿元档的企业由各县(市、区)领导联系。

“一企一策”文件规定，列入培育的企业集团需到市或市以上政府及有关部门办理手续时，可直接由市政府及有关部门办理或上报。有关职能部门应制定简便 、快捷的操作办法，开设绿色通道给予方便。

“128”工程实施细则规定：①市级领导及市“128”领导小组成员单位和企业

所在地政府领导，共同联系市“一企一策”企业。亿元档的企业由各县(市、区)领导联系，帮助解决企业遇到的实际问题。市“128”领导小组协调和落实已出台的各项政策和措施，保证其政策兑现，服务到位。市“128”办公室积极地做好数据汇总信息收集和反馈。②建立市“128”工程定期或不定期会议制度，重大事件专报制度。市“128”领导小组及办公室，定期组织会议，掌握分析市“128”工程的企业，特别是列入市“一企一策”培育的企业经营状况，目标进展情况；每年组织培育企业，对涉及到的部门政策落实情况进行评价，评价结果反馈给市委市政府。不定期地走访企业，及时听取各种意见，不定期专报企业重大事件及政策调整对企业影响的信息反馈，为领导决策提供依据。

“513”工程文件规定：①成立市工业企业“513”工程领导小组及办公室。为加强对市“513”工程工作的组织和领导，将原市“128”工程领导小组更名为市工业企业“513”工程领导小组。组成人员及办公室人员作部分调整。②建立市、县(市、区)领导联系“513”工程企业制度。台州市区企业由市四套班子领导和企业所在地领导共同联系；县(市)企业由各县(市)领导直接联系。③各县(市、区)要根据市“513”工程工作的要求相应开展工作。要成立专门机构，落实人员和经费，负责本区域重点骨干企业扶持培育工作；各县(市)要出台相应政策，对列入市“513”工程培育的企业进行重点扶持培育。

加快工业园区建设的文件规定：①园区内企业涉及的市及以下规费一律减半，并由园区管理机构统一代收。②入园企业只要符合规划和产业政策及环保要求且资金落实的，计划部门只需办理初步设计(实施方案)审批手续。③建立园区建设与工业集聚领导小组，组织和协调园区建设有关事宜。工业管理部门具体负责园区日常管理工作。④建立精干高效的园区管理机构，推行政府管理和行业管理相结合，公布办事程序和所有收费项目，有条件的，推行中介专业机构代理服务，为企业提供“一站式”全程服务。各部门对园区内企业的考核、检查、收费、奖罚等，须事先告知园区管理机构。

《台州市缝制设备行业发展规划》要求政府积极营造区域文化，采取俱乐部、联谊会、协会、论坛、会展等形式，促进企业相互交流、多方合作、取长补短、共同提高、互动发展。邀请行业内专家、学者来台州讲学、座谈，建立企业家与科研人员的对接平台，促进信息、知识等转移扩散，努力促进低成本型产业集群向创新型产业集群升级。

民营经济创新示范区文件要求积极推进服务型政府建设。切实把政府经济管理职能转到主要为市场主体服务和创造公平的市场环境上来，强化对市场秩序、安全生产、环境保护、质量监督、劳动用工等方面的管理。认真执行《行政许可法》，深化效能建设，加大审批制度改革力度，加快推行网上并联审批，审批事项要强化外部监督，做到简化程序，公开透明。加强对非公有制经济发展的动态监测、分析和指导，发挥政府产业政策和行业规划的导向作用。

扶持农产品深加工文件指出，各有关部门要加强沟通协调，形成扶持农产品深加工的工作合力。农办要制定阶段性规划及相应政策。发展改革部门要突出项目支持，积极帮助企业争取国家、省级农产品深加工项目。经委部门要把发展农产品深加工作为“工业立市”的重要组成部分来抓，设置专门条件，加大扶持力度。国土部门要为农产品深加工企业建设用地提供保障。农业、林业、海洋与渔业等部门要加强行业指导。科技部门要加强对农产品深加工项目的科技研发立项。海关、检验检疫等部门要从地方实际出发，改进监管方式，提高进出口农产品的核放和查验速度，创造快捷方便的出口通关条件。质量技术监督部门对农产品加工企业质量认证、创名牌，要提供周到的服务，给予收费优惠。财政、税务、交通、劳动、工商部门和金融、电力、供水系统要按照各自职责，落实各项扶持政策。

知识产权规划纲要阐明，完善知识产权公共服务体系。按照“政府搭台、市场运作、企业唱戏”的原则，建设知识产权公共服务平台，为企事业单位特别是中小企业提供全面、快捷、便利的知识产权公共服务。充分利用专利信息联网、检索工具、文献数据库，整合资源，创造优质的检索环境。推动有条件的县（市、区）建设科技创新孵化基地，搭建专利创新服务平台，为广大中小企业提供创新服务，有效促进中小企业的自主科技创新和知识产权创造。健全知识产权信息网络体系，通过现代网络技术在政府部门和公众之间建立起知识产权的信息沟通和服务渠道，为全市企事业单位提供专利、商标、版权为主的检索服务；为广大社会公众提供知识产权咨询服务；为普及知识产权知识提供有效的宣传载体，努力促使各级知识产权管理部门之间实现信息共享。构建知识产权交易平台，建立包括专利技术、商标、版权等知识产权转让许可的交易市场；建立健全知识产权交易监管制度，形成流转顺畅的知识产权交易机制，促进闲置专利、商标的安全、便捷流通。

第五节 产业的链式化转移与承接

承接国际和国内产业转移，是促进当地产业成长和产业集群培育的重要措施，嘉善的木业集群、东莞的电子信息产品集群等，都是在承接外地产业转移的过程中形成的。因此，为了加快当地产业成长，提高区域集聚经济效益，研究产业转移和承接的规律性及发展趋势，是十分必要的。目前，产业转移总的趋势是，由发达国家向发展中国家转移，或由技术领先国家向有成本、市场优势的国家转移。但是，我们仔细观察，不难发现，近年产业的转移，出现了一个重要的新特征：链式化转移与承接现象迅速发展起来，并取代整个公司搬迁的掏空式转移而占居主导地位。在科技进步的推动下，产品的技术含量不断提高，增值环节和供应环节越来越多，生产工序在技术上的可分性也日益加强。在此条件下，产业在国际上的转移方式是多种多样的。从链式化转移与承接角度看，它可以通过拆分价值链来进行，可以运用分解供应链来实现，也可以在生产链的基础上寻找合适的承接地点，获得区位优势。这实质上，是按照价值链、供应链和生产链，在全球范围内进行产业资源的再配置。

一、按照价值链进行的产业转移与承接

制造业是产业的核心部分，它生产一种产品，需用多种技术，需要多种原料。制造业也可以把一种原料加工为多种产品。它加工过程每项技术的使用，都会增加产品的价值。每种原料的生产，都有一条不断增值的价值链。一个进入市场的深加工终端产品，它包含着产品设计、原料生产或选购、半成品加工、成品制作，以及销售服务等一系列长短不同的价值链。一条价值链由多个增值环节组成，各个增值环节含有不同的附加值和赢利量。不同产品有不同的价值链，它们的获利能力也大有差别。以价值链为基础的产业转移，一般表现为，发达国家的先进公司，留下附加值高的增值环节和赢利量大的价值链，而把其他方面转移出去。具体情况有以下几种：

（一）依据纵向价值链进行的产业转移与承接

从产品自身的纵向价值链看，不管具体价值增值环节有多少，一般可分为设计开发、生产制造和销售服务三个价值段。据有关资料表明，知识和技术密集度较高的产品，它的全部利润，在三个价值段中的分配比例是，设计开发与销售服务各占40%，生产制造仅占20%。

一些综合实力和技术水平处于世界前列的跨国公司，出于追求高利润的目的，依照价值链各个增值段的利润含量变动规律，及时调整经营策略，把竞争重点放到价值链的技术开发、设计创新、客户服务，以及其他高附加值阶段，同时，把价值链中利润含量相对较低的生产制造阶段，转移到国外具有成本优势的地区。这样，既可提高赢利水平，又能控制整条价值链。对后发地区来说，能够承接跨国公司价值链中的某一部分，对于带动当地产业成长是的积极意义的。

（二）依据横向价值链进行的产业转移与承接

从不同产品的横向价值链看，一条价值链含有多少赢利量，与产品的性质直接相关。劳动密集型产品价值链中增值环节少，附加值和赢利量小。知识密集型产品价值链中增值环节多，附加值大，利润率高。如果按照产品整条价值链附加值由小到大进行排序，它们的座次大体是，劳动密集型产品→资源密集型产品→资金密集型产品→一般技术密集型产品→高新技术密集型产品→知识密集型产品。

发达国家的一些跨国公司，对不同产品的价值链进行比较后认为，劳动或资源密集型产品，价值链中附加值小，而且本国的劳动力和资源成本不断增加，进一步压缩了赢利空间，所以应设法把它们转移到发展中国家或相对落后地区，利用那里的廉价劳动力和资源，降低成本，提高效益。资金或一般技术密集型产品，附加值或赢利量处于中等水平，也应选择合适地点把它们的价值链转移出去。自己则应致力于知识或高新技术密集型产品的研制及开发，以便垄断高利润率的价值链。

近年，不少跨国公司按照上述思路转移制造业。例如，美国的微软、英特尔和 IBM 等计算机制造商，把利润率高达 25% ~35% 的核心软件制作、CPU 开发等知识密集型和高新技术密集型产品，牢牢掌握在自己手中，留在国内生产，而把利润率为 15% ~25% 的资金密集型和一般技术密集型的产品，特别是利润率仅为 8% ~12% 的劳动密集型的产品转移到其他国家。一般来说，后发地区有着丰富的劳动力资源，承接劳动密集型产品生产，是具备一定条件和优势的。

（三）依据不同地点价值链进行的产业转移与承接

从不同地点的价值链比较看，价值链内含的附加值或赢利量，除了取决于产品的性质外，还受到增值环节形成地点的影响。同一价值链，在不同地点不同条件下，可以有不同的赢利水平。

有的价值链，内含机械化和自动化程度较低的增值环节，在发达国家和先进地区，几乎没有获利空间，但如果转移出去，由发展中国家和相对落后地区来承接，可能会由于成本下降而变得有利可图。倘若当地承接之后，加强信息化改造，提高自动化、智能化水平，其增值环节或许会带来更加可观的利润。

有的价值链，内含对环保政策相当敏感的增值环节，发达国家的环保意识强，政策要求高，考核指标规定严，企业面临的环保压力越来越大，赢利幅度越缩越小，不得不把这些增值环节的生产过程转移出去，由环保政策较宽松的发展中国家和相对落后地区来承接。

有的价值链，内涵需获准政府特许经营的增值环节，如有的产品生产过程安全性要求特别高，或需要大量稀缺资源作为原材料等，国家将其列入垄断经营目录，只有获得政府发放的特许证，授予其专营、专卖的权利才能开展生产经营活动。在发达国家，这类特许经营权，可能早已瓜分完毕，一些后面发展起来的少壮派公司只能可望而不可及，若要通过企业间转让，又需付出昂贵代价，经再三衡量之后还是把目光转向国外，如果能顺利获得外国政府的特许证，就将这一增值环节转移过去。

发达国家公司上述种种转移行为，恰恰为后发地区承接产业进入提供了机会。

二、按照供应链进行的产业转移与承接

(一)按照供应链转移生产环节有利于大公司增强自身实力

制造业从原材料到成品，需经过许多环环紧扣的生产和流通过程，会形成一条长长的供应链。如汽车产业，若以总装为中心，它的前向供应链包括从铁矿石、焦炭到生铁，到钢铁，到汽车零部件等环节，其后向供应链包括运输、仓储、销售、维修、报废回收等环节。每一道供应环节还可以细分出许多内涵的供应链，如汽车总装可以分解出发动机、变速器、底盘、电子信息设备、车体等多条供应链。可以说，汽车有上万个零部件就有上万个供应环节，而每个零部件的制造都可以自成一条供应链。

对于制造商而言，他造汽车的目的是为了赚钱，只需选择自己觉得最合适最能获利的供应环节就可以了，用不着每道加工程序都事必躬亲，没有必要也不可能把所有生产过程都纳入自己的企业。基于这种考虑，一些世界著名的汽车制造商，通常只控制汽车制造的核心技术，并负责发动机和变速器等关键部件的制造，把其他供应环节转移到国外去，由当地企业承接。

以供应链为基础的产业转移与承接，一般表现为，位居世界同行前列的先进公司，集中力量从事产品核心技术的研究和开发，有效控制高技术关键部件的制造，把产品供应链中非核心环节和其他技术含量较低部分的生产，转移到相对落后公司，由后者作为承接单位。这样，先进公司可在供应链中保持和巩固领导地位，还可由此获取全球竞争的优势。

(二)按照供应链转移与承接会引起研发中心跟制造中心相分离

按照供应链转移与承接产业，会引起科技创新中心与制造中心的分离。处于世界前列的先进公司集中的国家，将逐步演变为全球科技创新中心，可能不再是全球制造中心。科技创新中心可用自己掌握和垄断的核心技术，对制造中心实行有效控制，使其形成依附关系。

美国信息产业对东亚地区的转移，以及东亚地区对这一产业的承接，就是一个典型的例子。20世纪90年代以来，美国集中了在信息、通信、计算机和半导体材料等领域握有核心技术的大公司，还集中了在生物技术、微电子和光电子技术、新材料和新能源技术等方面处于领先水平的科研机构和企业，确立了全球信息产业科技创新中心的地位。

于是，美国集中人、财、物等各方面力量，选择在信息产业供应链的核心技术环节，进行科技前沿成果的深化研究与应用开发，同时毫不吝惜地将信息产业供应链的其他环节转移到国外。在此条件下，东亚地区大量承接美国的转移，发展成为全球最重要的信息产业制造中心。但是，美国并没有恢复信息产业全球制造中心的打算，而是利用自己处于全球信息产业科技创新中心的地位和综合国力，在技术、装备、工艺和市场等方面控制东亚地区的信息产品制造，从而使这一全球制造中心依附于自己。

全球科技创新中心对制造中心进行控制的主要方法：一是通过跨国公司内部分工控制制造中心所在地的子公司，二是扶持从属于自己的委托加工制造商，三是通过核心技术支配生产性技术，四是加强低端产品对高端产品的依赖关系等。

三、按照生产链进行的产业转移与承接

制造业按生产链转移，寻找承接地点的区位条件时，不同于按价值链和供应链转移。它主要考虑如何通过联结链条各环节获得竞争优势，而不是通过拆分链条各环节来进行。它在选择转移与承接区域的过程中，首先了解有无同类产业或相关产业，喜欢进入有配套产业基础的地方，喜欢进入可完善自身生产链的地区。承接这类产业转移的区域，可以很快形成产业集聚。产业集聚会通过推进生产要素或资源的有机结合，增强产业之间的内聚力和关联性，产生同向合力的乘数功能，降低整体生产成本，能使企业获得节约费用的集聚经济。以生产链为基础的产业转移与承接，主要有三种形式。

（一）生产链纵向联系的产业转移与承接

这种形式，一般表现为，某家优势企业或龙头企业，通过综合分析各种发展条件，找到低成本高效益的合适地点，实行自身转移直接落户到当地，由当地作为承接者。获得成功后，以榜样示范力量，吸引其他同类企业转移到同一区域，通过共同开发知识资源，共同使用专用设备，共同利用劳动力市场，共同使用公共设施，进一步降低生产成本。在此基础上，吸引前向产业或后向产业、上游产业或下游产业逐步转移过来，使它们与前期转入的企业相互靠拢。这样，前向或

上游企业的产出品，就成为后向或下游企业的投入品，从而形成具有投入产出纵向联系的产业群和企业群。浙江嘉善成为木业大县，就是通过生产链纵向联系的产业转移形成的。

嘉善是典型的江南水乡，境内无山，也无森林资源，原先没有木业基础。1987年，台资企业中兴木业有限公司，发现嘉善地处长江三角洲中心位置，紧靠上海巨大的房地产市场，经营胶合板的区位优势突出，于是来到这里落户，开创了木制品加工业的先河。在它的带动下，先后引进台资木业企业33家，总投资超过1.6亿美元。台资企业的进入，又直接刺激当地民间资本投资木业，形成蓬勃发展之势。

2001年，著名的印度尼西亚"蝴蝶牌"胶合板生产商，看到嘉善木业发展的良好状态，前来投资1000万美元，创建"金泉木业"。2002年，转移到嘉善的外资木业有增无减，其中总投资超过2000万美元的企业就有3家。

2003年，嘉善木业企业发展到320多家，生产标准胶合板企业150家，固定资产总值超过10亿元。产品发展到细木工板、多层板、贴面装饰板、建筑模板等7大类近100个品种。紧接着，亚洲家具产业巨头"台升木业"，到嘉善投资1.05亿美元，建成绵延1300米的厂房和2.6万平方米的单体车间，生产高档家具。"台升木业"每年以500万套家具、100万套运动器材称雄亚洲家具市场，居世界第三位。"台升木业"的加盟，还引来十多家技术先进的企业与之配套，使嘉善木业生产链朝后向延伸，开始从"胶合板时代"走向"家具时代"。

2009年，嘉善全县木材加工企业达500余家，固定资产30多亿元，职工5万余人，木业产值120亿元，其中外贸出口4亿美元。

到2010年，嘉善仅是胶合板，就生产了350万立方米，年产值30多亿元，占了全国1/3，可装饰、装修300万套80平方米的住宅。这样，嘉善通过承接产业转移，在没有森林的地方崛起一个木业大县，创造了"零资源经济"的奇迹。

（二）生产链横向联系的产业转移

它常以第一种转移形式为基础，先以一家企业转移到合适地点，再吸引前后向关联企业一起进来，形成生产链纵向联系的企业集群，进而促使整个产业迅速发展，取代当地原有的主导产业，成为实力更强或技术层次更高的新主导产业。然后以这一新主导产业为核心，吸引为其服务的配套产业、补充产业进入同一区域，并带动受主导产业影响的旁侧产业，以及当地自给性产业共同发展，从而形成横向联系的区域产业群团。广东东莞的产业结构演变，是与生产链横向联系的产业转移分不开的。

改革开放前，东莞以农业为主。到1987年，形成食品、工艺美术、纺织、建材、机械、塑料和家用电器等工业。

1993～1995年，制造电脑的台湾致力公司和鼎立电子公司，先后到东莞清溪镇投资办厂。在台湾为它们生产上游产品的企业，如制造电子元件、小型马达、电源、机箱的东舜、风吾、大利等公司，为了维持原有的供需关系，随之相继来清溪镇落户。这样，以电脑产品及配件为代表的电子信息产业，逐步成为当地的新主导产业。

1998年以来，这一新主导产业，又吸引与其相关联的配套产品、补充产品制造商，如大利福润、政久、三吉瑞、利源等300多家企业以群体形式迁入清溪镇。这一期间，光宝集团、声宝集团等500多家台资电子企业云集东莞长安镇，台达、源兴科技、旭丽、致伸、鸿友、雅新、华容等200多家台资电子企业迁入东莞石碣镇，汉阳、卡妮尔、宝国等300多家制造电子、通信器材、家用电器及精密机械产品的台资企业落户东莞塘厦镇，300多家以生产电线电缆为主的台资企业密布于东莞虎门镇。

据2009年年底统计，东莞规模以上电子信息产品生产企业有1604家，占全市规模以上工业企业数的27.5%；全市规模以上电子信息制造业总产值2402.7亿元，占全市规模以上工业总产值的40.5%。

到2010年，东莞的台商企业达6000多家，它们绝大部分从事电子信息产业。与此同时，美国通用电器、杜邦、汤姆逊、荷兰飞利浦、芬兰诺基亚、韩国三星、日本三洋、SDK、日电、万宝等世界著名的电子制造商，也纷纷前来东莞驻足投资，进一步壮大了当地电子信息产业的实力。

改革开放30多年来，东莞充分发挥优越的区位优势，承接国际信息产业转移，逐步发展成全球性信息产品制造基地。目前，东莞的电子信息产业，在不断吸引关联产业、配套产业、补充产业前来加盟的过程中，还带动信息服务业、商业连锁机构、酒楼旅店、房地产业、保险业、金融业等旁侧产业，以及当地的食品饮料、果品蔬菜等自给性产业迅速发展。

（三）生产链指向性的产业转移

所谓“指向”，是指某种因素对某种企业具有特殊的吸引力，企业相应地被吸引到某个区位。不同的产业，在原材料、劳动力、技术设备、生产工艺和销售市场等方面存在明显差别，使它们在选择转移地点时，表现出一定的指向性。生产链上具有相同或相关指向要求的企业，由其他区域被吸引到特定地点投资办厂，或建立分支机构，便形成了指向性的产业转移。

产业的指向有很多形式，其中主要有：①天然资源指向，包括原材料、燃料、廉价电力、富矿、优良水质、港口及交通运输枢纽等指向。②知识资源指向，要求区域内分布着众多的高等院校和科研机构。③资本资源指向,要求区域内资本富集程度高,融资渠道四通八达。④劳动力资源指向,包括廉价劳动力和特种技术劳动力指向。⑤运输费用指向,主要取决于运送货物的重量和运送距离。⑥市场指向,包括中间产品市场和最终消费品市场指向。⑦配套产业指向,上下游产业相互配合、相互支持,对产业整体在研发、设计、制造、销售和服务各个过程中,可以增强互补功能,有利于提高整个产业的效益,是吸引企业前来加盟的一个重要因素。⑧同业集聚指向,同类企业集聚在一起相互竞争,不仅可以刺激技术进步,降低成本,还可以通过专业化分工获得规模经济。⑨优惠政策指向。⑩基础设施和生态环境指向。

需要指出的是,产业指向形式的划分,仅仅是为了方便理论研究的需要。实际上一个区域可能拥有多种吸引企业落户的因素,而一个企业的转移也可能受到多种指向要求的影响。不过,在一定条件下,某个区位对企业最有吸引力的因素,总是显而易见的。例如,进驻北京中关村的外资企业,大多属于知识资源指向性产业转移的结果。

中关村是我国知识资源特别是科技智力资源最集中的地区。如今,这里集聚着以北京大学、清华大学为代表的高等院校 39 所,集聚着中国科学院和国家部委在京院所、民营研究院所 140 多家,集聚着以联想、方正为代表的高新技术企业近 2 万家。这里拥有高素质创新创业人才 100 多万人,留学归国创业人员占全国总数的 1/4 左右;拥有在校大学生 40 多万人,每年毕业生达 10 多万人。这里还有国家级重点实验室 57 个,国家工程研究中心 26 个,国家工程技术研究中心 29 个。

中关村特殊的区位条件,吸引生产链上具有知识资源指向要求的企业,纷至沓来。这里已有外资企业 2300 多家,其行业分布主要集中在 IT 产业,光机电一体化产业,新材料、新能源产业及生物医药产业等新兴产业和高科技产业。

特别是,许多企业是以设立研发机构形式进行投资的。知名的微软亚洲研究院、贝尔实验室、朗讯实验室、IBM、摩托罗拉研究院、诺和诺德(中国)研究发展中心等都设在中关村,这里集中了外国企业驻京研发机构的一半以上。

第六节 促进区域产业成长的主要措施

由于资源禀赋、制度安排和文化观念等方面的差异,区域经济出现非均衡发展状态,是常见现象。当然,核心区与腹地的非均衡状态不断加剧,也会制约区域经济健康发展。因为区域经济发展水平差距过大时，将导致腹地缺乏必要的经济基础和要素资源，使得核心区“扩散效应”的传导机制失灵，难以实现产品的更新换代和产业结构的升级，被迫把生产滞留在中低档产品上。同时，腹地也无法利用这种“扩散效应”实现产业结构转换，带动当地产业成长和经济发展。为了防止区域非均衡发展越演越烈，核心区应该加强对腹地的支持，腹地更应主动地寻找快速发展的道路，特别是探索跨越式前进的途径。以往成功的经济表明，促进当地产业成长，不断增强自身经济实力，是腹地实现适度跨越的有效方法。对于广大腹地来说，要抓好产业的培育和发展，应着重做好以下工作：

一、大力培育植根于当地的制造业

20 世纪 90 年代以来，世界经济迎来一次新的战略性重组，其中一个显著特点是，世界制造业中心开始新一轮转移。由于我国经济保持持续发展态势，创造了吸纳产业转移的良好条件，世界制造业中心向我国转移的迹象，已越来越清晰。广大腹地，特别是一些比较落后的区域，要千方百计抓住这一难得的历史机遇，主动承接国际产业转移，使其成为适于在当地发展的产业，进而推动当地产业成长，使其走向集聚，形成产业集群。为此，应按照地域分工与合作的原则，探索当地制造业以及相关产业的优势整合和素质提升，努力找出一条高效率、低成本的发展制造业道路。

（一）从零部件开始提高整个产品质量

目前，我国广大腹地，大多已建成一定数量的工业企业，生产各种类型的工业品。但是面临着不少困难，其中主要是：①科技人才严重短缺，研究开发能力薄弱；②现有企业特别是民营企业依靠滚雪球式积累的资本普遍偏少，难以达到规模经济的要求；③不少制成品的市场准入门槛不断抬高，企业面临的整改难度越来越大。

实际上，广大腹地生产的产品，大多是通过仿制与局部创新来降低成本，依靠价格优势占领市场。因此，就广大腹地现有的条件来说，技术要求较高产品的整体生产，如汽车和摩托车的整车生产，质量很难提高，更不要说达到领先水平。但是，这些产品的整体是由零部件装配的，可以分解成许多零部件，如汽车的零部件有上万个，摩托车也有数千个。

如果广大腹地针对汽车和摩托车的某些零部件开展科技攻关，那么不管是技术还是资本规模，一般都会绰绰有余，完全可以生产出国内领先，甚至国际领先的产品。这方面成功的例子已经很多，如有家位于县级市腹地的摩托车公司，通过引进美国技术进行深度开发，研制出耐磨摩托车活塞，质量、性能达到世界先进水平。这种活塞经历2万公里磨损测试，它的保护膜仍然光亮如新。

零部件质量普遍提高，整个产品的质量也就有了坚实的基础。因此，广大腹地的制造业，对于由较多零部件组成的产品，应以提高零部件的质量为起点，进而推动整个产品质量的全面提高。

（二）从先进适用技术开始加强科技创新

就目前广大腹地的企业现状来说，大量需要的是先进适用技术，而不是高精尖技术。对于许多企业来说，高精尖技术搞不了，也不愿搞。因此，政府对先进适用技术的研究，要给予更多的政策和资金扶持。企业用于研究开发先进适用技术的费用，与其他技术创新一样，可按规定据实列支，并可直接抵扣当年应纳所得税额。如果该成果能列入省级技术创新项目，还可申请技术创新专项资金补助。

同时，加强引进先进适用技术的消化吸收和创新。制定优惠政策，支持企业加强关键性新技术的引进，促使企业引进技术以硬件设备为主转向以软件技术为主，特别是注意引进新的原理、数据和配方、新的工艺和科学的操作规程、先进的管理方法等。及时组织科研人员对引进技术进行消化性研究，通过不断改进和完善，使之更加科学、先进、合理，达到技术上青出于蓝而胜于蓝的目的。

当然，需要运用高精尖技术，或有能力研究高精尖技术的，也必须给予鼓励。为此，宜做好以下几点：

（1）鼓励当地企业、高校、科研院所研究开发具有自主专利权的高新技术及其产品，政府对申报专利的费用给予一定补助。采取切实有效的措施，促进专利技术的转化应用和产业化，争取每年有较多当地产品推荐进入国家级新产品计划，列入省级新产品、创新项目或高新技术产业项目。

（2）扩大风险投资资金规模，规范风险投资的运作机制，为风险资本的退出提供多种渠道，优化风险投资的法律环境，运用风险投资推进高新技术产业化。

（3）推进科技型创业服务中心建设，鼓励企业和个人兴办科技创新孵化器。落实有关政策，经科技部门认定的孵化器，给予享受省级高新技术企业优惠待遇。

（4）鼓励和支持企业设立各类国家级和省级技术中心、工程研究中心、工程技术中心、研发中心和产品质量检测中心、科技创新服务中心，以及面向行业和区域的技术中心。鼓励和支持当地企业与高校合作建设各类技术中心，设立博士后流动站；建立产、学、研联合体，组织实施一批产、学、研联合攻关项目。

(5)吸引国外大公司来当地设立研发机构。

(三)从龙头企业开始提高产业核心竞争力

龙头企业对区域经济发展的推进作用,是其他企业不可替代的。有的腹地已非常重视龙头企业的培育,并取得了明显的成效。目前,广大腹地要在已有基础上进一步壮大龙头企业,增强它们在当地制造业成长中的作用,建议采取以下措施:

1. 形成向龙头企业倾斜的资金投入政策

如制定纳税量与优惠信贷或贴息挂钩,赢利量与技术改造专项资金挂钩,销售成长率和市场占有率与重点建设专项资金挂钩等,最大限度地调动各类财政资金和信用资金,投入龙头企业,促使龙头企业做大规模,做强实力,并在效益快速提高的基础上,及时淘汰落后产品和低档次产品,集中力量开发高技术含量产品、高附加值产品、高效益和高销售成长率产品。

2. 支持龙头企业积极开展创新活动

龙头企业的创新能力、规模和素质,直接影响到广大腹地增长极的能量大小。为了增强龙头企业的创新能力,广大腹地要充分利用贴息、进口设备减免关税、使用国产设备抵免企业新增所得税等政策,支持龙头企业技术改造和新产品开发。同时,努力拓宽筹集技改资金的渠道,增大技改贷款规模和投入总量,配套组合技术改造贷款、科技开发贷款、小型技改贷款、专用基金贷款,使之形成有效合力,优先满足龙头企业技术创新的资金需求。还要全力支持龙头企业开辟国内外新市场,控制原材料的新来源,以及推进自身的组织和制度创新。

3. 建立龙头企业产品质量保障体系

为了确保龙头企业不断发展壮大,并促使广大腹地产业核心竞争力提高,应设法完善其产品质量的支撑机制。可以考虑从建立龙头企业产品的市级质量检测中心开始,进而建立省级质量检测中心,有条件的还应积极筹办或报批国家级质量检测中心,以及符合美国、欧盟等国际技术标准的质量认证机构。这样,通过技术保障体系有力地支持龙头企业开展技术创新,促使其产品质量不断提高。

4. 引导龙头企业延长和拓宽生产链、价值链

广大腹地有的龙头企业,经营范围狭窄,生产链和价值链十分有限。为使它们不断增强自身实力,政府可以通过优先配套建设基础设施和环保设施,优先提供公共品等办法,引导它们把业务拓展到:前向关联产品、后向关联产品、补充产品乃至旁侧产品的生产领域,逐步在现有基础上完善产品加工链、价值链,增强对相关企业的拉动作用。

5. 促使行业内优势企业成长为新的龙头企业

改革开放以来,广大腹地涌现了不少具有比较优势的企业。不过,许多优势企业,虽说实力已相当雄厚,但仅靠单家独户的力量,还难以在当地的所在部门中起支配作用。对此,政府可以综合运用经济杠杆,采取有效的鼓励性措施,通过市场导向和资本纽带,促使优势企业实行多种形式的联合,迅速羽化为在本行业中起领头作用的龙头企业。

(四)从企业集群开始完善区域产业组织形式

1. 完善企业集群结构

有些制造业产品,由于零配件或加工环节较多,可以通过众多企业严密而精细的分工来完成,每家企业只需专攻一二个零部件,甚至专攻一个零件的某个加工环节,从而做精质量,做大批量,做低成本。成百上千家这类企业集聚在一起,就会形成一个庞大的制造业簇群。有些腹地已经开始形成这种富有特色的企业组织。今后应在现有基础上着重做好两点:一是以产业链或价值链为基础,吸引前向企业与后向企业、上游企业与下游企业相互靠拢,使前向或上游企业的产出品,成为后向或下游企业的投入品,从而形成具有投入产出纵向联系的企业簇群。二是以当地龙头企业为核心,吸引为其服务的配套企业、补充企业进入同一区域,并带动受龙头企业影响的旁侧产业共同发展,从而形成横向联系的企业簇群。

2. 完善产业组织形式

以合理的企业集群为基础,逐步形成以优势产业为核心,关联行业上下游协作配套,大小业主和谐共生的区域产业组织,推动制造业走向合理化布局、集约化生产、规模化经营和簇群化发展。

3. 在"网状交织发展"体系中有效培育制造业新增长点

在广大腹地的适宜区域集中投资建立推进型企业,使之逐步形成新的增长点。进而加强腹地内不同极点之间的经济联系和相互作用,使它们在空间上逐步联结成发展轴。同时,在腹地中心城镇附近或外围营造一些开发新区,形成新的经济集聚中心和相应的集聚轴线,再推动发展轴的轴线增多,形成纵横交错的制造业发展网络体系,最终使推进型企业在这一网络体系中合理布点,快速成长。

(五)从现有产业优势开始分类培育制造业基地

一定地区制造业,是全国和全省制造业体系中的一个子系统。总体来说,它的发展,必须符合国家和全省的规划要求。但从建设制造业基地的具体内容来说,它必须切合当地实际。广大腹地现有的制造业,在产品、技术、工艺、装备等方面存在很大差别。因此,要把它们培育成在全国有一定影响的制造业基地,不能在同一平面上推进,必须充分发挥它们各自的优势,加以分类培育,形成具有不同特点和要求的制造业基地。根据广大腹地的实际情况，大致可以按照以下五大类型进行培育：

1. 技术优先型制造业基地

拥有核心技术和自主知识产权，产品技术含量高，现有装备条件好，或已列入省规划纲要重点培育的制造业产品生产，应该有敢为天下先的意识和勇气，立足求实，重在创新，瞄准世界科技发展的前沿，通过技术引进或加强研究开发，充分发挥后发优势，以适度跳跃的方式实现产业层次跨越，直接以较高层次为起点，培育和发展成技术国内领先乃至世界领先的制造业基地。

2. 优质高产型制造业基地

企业集群规模大、实力强，科研力量雄厚，能够抢占世界市场制高点，拥有多种高利润率、高成长率和高市场占有率的产品，应发展成产品质量优而数量大的制造业基地。

3. 产量优先型制造业基地

我国有些制造业，生产规模大，营销能力强，产品占有较大市场份额，但研发能力与世界先进水平相比差距大，很难拥有核心技术和自主知识产权，新产品开发多采用模仿式改进方法，一时很难到达科技前沿。它们应以先进适用技术或市场适用技术为主，通过降低资源和能源消耗，提高劳动生产率，创造良好的可持续发展环境，促使产品拥有并保持高市场占有率和高销售成长率。这些产品，应在巩固国内市场的基础上，不断拓展国际市场，努力建设出产销量国内第一乃至世界第一的先进制造业基地。

4. 特色高产型制造业基地

我国有些制造业，利用当地丰富的土特产资源组织生产，产品富有地方传统特色，优质名牌产品多。而且，生产具有广泛的群众基础，许多传统产地，几乎家家户户都能从事这类产品的资源培育和制作加工，因此，产量也可以做得很大。这类制造业，应努力使特有的生产技术和工艺，在继承传统的基础上，有较大创新和提高，逐步建成国内外闻名的特色高产型先进制造业基地。例如，内蒙古的乳制品、云南的烟草产品等。

5. 特色精品型制造业基地

我国有些特色产品，生产技艺世代相传，日趋精细、高超，渐渐形成许多富有地方特色的独创之处。这些产品的内质、外形、艺术魅力等，很大程度上依靠手工操作的技巧，体现创作人员的独特风格。它们有的巧夺天工，极其精致，被作为宝物收藏。它们的生产，由于受到高水平制作人员数量的限制，产量不可能很大，但其具有很强的影响力，可以大大提高当地在国内外的知名度。这类产品制作得越精致,价值和影响力就越大。所以,相应地,生产它们的制造业,必须按照特色精品型的要求来发展,逐步在条件具备的区域,可以发展成特色精品型制造业基地。如北京的景泰蓝、新疆的手工地毯、浙江台州的玻璃雕刻等。

二、抓紧发展现代制造技术

目前,我国不少腹地的制造业,正在由块状经济朝产业集群方向发展,出现了产值超百亿元的产业集群,同时具有鲜明的区域特色,已具有一定影响力和竞争力。从国际培育区域产业的成功经验看,为了促进腹地产业加快成长和进一步发展,必须抓紧发展现代制造技术,努力突破主产品的技术限制,尽力向产业链高端拓展生存空间。

(一)发展以电子束和激光束等加工为特色的超精密加工技术

20 世纪 80 年代以来,超精密加工技术,取得了一系列突破性进展。超精密加工技术投资大、风险高,但增值额和回报率也高得惊人。目前,发达国家把它作为提升国力的尖端技术竞相发展,前景一片灿烂。

超精密加工技术,一般表现为被加工对象的尺寸和形位精度达到零点几微米,表面粗糙度优于百分之几微米的加工技术。它包括超精密切削、超精密磨削、研磨和抛光、超精密微细加工等内容,主要用于超精密光学零件、超精密异形零件、超精密偶件和微机电产品等加工。

电子束、离子束、激光束等加工技术,通常出现在超精密微细加工领域,用来制造为集成电路配套的微小型传感器、执行器等新兴微机电产品,以及硅光刻技术和其他微细加工技术的生产设备、检测设备等。

电子束加工,涉及电子光学理论、机械制造技术、真空加工方法、高电压和电磁场原理、自动控制及计算机工程等多种学科的理论和技术。它的基本设备,由四大部件组成:①发射电子束的电子枪。②使加工对象处于真空状态的真空空间。③设定和调整加工进展路线的控制系统。④为电子枪提供加速电压的高压电源。

电子束加工大体表现为,先让电子枪阴极通过直接或间接加热的方法发射电子,再使发射出来的电子接受高压静电场加速,并通过电磁场聚焦形成能量密度极高的电子束;用这种电子束去轰击被加工的原材料,巨大的动能就会随之转化为热能,使原材料按照事先设定加工要求熔化、蒸发或汽化,从而完成加工任务,制造出精密度很高的产品。

离子束加工是在电子束加工基础上发展起来的。它与电子束加工的区别在于,不是以电子枪发射的电子束直接进行加工,而是把电子束引入一个抽成真空的电离室,并与充满整个电离室的惰性气体相遇,促使低压惰性气体离子化。接着,由负极引出阳离子,经过离子加速、集束等方法形成高能量高密度的离子束,最后运用离子束轰击加工对象,获得制成品。

激光束加工又称激光加工,它须有能够产生激光的特定设备。激光设备一般有两个基本部件,一是光学震荡器,一是能够激发出原子或分子的介质。操作过程中,开动震荡器,把隐含在介质中的原子或分子激发出来,使其在转换成能量的过程中,产生相位相同和波长单一的光束,这就是激光。利用激光高度集中产生的巨大能量,可以进行切割、雕刻、镂空、焊接,以及热处理等各种加工。

近年,激光加工技术不断向纵深推进,特别是激光光源的研究获得许多新突破。据 2008 年 7 月 9 日媒体报道,美国加州大学研究人员,在与西盟公司合作,为下一代极紫外光刻(EUVL)开发激光光源的研究中发现,利用二氧化碳激光器系统,可以获得极紫外光刻所需的极紫外光。他们相信,这项突破性发现,有望帮助半导体工业找到在芯片上存储更多信息的方法,从而迅速提高电子设备的性能。研究小组发现,让极紫外光刻的光源——二氧化碳激光系统输出长脉冲光,它的工作性能不仅与短脉冲光的相当,而且能让系统更有效、更简单和更廉价。二氧化碳激光器有两个优点:一是造价低、易操作;二是能方便快捷地从输出激光转为输出极紫外光。长脉冲工作的有效性,表明二氧化碳激光系统,可以更廉价地制造和使用极紫外光刻设备。报道称,极紫外光刻,具有众多潜在的应用领域,包括闪存卡的生产,未来闪存卡的存储密度会越来越大。如果能够廉价产生存储量达 200G 的闪存卡,硬盘或许将被市场淘汰。

我国在发展超精密加工技术方面已取得一些成功例子,如钱江集团通过引进美国超精密加工技术深度开发,研制出耐磨摩托车活塞,质量、性能达到世界先进水平。这种活塞经历 2 万公里磨损测试,它的保护膜仍然光亮如新。今后,广大腹地产业集群内的企业特别是龙头企业,能够更多地应用超精密加工技术,它们的产品就会迅速向技术链高端发展。

(二)发展以纳米技术为基础的微型系统制造技术

"纳米"(nanometer)是一种度量单位,等于十亿分之一米,约相当于 45 个原子串起来那么长。纳米技术,表现为在纳米尺度(0.1 ~ 100nm 之间)内研究物质的相互作用和运动规律,以及把它应用于实际的技术。其基本含义是在纳米尺寸范围认识和改造自然,通过直接操作和安排原子、分子创造新的物质。纳米技术是现代科学与现代技术相结合的产物,主要包括:纳米材料学(nanomaterials)、纳米动力学(nanodynamics)、纳米电子学(nanoelectronics)、纳米生物学(nanobiology)和纳米药物学(nanopharmics)。

就制造技术角度来说，它主要含有纳米设计技术、纳米加工技术、纳米装配技术、纳米测量技术、纳米材料技术、纳米机械技术等。以纳米技术为基础，在纳米尺度上把机械技术与电子技术有机融合起来，便产生了微型系统制造技术。自从硅微型压力传感器，作为第一个微型系统制造产品问世以来，相继研制成功微型齿轮、微型齿轮泵、微型气动涡轮及联接件、硅微型静电电机、微型加速度计等一系列这方面的产品。

世界各国特别是发达国家，为了增强自身实力，奋力抢占新时期科技的制高点，以便在新兴产业保持优势地位，或至少占有一席之地。纳米技术作为高科技领域的重要组成部分，受到各国政府的高度重视，纷纷制订国家纳米计划，拨出专款重点加强纳米技术开发，鼓励发展纳米材料和纳米制造研究，促使纳米时代的氛围日益浓郁。

近几年，纳米制造方面，产生了纳米级世界最小的收音机、最小的白炽灯和最小的雪人，发明了纳米机器人、纳米交流发电机、光能驱动纳米发动机、智能型纳米容器、快速检测癌症的纳米传感器，研制成纳米隐形眼镜、纳米轻便避弹衣和纳米纤维绷带等。纳米材料方面，制成无闪烁纳米晶体、金纳米粒子晶体、半导体纳米晶体、有机纳米晶体、纳米晶体铁合金，开发成功高强度超长纳米管，还推出了纳米热传导复合材料、铂纳米电线、银纳米导线等。纳米技术方面，开发出能同时控制纳米颗粒大小和形态的技术，开发出热化学纳米光刻技术、软干涉光刻纳米技术、纳米印刷模板新技术、一步式纳米温度测量技术，并推动纳米生物技术、纳米电子技术快速发展。

美国航空航天局运用以纳米技术为基础的微型系统制造技术，推出一款微型卫星，它的体积只相当于一枚 25 美分的硬币。微型系统制造技术，对制造业的发展产生了巨大影响，已在航天航空、国防安全、医疗、生物等领域崭露头角，并在不断扩大应用范围。

我国制造业领域已有不少企业开始运用纳米技术，通过掌握微型系统制造方法，创新制造技术，改进生产工艺，促使产品进入技术链高端。例如，我国的医药化工产业在精细化工方面，已研制出纳米聚合物、纳米日用化工品、黏合剂和密封胶、涂料、高效助燃剂、贮氢材料、催化剂等产品，塑料产业采用纳米技术开发成功纳米改性塑料，模具产业正在开展纳米技术在模具表面处理中的应用研究。如果我国的机械、电子、新型材料等领域的龙头企业，也能根据实际需要及时地更多地采用微型系统制造技术，必将对这类产业的发展产生巨大影响。

（三）发展以节约资源和保护环境为前提的省耗绿色制造技术

企业在创造社会财富的同时，产生出大量废液、废气、固体废弃物等污染，会直接影响人类的生存环境,不利于社会的可持续发展。所以,需要探索符合环保要求的节能、省耗、少污染的生产方法,即绿色制造技术。这项技术,立足于尽量减少企业对环境带来的负面影响,促进产品制造与生存环境的协调发展,在提高企业效益的同时增进社会福祉。

这项技术的核心内容是,产品设计上尽量提高可拆卸性、可回收性和可再制造性,生产工艺和设备选用上尽量做到低物耗、低能耗、少废弃物、少污染。此外,还包括绿色制造数据库和知识库、绿色制造过程建模、绿色制造集成技术、绿色制造评价方法等内容。

20 世纪 90 年代以来,世界各国,特别是主要工业国和新兴工业国,投入大量资金和研究力量,加强治理“三废”的探索,取得了许多令人瞩目的创新成果,有效地促进了环境保护、生态平衡和社会的可持续发展。与此同时,节能环保的绿色制造方面,也出现了许多新成果,为建立友好型环境作出卓有成效的探索。现举例如下:

诺基亚推出可自动分解手机。该产品的设计思路是,采用非接触式的热激活机制,在类似激光的集中热源作用下,机体内的形状记忆合金(SMA)驱动器被激发,手机内部保护壳被打开,电池、显示屏、印刷电路板以及其他机械组件相互分离,最后可按材质不同进行分类回收。手机自动解体需要 60 ~ 150℃ 的温度。按传统方法拆解一部废旧手机平均需要 2 分钟,而采用诺基亚的新方法仅需 2 秒钟。有人也许会担心自己的手机在温度较高的车内会自动分解,诺基亚公司就此解释说,手机解体的起始温度为 60℃,远高于太阳暴晒一天之下的车内温度。

日本帝人公司推出涤纶再生先进循环再利用流程装置:把穿旧废弃的涤纶面料服装进行回收集中,再经过粉碎,制成颗粒状,然后经过化学处理分解,成为聚酯原料,然后纺丝再生,变成新的涤纶原料,又可再制作服装。

瑞典保洁生态公司研制成能自动消失的包装塑料。发明者罗森的灵感来自蛋壳。对于鸡蛋来说,蛋壳是绝好的包装材料,缺点是容易破碎,主要原因在于碳酸钙占 95% 比例太高,而且其余 5% 的天然蛋白质黏合剂也缺乏韧性。于是,罗森不用天然蛋白质作为黏合剂,而选用了天然气里提取的塑料聚烯烃。同时,他也找到了最佳配方:70% 的碳酸钙和 30% 的聚烯烃。这样制成的“洁净材料”,看起来和摸上去都很像传统的塑料,但它不是塑料。实验表明,它有玻璃般的坚硬,又有橡皮般的柔软,是塑料、纸板和铝制包装可行、廉价的替代品。尽管其成分中含有塑料,但聚烯烃对环境的影响是很小的,它可以降解为碳和氧。

澳大利亚西悉尼大学研究人员发明一种“太阳能瓦片”,具有三种功能:一是发电,利用太阳光产生电能,可使照射到瓦片上的12% ~18%的太阳光转换成电能;二是加热,通过中间换热器,提高住宅自来水管中的水温,它依靠热辐射而不是通过接收光电板来实现,所以不同于一般的太阳能热水器的功能;三是盖房,它与普通太阳能电池有一个明显区别:不是简单地安放在屋顶表面,而是直接制成一整套屋顶上的瓦片,可以替代普通瓦片覆盖在屋顶上,节省了盖房所用的瓦片,这是该发明的一个重要创新之处。

我国不少地方,在运用绿色制造技术方面,已开展了许多有益的探索,现以浙江台州为例:

台州路桥是全国进口固体废料的主要集散地之一。2005年,路桥加工利用进口固体废料140万吨,约占全国1/4,实现销售收入70多亿元,增加国家财政收入12.1亿元,地方财政收入1.6亿元。目前,路桥根据国家对进口固体废料实行"圈区管理"的要求,开展专项整治拆解业,并把它整体搬迁到台州滨海工业城内,其拆解能力将达到500万吨。

台州仙居县一些企业,通过收购照相馆和医院的定影水,以及胶片和X光片等废料,并从中提炼白银,进而推进白银产品的深加工,使得原本不产白银的地方,迅速成长为全国最大的含银"三废"回收加工基地,全国规模最大的白银集散地之一。到2005年,仙居年产白银及白银制品800多吨,价值26亿元。

另外,台州的工艺品产业集群,利用废弃的竹木边角料、蒲草等制作工艺美术品,已形成旅游用品、玩具产品、节日用品、美术雕刻、装饰用品等五大类,品种上万个,产品遍布100多个国家和地区,已建成我国最大的圣诞礼品生产出口基地。

今后,我国各地应将绿色制造技术,广泛应用于各种生产过程,并努力以此来提升技术高端产品的比重。

三、推进信息化改造传统产业

信息化为广大腹地提供了难得的发展机遇,但它又是一个没有成规可循的新生事物,需要在实践中摸索出可行的道路。近年,我国优先发展信息产业,在经济和社会领域广泛应用信息技术,信息化建设已取得明显成效。然而,我国是一个经济文化相对落后的发展中大国,特别是广大腹地工业化的任务尚未完成,在此背景下推进信息化,不能超越也不能取代工业化,只能带动工业化一起向纵深拓展和延伸。坚持信息化与工业化的有机结合,使信息化在带动工业化过程中,并通过带动工业化发挥创新功能,产生倍增效应。运用信息化加快改造传统产业,是信息化带动工业化的基本内涵之一,也是广大腹地促进当地产业成长,形成经济集聚的有效方法。通过信息技术对机械、冶金、电力、汽车、能源、建筑及建材、纺织、轻工、食品等国民经济各个领域的覆盖和渗透，可以提高传统产业的自动化和智能化程度，增强传统产业的产品研制和开发能力，有利于推动传统产业结构优化升级，便于在更高层次形成企业集群和产业集群。对于广大腹地来说，运用信息化改造传统产业，主要宜从以下几方面入手：

（一）运用信息化改造传统产品

在信息化发展过程，大量信息技术，如计算机、微电子、光电子、网络与通信、人工智能等，可以应用到传统产品的改造上，不断提高传统产品的技术含量和附加值。

就传统家电行业产品的改造来说，可以通过增添计算机智能操作和控制系统，形成智能洗衣机、智能冰箱、智能电饭煲、数字彩电、数码相机等新一代智能化产品，大大改善家电产品的性能和功用。随着信息网络技术的发展，还可以形成家电远程操作系统，如人们可以将家电操作系统接入高速宽带网络，进行远程控制，没到家就可以打开智能微波炉烧菜热饭。

信息技术改造传统产品，更是大量应用到高档耐用消费品上，如汽车中新增加的技术装备，主要来自电子信息产品，用作自动显示车位，自动测速、测距、测尾气，自动驾驶，进行无线通话，播放音乐和电视节目等。有关资料表明，电子信息装备，在高级轿车造价中可占70%，普通轿车一般也在30%以上。

（二）运用信息化改造传统装备

传统装备多由普通机械制造业、专用设备制造业、电气机械及器材制造业、电子及通信设备制造业等技术装备制造业提供。运用信息化加快技术装备工业的改造，主要可以从以下两方面进行：

（1）运用智能制造技术、柔性制造系统中故障诊断与维护系统、加工过程刀具切削状态在线监测系统、智能控制技术和仪器仪表及装置、智能制造底层自动化基础技术等工业数字化及智能技术，支持装备产品的整个制造过程，支持装备生产企业的全局优化运作。

（2）将数字化及智能技术注入装备工业制成品，形成数字化产品，如数控机床、自动化生产线等。通过信息技术改造传统装备，可以提高原有装备的技术等级，使其更好地适应生产加工智能化、柔性化、集成化和高速化的要求。

（三）运用信息化改造传统工艺流程

运用信息化改造传统工艺流程的内容很多，其中主要有：

（1）采用网络制造、虚拟制造方法，改变原有的设计流程。它借助网络技术和虚拟开发环境，与其他具有较强设计和制造能力的企业组成动态联合体，迅速完成产品的数据交换和研制开发，使产品创新周期大大缩短，并能更好地满足市场个性化消费需求。

（2）采用现场总线控制系统，提高工艺流程的自动化和智能化程度。也就是，按现场总线控制的要求，开发自动控制系统和应用软件，研制符合现场总线标准的产品，安装相应的传感器、变速器和执行器等智能化仪器仪表，尽量减少人的因素对现场控制的影响，实现整个生产和管理过程的自动化。

（3）采用计算机辅助设计、制造和集成技术，有机组合生产过程分散的自动化系统。它通过计算机制订产品设计方案，再用编程语言给产品的几何形状下定义，指定加工方式，形成产品设计、信息采集、整理、传递和加工处理的集成制造流程，并以此为基础，运用计算机及其相应软件，把生产企业全部工艺流程所需的各种分散的自动化系统，集成为一个有机整体，使单机、刚性制造系统，转变为高柔性的智能制造系统，提高多品种、小批量生产流程的总体效益。

（4）采用计算机资源管理系统，提高生产工艺流程中的物流效率。它以计算机技术为基础，建立起企业内外四通八达的物流监控和调配系统，准确传送生产过程的物流信息，使工艺流程各个环节所需的物资得到及时配置。同时，使生产密切跟踪市场需求变化，减少不必要的原材料库存，避免成品积压。

（四）运用信息化改造传统产业组织

传统产业组织，在相对稳定的市场竞争中形成。产业与产业之间，产业内部各企业之间存在截然分明的组织界限，企业与市场之间存在截然分明的功能边界，企业内部上下级之间存在截然分明的层级差别，实行自上而下的纵向分级管理制度。这种严格的产业组织体系，有利于企业完成特定生产任务，但不利于企业紧跟需求变化作出灵敏反应，难以应对复杂多变的市场环境。

运用信息化改造传统产业组织，主要是通过计算机集成制造系统，把不同产业、不同企业的产品研究、开发、设计、制造，与企业内部的纵向管理控制机制，纳入网络化的计算机控制一体化制造系统中。同时，还可以把计算机集成制造系统，与企业集成、虚拟企业、柔性制造系统、计算机辅助后勤系统等共同组合成企业的自动化系统，并与 Internet 相连接，成为全球生产和服务系统的组成部分。

这样，可以填平传统产业组织形成的各种鸿沟，使不同产业之间、不同企业之间、企业与市场之间，均由网络连为一体。就企业内部来说，从总经理、部门经理、车间主管、技术人员、一线操作工到销售人员，也都由网络联系在一起，他们尽管所在岗位不同，但可以通过网络相互沟通，彼此协调，不仅有利于提高经营管理效率，也可以大大增强市场应变能力。

四、确保当地主导产业优先发展

法国经济学家佩鲁的增长极理论告诉我们，在区域内某个中心点上配置不断扩大的工业综合体，将会形成一个新增长极，吸引其他经济活动也朝这一极核靠拢。这个不断扩大的工业综合体，主要由主导产业及内含的龙头企业组成。

主导产业，通常指具有地区比较优势的先进产业或新兴产业。它代表当地产业发展的未来趋势，是产业结构演变的突破口。从产业结构的发展过程来看，大多数支柱产业都是由原来的主导产业演变而成的。主导产业的产品需求弹性大，相关企业多，内部联系性强。优先发展主导产业，可以拉动其他产业一起快速发展。因此，广大腹地必须确保优先培育和发展主导产业，使它与当地其他产业有明显的优势层次差别，并能及时转化为当地的支柱产业。为此，应采取以下主要措施：

（一）准确选定现阶段区域的主导产业

社会经济的发展存在着不同阶段，每个阶段都有自己鲜明的特征。工业化进程的阶段性转换，一般表现为从劳动密集型产业开始，接着转向资本密集型产业，再朝技术密集型产业发展，最终走向知识密集型产业。各地应根据现阶段达到的生产力水平，确定产业结构等级，选择与之相适应的主导产业。目前，广大腹地大多处于工业化初期或中期，宜将主导产业的重心放在劳动、资本密集型产业上，并逐步向资本、技术密集型产业推进。

（二）促使现有主导产业的比较优势更明显

有些后发地区的主导产业，仅仅生产某种产业链很短的原料型基础性产品，难以对较多产业产生带动和推进作用，削弱了主导产业的特有功能。针对此况，应鼓励和引导这些区域以原有的产品为基础，努力朝后向关联产业推进，抓紧开发以这一原料加工的元器件产品、深加工半成品、最终消费品，通过不断向产品深加工拓展产业链，以便更有效地发挥主导产业的比较优势。

（三）采取适度跨越的方式加速主导产业升级

一个地区要提高经济效率，不仅要求进行产品创新和企业创新，而且要求进行产业创新。产业创新会引起产业结构升级，在较低产业层次中成长起来的旧主导产业，将被较高层次的新主导产业所取代。在知识快速积累的现代社会，倘若按部就班地发展主导产业，将会比具有超前意识的地区“慢半拍”。一些经济条件较好的欠发达地区，应该有敢为天下先的意识和勇气，立足求实，重在创新，瞄准世界科技发展的前沿，通过技术引进或加强研究开发，以适度跳跃的方式实现产业层次跨越，直接以较高层次为起点培育和发展主导产业。

(四)转换培育未来主导产业的思维方式

过去培育未来主导产业的思维走向,往往表现为从产业到产品进行推论:先确定未来支柱产业,再从中挑出未来主导产业,然后组织相关企业,生产相应的产品。实践表明,这样培育未来主导产业风险大,容易形成区域产业结构趋同化和虚高度化。所以,需要转换思维方式,从产品出发培育未来主导产业。

据此,广大腹地应围绕当地优势产品吸纳多方投资,加大投入,分类培育,形成规模生产,争取以名牌产品为核心,形成一批被国家确认的生产基地,并由此带动其他产品的开发,逐步形成富有区域特色的拳头产品、骨干产品和系列产品。进而以优势产品为导向培育优势企业,以优势企业为导向培育优势产业,以优势产业为导向培育未来主导产业,逐步形成以优势产品为主干的区域产业体系和相应的未来主导产业结构。

五、充分挖掘当地的特色产业潜力

从广大腹地来看,经过千百年的演变,当地往往形成了许多特色技术,产生了不少富有特色的产品和产业,有的已逐步发展为特色明显的区域经济。传统特色技术,是广大腹地差异性产品的重要来源,很难被外地竞争对手模仿。充分挖掘当地特色产业潜力,整合区域优势,发展更多更好的差异性产品,是促进广大腹地产业成长和经济集聚的一项重要措施。

(一)抓紧制定特色产品的系列标准

在技术壁垒不断加强的情况下,有权制定产品标准,意味着掌握了产品的市场通行证。按照 WTO 规则,一国特有的产品,其管理标准、安全卫生标准和环保标准,通常由这一国家来制定。据此类推,广大腹地特有的产品,其标准理当由当地制定。为此,广大腹地应抓紧自行制定特有产品的标准,并积极参与优势产品标准的制定,给组建区域内品牌俱乐部奠定基础,并形成阻挡冒牌产品进入的技术壁垒。与此同时,还要努力寻找传统名产的新需求,开辟新市场。例如,广大腹地是许多著名中草药的主产区,目前它们大多以未加工的原料药形式出售,不仅适用范围有限,而且价格低廉,如果能将它们加工成储存、携带和服用方便的中药,进而开发出高质量的中药保健品,将会在国内外打造出广阔的市场前景。

(二)创立特色产品区位品牌

不少腹地的特色产品,是由众多中小企业共同制造的。中小企业依靠单家独户的力量,很难创出有影响力的特色产品品牌。而品牌反映产品质量、功能和特性、产品历史、产品市场占有率,驰名品牌是一笔蕴涵着巨额财富的无形资产。

同一产品，以不同的品牌出现，它的市场销售价格可以相差几倍甚至几十倍。为了进一步打响广大腹地的特色产品品牌，一个有效的方法是，组建企业品牌俱乐部，发展和完善区域内中小企业的分工协作关系，通过共享品牌赢得规模经济效益。品牌俱乐部，表现为品牌属于一个成员企业数量确定的共同体所有。每个成员企业，都有权使用俱乐部拥有的品牌为自己服务，但必须严格遵守俱乐部规定的产品原料、工艺、技术、质量、计量、卫生、安全、环保、性能、功用和包装等方面的标准。

（三）增强行业协会的组织协调功能

腹地的行业协会，要广泛深入地参与本行业的经济活动，主动引导当地经济健康成长。行业协会应与厂商、政府主管部门一起，抓紧健全市场规则体系，提出行业发展政策，制定行业标准，确立本行业企业进入市场或退出市场的规则，规范成员企业生产、经营、营销、投资和创新等方面的行为。特别是存在过度竞争的某些领域，行业协会要加大协调力度，抓紧制定规则和标准，及时制止违规行为。同时，行业协会还应组织 WTO 规则和技术认证体系等培训，协调对外贸易争端，维护成员企业的合法利益。

（四）完善特色产品的流通渠道

特色经济的发展，特色产品的销售，需要借助市场的推动。随着经济全球化的发展，传统市场的理念和方法，已无法适应现代营销的要求，必须加以改造和提升，赋予其更多的功能。就具体方法来说，一是加快发展会展业，精心组织举办各种交易会、展销会和科技交流会，积极参加广交会、华交会、厦交会等各种商贸洽谈会，通过特色产品会展，推动特色产业更快发展。二是发展电子商务，促使特色产品市场网络化。电子商务可以充分利用原有专业市场的资源优势，在互联网上构筑商务平台，发挥资源回流和产品扩散功能。三是运用开设连锁店、专卖店、特许经营部、直销门市部、代理中心、物流配送中心、分市场，以及承包商场、租赁柜台等灵活多样的形式，不断向外延伸特色产品的输出终端，逐步编织出自成一体的营销网络，推动特色产业向外拓展市场。

第二章　产业集群成长动力与模式

长期以来，对于产业集群，人们津津乐道的是它的竞争优势。甚至误认为，只要出现产业集群，就会带来区域经济的快速发展，把它当作区域经济繁荣的代名词，把企业集聚看成是经济增长的"灵丹妙药"。然而，现实并非如此。产业集群总是依照自己特有的发展规律运行，既可能快速成长拉动区域经济繁荣，也可能败落衰亡严重影响区域经济发展。面对这种情况，分析产业集群发展的动力机制及其嬗变模式，研究提升产业集群竞争力的有效途径，对于促进区域经济的持续繁荣，是很有必要的。

第一节　产业集群成长理论概述

一、产业集群的内涵

(一)产业集群研究的演进

西方学者对于集群理论的研究最早可追溯到亚当·斯密，他在《国民财富的性质和原因的研究》一书中描写道"工人所穿的粗劣呢绒上衣和牧羊剪毛所用的剪刀这两种产品，是由家庭作坊和手工业工场为基本单位的小企业集群联合劳动完成的"，[①]在这里，他虽未给出关于产业群的明确的概念，却首先提到了集群一词。

马歇尔(Marshall,1890)首先从规模经济和外部经济的角度研究的产业集群现象，认为产业集群是企业为追求共享基础设施、劳动力市场等外部规模经济而产生的聚集体。[②]

工业区位经济学家韦伯(Alfred. Weber,1909)从空间角度研究了产业集群现象，他把区位因素分为区域因素和集聚因素，并认为集聚因素可分为两个阶

---

① [英]亚当·斯密.国民财富的性质和原因的研究(上卷)[M].北京:商务印书馆,1988: 11.

② [英]马歇尔.经济学原理[M].廉运杰译.北京:华夏出版社,2005:280.

段，即通过企业自身扩大而产生的集聚优势和各个企业通过相互联系的组织而实现的地方工业化，[①]显然，第二阶段就是我们所讨论的产业群，因而，韦伯的定义可这样表述：产业群是在某一地域相互联系的企业的聚集体。

胡佛（E. M. Hoover，1970）将规模经济引入产业群理论的研究范围，他将规模经济划分为三个层次：①单个区位单位的（工厂、商店等）的规模决定的经济；②单个公司（联合企业体）的规模决定的经济；③该产业在某个区位的聚集体的规模决定的经济。[②] 因此，胡佛的定义可表述为：企业为追求规模经济而在空间集聚的现象。

新制度经济学家威廉姆森（O · Willianson，1971）从产业组织的角度研究了产业集群现象，他认为在纯市场组织和科层组织之间，存在大量的中间性组织，这种中间性组织是克服市场失灵和科层组织失灵、节约交易费用的一种有效的组织形式。[③]

根据上述观点，产业群的概念可定义为：产业群是基于专业化分工和协作的众多企业集合起来的组织，这种组织结构介于纯市场和纯科层之间，比市场更稳定，比科层更灵活。竞争经济学大师迈克尔 · 波特（Michael. E. Porter，1990）则把产业群纳入了其竞争战略的研究范围，并明确提出了产业群的概念，他认为“产业群是在某特定领域中，一群在地理上邻近、有交互关联性的企业和相关法人机构，并以彼此的共通性和互补性相联结。”[④]并第一次在《国家竞争优势》一书中，将这种产业集聚现象命名为“产业集群”（Industrial Cluster）。

对于“产业集群”一词的应用，随着波特概念的提出而在相关领域被广泛应用，但是学者由于从不同的角度对这一现象进行分析和理解，因此，“产业集群”也常常以多种称谓出现在各国的研究文献及政府文件中，如“产业群”（industrial cluster）、“地方企业集群”（local cluster of enterprises）、“区域集群”（regional cluster）、“产业区”（industrial district）等。可以说，它们在内涵上基本是一致的，即它们所指向的经济现象是一致的，因而这种分歧也大多停留在文字的表述或存在于描述现象的角度上，从根本上看这些概念之间并没有实质的冲突。一般认为，产业集群是产业发展演化过程中的一种地缘现象，即某个产业领域内相互关联（互补、竞争）的企业与机构在一定

---

① ［德］A. 韦伯. 工业区位论［M］. 李刚剑等译，北京：商务印书馆，1997：121.

② ［美］埃德加 · H. 胡佛. 经济活动的区位［M］. 转引自冯德连，王蕾. 国外企业群落理论的演变与启示［J］. 财贸研究. 2000（5）：1 – 5.

③ ［美］奥利弗 · E. 威廉姆森. 资本主义经济制度（制度经济学译丛）［M］. 段毅才，王伟译. 北京：商务印书馆，2002：82.

④ ［美］迈克尔 · 波特. 竞争论［M］. 李明轩译. 北京：中信出版社，2003：210.

的地域内集中，形成产业结构比较完整、分工专业化、外围支持体系健全、具有灵活机动等特点的有机集群系统。集群内企业之间建立了比较密切的合作关系，是一种介于市场和等级制企业之间的一种产业空间组织形式。

本研究采用波特在《国家竞争优势》中提出的“产业集群”的定义，作为研究产业集群演化成长规律的起点。产业集群是指，在特定区域下的一个特殊领域，存在着一群相互关联的公司、供应商、关联企业和专门化的制度和协会。是一群独立又相互关联的企业通过分工协作在特定区域上的集中现象。①

（二）产业集群的分类

在对产业集群的类型划分问题上，我们注意到，由于产业集群具有高度的离散性和易变性等特点，所以对产业集群的分类繁多。特别是不同的学者对于研究的重点、所关注的问题不同，因而对于产业集群的分类也各有特点。

Peter Knorrina 和 Jrg Meyer – Stamer（1998）在对发展国家的产业集群进行研究中，借鉴 Markusen（1996）对产业区的分类方法，把产业集群分为以下 3 类（见表 2 – 1）。

表 2 – 1　产业集群的分类②

主要特征	以中小企业居多； 专业化强； 地方竞争激烈； 基于信任的关系	以中小企业居多 依赖外部企业； 基于低廉的劳动成本	大规模的法企业和中小企业； 明显的等级制度
主要弱点	路径依赖； 面临经济环境和技术突变； 适应缓慢	销售和投入依赖外部参与者； 有限的诀窍影响了竞争优势	整个集群依赖少数大企业的绩效
发展轨迹	停滞/衰退内部劳动分工的变迁； 部分获得外包给其他区域； 轮轴式结构的出现；	升级； 前向何后向工序整合，提供客户全套产品或服务	停滞/衰退（如果大企业衰退/停滞）； 升级，内部分工变化

① 迈克尔·波特. 国家竞争优势［M］. 李明轩，邱如美译. 北京：华夏出版社，2002：2.

② 资料来源：Peter Knorrina/Jrg Meyer – Stamer，New Dimensions in Enterprise Co – operation and Development：From Clusters to Industrial Districts，1998（10）.

续表

政策干预	集体行动形成的区域优势； 公共部门和私营部门合营	中小企业升级的典型工具（培训和技术扩散）	大企业协会和中小企业支持机构的合作，从而增强中小企业的实力

从集群的产业性质上来划分，一般可以把产业集群分为三类：一是传统产业集群。它以传统的手工业或劳动密集型的传统工业部门为主，如纺织、服装、小商品、五金制品等行业，大量的中小企业在地域空间相互聚集，形成一个有机联系的市场空间组织网络群体。二是高科技产业集群。它主要依托当地的科研力量，如著名的大学和科研机构发展高新技术产业而发展起来的。三是资本和一般技术相结合的产业集群。

根据集群发展的主导因素划分，又可以分为区位优势主导型、自然资源主导型、科技创新主导型、核心企业主导型等。

按照形成产业集聚的资源禀赋来源，可分为内生形成和外生形成式产业集群。前者主要是由于区域的地理环境、资源禀赋和历史文化原因等因素形成的。因此在产业经济基础较好和创新的社会文化环境基础较好的地方，容易衍生内生式的产业集群，浙江集群经济的蓬勃发展正是源自于改革开放后市场化形成的千百万个市场竞争主体。外生式产业集群。通过吸引外地资金、技术、人才进入集聚区形成的产业集群。如我国珠江三角洲地区发展起来的"三来一补"形式的外商投资密集型的产业集群。

研究产业集群的发展演化规律，就需要从集群的形成，发展规律上对集群进行划分。本研究根据集群的形成方式不同，可以把产业集群划分为诱致生成型、引导孵化型和强制培育型三种类型。所谓诱致生成型，顾名思义就是"自下而上"的，主要由市场自发驱动的产业集群，是由企业自发聚集而成的，政府只是在产业集群发展到一定阶段时才会主动介入，承担相应职责。引导孵化型产业集群是一种"上下结合"的产业集群形成方式，即政府通过观察发现产业集群发展的雏形后，及时介入、培育与指导而成产业集群。强制培育型产业集群是"自上而下"的人为培育形成的产业集群，它通常是政府战略规划的结果。除此之外，大企业的拆分也可以形成人为培育而成的产业集群，如表 2-2 所示。

表 2-2 基于产业集群形成方式的分类

类型	成因	实例
诱致生成型	市场的特殊需求形成	以色列灌溉设备产业集群
	关键企业衍生而形成	温州柳市低压电器产业集群
	自然资源禀赋、区位优势形成	法国波尔多葡萄酒业集群
	继承本地工商业传统形成	义乌小商品市场产业集群
引导孵化型	招商引资形成	广东东莞的电脑配件产业集群
	筑巢引凤,以专业市场推动产业发展	桐乡濮院羊毛衫产业集群
强制培育型	通过战略规划导向形成	印度班加罗尔软件业产业集群
	通过大企业的拆分形成	克罗地亚造船业产业集群、日本丰田汽车城

二、产业集群演变机理

演化理论起源于对生物进化的研究,是对现象变迁的方向和速率的解释,强调行为变迁的创造性和主动性,而不是对环境的被动接受。达尔文认为,自然界的生物是以"物竞天择,适者生存"的规则来演化的。在演化经济学家们看来,生产要素的投入只是解释持久的经济变化过程的必要条件,而充分条件则来自于新古典经济学假定前提的变化,即新偏好的形成、技术和制度的创新等,取决于"新奇的创新"。熊彼特将此概括为"创造性毁灭",是指演化这一过程着重于创造性而非继承性,行为或制度演化的必经过程之一是摧毁其赖以生存的多样性。如果没有新的变异,演化过程将逐渐衰竭。① 自纳尔逊和温特以来的对演化进行分析的主要文献也对此认同。他们将经济系统的变迁(主要体现在组织形态的改变上),归为三大机制的共同作用,即差异、选择和维持。

任何一项事物的产生、发展和消亡都具有其固有的规律,产业集群的形成、发展和变化也存在着自身的特点。集群的演化,会因为内外部作用机制的不同而产生截然不同的成长结果。成长源于对演化的一种量的积累和质的飞跃,是一种从量变到质变的根本性变革的过程。它一旦发生,就会从全局上影响整个地区产业、经济状况。目前有关产业集群演化的研究大体可以分为两类:一是产

① 库尔特·多普菲编.演化经济学[M].贾根良等译.北京:高等教育出版社,2004:10-19.

业集群产生的经济学原因。即对企业而言，聚集能够带来何种优势或劣势；二是产业集群生命周期的演化过程。早期的研究者主要关注企业集群产生的机理。特别是分散企业的聚集动机如何受外部特定因素的影响。这些外部因素通常被研究者视为“外生变量”或“环境参数”。20 世纪前半期的研究者首先关注的是地理环境、资源禀赋和运输条件等区位优势对企业成本的影响，认为这些因素决定企业地理分布的主要原因。马歇尔所研究的企业集群大多是由生产相同产品企业的简单聚集，企业之间协作较少，集群优势主要还是一种“静态”优势。20 世纪 50 年代以后，随着消费市场需求不确定性、多样性和不可预测性的增加，传统大批量生产模式逐渐为小批量多品种生产模式所替代。弹性生产方式更有利于提高企业生存能力和竞争能力。而借助网络外部化这一重要概念来解释集群的形成过程则是动态的。网络外部化，也称网络效应，是西方产业组织学者在 20 世纪 80 年代中期提出的，主要来分析信息技术与网络产品的需求特点。①

20 世纪 90 年代，“核心能力”成为企业战略管理理论界研究的前沿问题。研究者认为，企业核心能力是指具有企业特性的、不易外泄的专有知识和信息，学习是核心能力提高的主要途径。（鲁开垠，2006）②新贸易理论代表人克鲁格曼（2001）认为相当一部分的国际（或区域）贸易其产生的原因主要是报酬递增的国际（区域）分工，而不是国家（区域）之间的资源禀赋上存在差异，而报酬递增源于专业知识的积累和外部经济。可见，核心能力理论和新贸易理论都强调了知识要素是企业利润和竞争的主要来源。尤其是基于不同企业员工之间面对面的非正式交流所形成的集体学习机制、集群企业之间的竞争效应和分工协作效应、专业知识的累积效应结合大大促进了企业创新核心能力的形成。可以说集群企业的创新活动比分散企业的创新活动具有一种竞争优势。因此产业企业集群的创新优势成为学者们研究的热门课题，纷纷提出应当把产业集群建立成一个“创新空间”。

尽管马歇尔的外部经济随着时代的发展得到了进一步的拓展，并且围绕集群优势形成的管理政策逐渐成熟，但是在产业集群中同样存在的“拥挤效应”却未被多数学者所重视。拥挤效应所带来的“聚集不经济”或“集群劣势”。究其原因可以归结为集群规模的扩大，企业间竞争加剧所致。从供给角度来看是由于集群规模扩大、集群总产量增加导致区域投入要素的单位成本上升；从需求角度看，则是由于市场容量的时空限制导致产品价格下降。这说明产业集群的形

① 王缉慈等.创新的空间：企业集群与区域发展[M].北京：北京大学出版社，2001：66－71.

② 鲁开垠.增长的新空间——产业集群核心能力研究[M].北京：经济科学出版社，2006：15－17.

成和发展是在一定力量的作用下完成的，这就是产业集群的动力所在。

是什么样的力量在促使集群的发展演化？如上所述，很多学者给出了各种各样的答案。其实，集群本身是一个天然的孵化器，其要获得自我持续发展能力，集群企业的数量必须达到某种最低临界规模。超过临界规模以后，新企业进入的速度将加快，正反馈机制开始起作用，集群将进入起飞阶段。如果网络效应产生良性循环，则集群发展扩张；反之，产生恶性循环，则将导致集群走向衰退，甚至毁灭的边缘。因此，明晰产业集群成长机理，对于正确看待和认识集群现象本身具有十分重要的意义。

三、产业集群演变阶段

经济演化通常被阐释为包括先前变异(prior variation)和事后选择(subsequent selection)的两阶段过程(Mayr,1982)。[①] 然而，正如我们将要看到的，虽然这一概括在演化动力学中给了我们不少启发，但是显然它只是任何演化理论的一部分。关键步骤是要认识到，任何选择过程都要摧毁其赖以存在的多样性。如果没有新的变异，演化过程将要衰竭。

发展过程为新变异的产生提供了答案，于是演化就成为包括行为多样性的生成和毁灭在内的三阶段过程。经济演化尤为如此，而且正是选择过程和发展过程的相互依赖才构成了对演化增长内生解释的关键。选择过程的结果塑造了发展过程，反之亦然。从另外一个角度看，发展改变了相关的选择特征，进而将不同的选择优势在群体的实体间进行再分配。于是，对集群成长的速率和方向而言，选择和发展过程之间的依存关系是重要的。如同生物界中生物生老病死的生命周期性规律一样，产业集群的发展演化也同样经历了不同阶段。产业集群演进规律下的成长阶段，国内外都有一定的研究，归纳起来主要有以下几种观点。

三阶段论

在国外，Ahokangas 和 Rasanen[②] 在 1999 年提出一个演化模型，从时间维度将产业集群的成长过程分为起源和出现、增长和趋同、成熟和调整三个阶段。认为经过产业集群演化的起始阶段，聚集经济效益会吸引各种新企业不断进入集群，集群就进入发展阶段；在这个阶段，由于企业之间的相互模仿和同构化

---

① 转引自斯坦利·梅特卡夫.个体群思维的演化方法与增长发展问题.库尔特·多普菲编.贾根良等译.演化经济学[M].北京:高等教育出版社,2004:130－148.

② Ahokangas, P. Hyry, M. and Rasanen, P, "Small technology2based firms in fast2growing regional cluster", New England Journalof Entrepreneurship, 1999, 2:19－26.

(homogeneity),集群将进入趋同阶段;新进入集群的企业数量和企业增长率都将出现下降,因为在成熟的集群环境中,资源竞争将导致成本增加而出现集聚不经济,创业和创新开始出现在现有集群以外的地区,这时整个集群将出现衰亡迹象。

在国内,魏守华①(2002)根据产业集群的竞争优势发展程度和竞争优势的动力机制的差异将产业集群分为发生期、成长期和成熟期。其发生阶段产业集群的主导动力是地域分工和外部规模经济;发展阶段集群的主导动力是社会资本优势以及低等级竞争合作效率;成熟阶段集群的主导动力是集群内知识和技术创新的领导力量,以及高等级的合作效率。王缉慈和盖文启把集群的发展演进过程看作是结网和植根的过程,因而集群的演进分为三个阶段:网络的形成过程,网络的成长和巩固过程,创新网络的根植过程。这种观点抓住了集群的核心特征,并根据核心特征来划分阶段,对于发达地区产业集群的确有较强的指导意义,但对于指导经济欠发达地区产业集群的成长却有局限性。

四阶段论

Tichy G② 借鉴佛农的产品生命周期,把生物学上的"生命周期"引入到经济学中,从时间维度考察了企业集群的演进并将集群生命周期划分成诞生阶段、成长阶段、成熟阶段、衰退阶段(Tichy G,1998):四个阶段的特征概括如下:①诞生阶段(the formative phase):产品的产生和开发阶段,产品和生产过程还没有标准化,企业最初聚集在一起进行产品生产,集群内企业基于信息网络、分工协作以及资源共享所产生的聚集经济获得竞争优势。②成长阶段(the growth phase):集群发展迅速,增长率高,但也可能使得集群没有压力去创新,而往往只集中资源于最畅销的产品,并以日益增长的速度和规模扩大生产。集群内的资源(知识、信息、技能等)会日益集中,更多的投入到主导产业(或产品)。③成熟阶段(the maturity phase):生产过程和产品走向标准化,企业追求大规模生产,注重成本控制,本地同类产品企业间竞争加剧,利润下降。这个阶段,群内企业对专业技能和知识的学习和转化减少,产品技术含量降低,产品出现雷同现象,存在"过度竞争"的威胁。④衰退阶段(the petrify phase):这一阶段集群中企业大量退出,只有少量新进入者。企业集群进入衰退阶段最重要的标志是失去对市场的灵活反应,缺少应变的内源力。

---

① 魏守华.产业群的动态研究以及实证分析[J].世界地理研究,2002,(9):16-24.

② Tichy G." Clusters, less dispensable and more risky than ever A. M Steiner". Clusters and Regional Specialization C. London: Pion Limited, 1998: 226-236.

五阶段论

余秀江①(2003)认为,企业群落的形成是由集中、交易效率(或市场)、分工三个因素相互促进、累积循环、共同演进而成的,企业群落的演进过程一般会经过萌芽、初级、完善、成熟和升级五个阶段。赵海东、吴晓军②(2006)则认为前者的分析是根据集群优势的变化来解释集群企业行为的变化和划分集群演化的阶段,并没有考虑集群劣势对集群演化的影响,因此这种分析是不够全面的。他们认为产业集群阶段演进的研究必须用来指导现实。根据历史和逻辑相统一的原则,依据集群的动力机制的差异和演进,将产业集群划分为企业集聚阶段、产业集聚阶段、结网阶段、植根阶段、发展极阶段五个阶段。

此外,一些学者则从实践中研究企业行为的变化,将企业集群的发展划分为若干个阶段。王珺(2002),朱嘉红和邬爱其(2004)对意大利、美国等国家的集群演进历程的回顾发现,由于市场需求、生产技术、国际竞争格局以及政策规范的变化,焦点企业在集群中的角色和任务随之发生转变,集群演进依次经历了四个典型的成长阶段:准纵向一体化阶段、纵向依赖关系阶段、纵横双向依赖关系阶段以及网络层级关系阶段。但上述结论缺乏对引起企业行为变化原因的解释,因而不具有普遍性,所谓处于不同发展阶段的产业集群可能只是产业集群发展的典型形态而已。

从国内外的研究现状来看,目前对于产业集群的演化的研究,缺少针对性的系统性研究,尤其是不同类型的产业集群在各个阶段的表现特征,群内企业的迁入、迁出对集群的影响,如何加强集群自身持续竞争优势,如何改造处于衰退阶段的产业群等方面较少涉及。较多地停留在对于集群的演化阶段、技术创新集群等集群类型的生命周期方面的研究。

本节分析,可以得出如下简要结论:

本节回顾和评述了国内外学者对于产业集群概念的不同归纳和分类方法,并进行了比较和分析,明确界定了产业集群的内涵和外延,提出了本研究产业集群的概念。本节还从集群形成的动力来源和政府从中所起的作用不同,分析了“自上而下”、“上下结合”、“自下而上”三种集群类型。同时还论述了基于演化经济学视角下,产业集群成长的内在机理和不同阶段的特征。产业集群成长的内在机理众说纷纭,本研究认为集群内部的动力机制是促使集群演化成长的源

① 余秀江.中小企业群落演进阶段的理论分析[J].华南农业大学学报(社会科学版),2003,(1):22-27.

② 赵海东,吴晓军.产业集群的阶段性演进[J].理论界,2006,(6):50-52.

泉，此外，产业集群演化成长具有差异化的阶段性特征，大致都经历了从小到大，萌芽、成长、成熟和衰退等几个时期，这些对于我们准确把握集群发展演化规律以及成长动力的来源都具有十分重要的意义，为接下来分析产业集群成长动力和模式研究奠定了基础。

第二节　产业集群成长动力

一、集群成长动力机制概述

产业集群成长的动力机制是集群发展的核心问题，理解动力机制及其作用规律，可以把握产业集群的演化轨迹及其发展逻辑。同时完善的动力机制是产业集群得以持续、健康发展的保证。因此，有关产业集群动力机制的研究一直是理论界和产业界所关注的热点。

对于产业集群成长动力机制的概念，国外学者经常用 Dynamics，Dynamism，Dynamic mechanism 等词来表述产业集群形成和发展的动因或者动力。动力是指驱动产业集群形成和发展的一切有利因素，在产业集群生命周期中即表现为生成动力和发展动力。[①] 早期学者多集中于对产业集群生成动力的认识和描述。如马歇尔的“外部经济”角度。韦伯的“工业区位论”，以及克鲁格曼的“边际报酬递增”角度等，都归纳出了不同产业集群的生成动力。但是这种生成动力的分析往往随着具体案例的不同而不同，具有不稳定性和偶然性。随着产业集群研究的不断深化，人们对于产业集群动力的认识也发生了重大转移，最突出的转变就是从生成动力的辨识、属性和作用分析开始转向了发展动力的产生、动力之间关系和作用机制的分析。如马丁和桑内勒（Martin，Sunley，2003）[②]总结了基于经济学理论的产业集群动力机制研究的两个研究方向：一是斯科特（Scott）倡导的“灵活专业化”，将交易成本经济学和空间分工结合起来，认为集聚区的主要驱动力是日益增加的市场的不确定性和技术变化对于资本主义生产的福特制方式的挑战；二是保罗·克鲁格曼（Paul. Krugman）在广泛的领域内改变了马歇尔式外部经济的概念，认为产业集聚可能是由当地历史中的“偶然事件”引起

① 刘恒江，陈继祥等. 产业集群动力机制研究的最新动态[J]. 外国经济与管理，2004，(7)：2－7.

② Martin R and Sunley P. Deconstructing clusters：Chaotic concept or policy panacea? [J]，Journal of Economic Geography，2003，3(1)：37－56.

的，是一种继起的累积因果关系，而关键催动因素是规模递增收益。这两个方向上的研究基本解释了驱动产业集群形成和演化的多种因素。贝斯特（Best，1999）在波特的基础上，将产业集群的动力原理构造成为由集中专业化、发展型企业（技术外溢）、技术多样化和水平整合及再整合的四个因素循环作用的结构体系。

国内学者对此也进行了大量的分析和综述。魏守华（2002）明确提出了产业集群的动力机制，并用图例的方式进行了描述，基于社会资本的地域分工、外部经济、合作效率、技术创新与扩散以及它们之间的相互作用关系，共同构成了产业集群的动力机制。王缉慈（2001），陈剑锋（2002）等人认为，从世界范围内，各地产业集群存在着诸如意大利式、卫星式、轴轮式等不同种类的产业集群，各类产业集群的动力机制是有差别的，需要具体来看。陈继祥、史战中（2005）等人在对我国的产业集群发展实践进行考察的基础上，认为我国的传统地方产业集群基本上是依靠集群内企业在市场力量的驱动下自发形成的，但是集群内的企业协调性比较差，缺乏有组织的统一的整合和提升。因此凸显效率与竞争力不强等问题。

就目前的研究成果来看，集群演化的驱动因素主要可以归纳为三类。第一种观点可以称为内部驱动观。这种观点认为影响产业集群形成和演变的因素主要来自企业层面，产业集群的演变很大程度上由集群内企业的行为（如战略调整、技术创新等）和企业之间互动所驱动和影响的。因而，产业集群的演化在某种程度上是“路径依赖”的。第二种观点可称为外部驱动观，这种观点认为驱动集群企业网络演化的因素主要来自企业外部，如重大产业事件或产业环境的变化、技术革新等，并与企业内自身的战略亲密相关。因而，产业集群的演化可能是难以预测的。第三种观点可称为协同演化观，这种观点基于协同演化理论，认为产业集群的演化和成长是集群中的企业与其所处的各种环境（如组织环境、制度环境、竞争环境等）密切相关的相互依赖的进行协同演化的过程。接下来，我们就将对这三种观点作一较为具体的介绍。

（一）内部驱动观

简单地说，内部驱动观主要考察企业层面的因素对产业集群中企业网络关系的形成和演化的具体影响。对于具体的驱动因素来讲，不同的学者研究的侧重各有不同。因此得出的结论也是不同的。

从传统经济学角度出发，企业为抉择一个能够实现利润最大化的生产规模是研究规模经济现象的目的。同样范围经济的考虑也是企业发展的主要因素。而产业集群这种组织形式介于市场和层级制组织之间，相对松散的网络组织结构有利于成员企业保持这种规模经济和范围经济优势,从而激发企业的这种集聚和进一步发展。马歇尔的外部经济理论便是其中的典型。在此不多赘述。

贝斯特[①](Best,2001)提出了一个关于集群动力机制的模型(如图2-1所示)。他把产业集群的动力原理构造成为由集中专业化、发展型企业(技术外溢)、技术多样化和水平整合及再整合的四个因素循环作用的结构体系。上方框表示集群企业的类型和范围。企业的高度专业化是集群整体获取独特竞争能力和区域竞争优势的基础。右方框蕴涵着企业家企业(enterpreneurial firms)独特的生产性能力,它能增强技术的多样化和促进集群的技术升级,为其他集群中的配套、互补企业提供生存机会,而这些企业又催生出集群的专业化。下方框是对新技术的产业化,并由此涌现出不同的产业部门,加强产业分工。左方框的"整合"表示了集群内专业化企业间的协同关系,包括企业的自组织行为,以及与外界环境的资源和能量交换。因此,是一个开放的系统。四个方框依次形成正的动态循环过程,从而驱动集群不断成长和演进。该模型明显地体现出了产业集群形成和发展的动态性和过程的连续性,符合动力机制的动态特征,因此有较强的适用性,它表明了产业集群动力机制的驱动源来自于集群内部的企业,特别是那些集群中核心企业。但是也存在一些不足,如缺乏对动力机制的具体构成要素、作用、效率等的考虑。

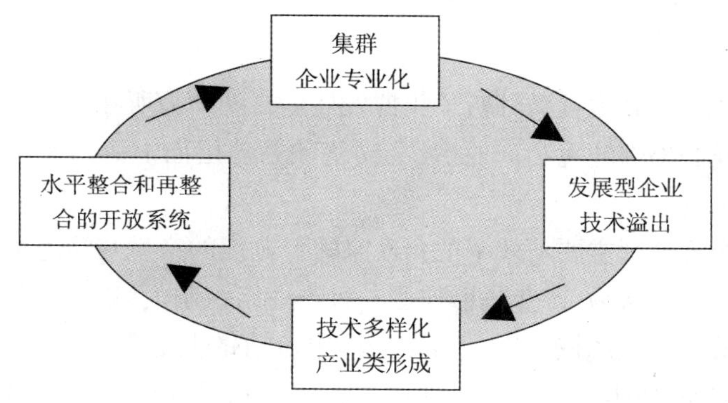

图2-1 Best的动力机制模型

郭利平[②](2006)则把集群的演化认为是一种自组织系统的演进过程,是一

① Best. Michael H. Cluster Dynamics. In:The NewCompetitive Advantange:The Renewal Of American Industry[M],Oxford University Press,2001:15-110.

② 郭利平.基于自组织的产业集群演进路径选择[J].时代经贸,2006,(4):46-48.

个自适应、自协调、自组织的有机系统。产业集群从创生到不断演进，实际就是一个开放的耗散结构和不断演化的过程。在演进路径的选择上，借鉴了协同学的理论，提出了非线性相干机制、自稳定机制、突现机制和选择评价机制等部分组成，共同推动集群在时间和空间上的演进。在一定的外界环境中，系统内部各要素相互作用形成的一定的结构，就成为自组织(self－organization)，自组织的组织力来自于系统内部。概括而言，自组织的演进过程就是一个系统从简单到复杂，从无序到有序，有序程度不断提高的过程。自组织是一个动态过程，所以自组织就是从非组织到组织、从组织程度低到组织程度高、在相同层次上由简单到复杂的过程演进。

此外，有些学者从企业间资源依赖角度出发，认为产业集群作为一种中间性组织，是一种稠密的企业网络系统，认为集群内企业行为既不是由企业内部要素，也不是由供求所导致的价格机制所决定，主要是企业间的关系所控制①(王缉慈，2001；黄洁，2006)。内部驱动观的研究考察了企业构建和进入集群网络组织的各种动机，但总的来说，对各种资源的获取仍是这些动机中最基本和最核心的部分。这里的资源包括市场信息、知识、技术甚至是声誉等多方面。内部驱动观将企业的资源获取视为驱动产业集群网络关系形成和演化的最基本力量。因此，他们认为，集群企业基于自身利益的考虑产生的推动集群运行的内在动力是最主要的。

(二)外部驱动观

另一些学者从其他视角分析了集群发展运行的动力所在。外部驱动观主要关注集群企业的外部环境和产业、社会网络联系等层面上的因素对集群网络形成和发展的影响。

新制度经济学则主要从效率的角度来解释制度的产生与演进动力。威廉姆森的交易费用理论认为，产业集群作为一种产业组织制度，集群中各企业的生产和供给大都采取私人产权制度。而在集群中价值链上的各个企业高度关联，彼此之间进行交易，成本较低。这里的成本不仅包括了企业实际支出的显性成本(如谈判费用，信息收集、监督费用等)，还包括了机会成本也较低，因为在产业集群中，信息传播的及交易的高频率，不确定性大大减少，导致了机会成本极低。威廉姆森表示，如果不存在机会主义，交易费用也将不复存在。因为机会成本主要是由于信息不对称造成的。但在产业集群中交易频率很高，信息的传播速度很快，正是由于信息的对称性，交易费用也几乎为零。这就使得企业之间彼此都

① 王缉慈.创新的空间——企业集群与区域发展[M].北京:北京大学出版社,2001.

愿意进行货维持这样的交易形式，从而形成了维持集群发展的最持久的力量源泉。

新经济社会学在阐述集群演化的基本问题时，往往用嵌入性①(embeddedness)、社会网络和社会资本三个核心概念来加以解释。其代表人物格兰诺维特(1990)认为单个行动者的经济行动时嵌入于他与他人互动所形成的关系网络中的，从更宏大的角度上看，是嵌入于整个社会结构之中的，并受到来自社会结构的文化、价值因素的影响和决定。同时他又从社会结构分析中发展出网络分析的研究方法，对社会网络的经济影响作出了更为精细的描述。他强调在许多时候是社会网络和偶然性因素在制度形成中发挥着主要作用。在集群演化过程中，他提出了关系力量的概念，并将关系分为强、弱两种来解释个人、组织和个体与社会系统之间的相互联系和演进。认为“弱关系的强力量”更能推动集群的发展。

另外，其他学者还从影响产业集群产生的外部力量入手，分析了依托地方政府机构、科研院所、高等院校等驱动因素在产业集群发展过程中的重要作用。外部驱动观重视产业外部环境的影响，突出集群环境对于企业发展的重要性，这正是企业进行战略管理所需有关注的焦点。因为从企业自身发展角度而言，无论是交易费用的减少，还是企业所处社会环境、社会关系的维系，都是企业赖以生存的重要因素。从这个角度上看，外部驱动观似乎与内部驱动观在对网络演化驱动的考察过程又有一致性的一面。

(三)协同驱动观

Koza 和 Lewin(1998)认为，对组织演化问题的研究不能离开环境问题而单独进行，应采取一种协同演化的视角(co - evolutionary perspective)。所谓协同效应，就是指企业从资源配置和经营范围的决策中所能寻求到的各种共同努力的效果。也就是说，分力之和大于各分力简单相加的结果，即“1 +1 >2”。这一理论认为，企业网络的演化是网络与企业所处的组织环境、制度环境相互依赖的同时进行的协同演化过程。Porter(1998)认为产业集群所拥有的生产要素是其竞争优势的来源，是基础的、低层次的。基于传统自然要资源禀赋的基本生产要素只能带来静态的比较优势，而高层次的基于知识集聚的高级生产要素则可带来强劲的动态竞争要素。因此需要各种要素之间的整合，把集群的生产要素优势

① 嵌入性(embeddedness)，有人译为根植性。格兰诺维特把它分为关系性嵌入(relational embeddedness)和结构性嵌入(structural embeddedness)。前者指单个行动者的经济行动是嵌入于他与他人互动所形的关系网络之中的。后者指从行动者网络出发，其又是与其他社会网络相联系，并构成了整个社会的网络结构。

转化为竞争优势，进而取得协调共同发展的持久动力（蔡宁、吴结兵，2002）。

20 世纪 90 年代以来，从知识创新的角度来解释组织成长之谜成为组织经济学研究的新兴领域，许多学者认为在一个不确定是唯一确定的经济环境中，知识是所有组织获得竞争优势和发展的源泉。产业集群作为一个空间组织综合体，其长期竞争优势的形成显然不是来源于正式的系统化知识，而在于默认知识（或称隐性知识）的创造和共享。而默认知识的生产和转移往往通过非正式的网路关系（如客户关系网络、非正式学术网络、个人关系网络等）实现的。库克（1994）对区域创新系统进行早期的研究，认为区域创新系统主要是由地理上相互分工与关联的生产企业、研发机构和高等院校等构成的区域性组织体系，而这种体系支持并产生创新，如图 2－2 所示。浙江大学的魏江（2003）教授，将集群创新系统分为了核心价值系统、支持价值系统和环境价值系统三个部分。它构架了集群内部各要素之间通过规制安排而组成的集群创新网络与机构，并由此构造了集群内部知识流动和知识创新的关联价值系统。

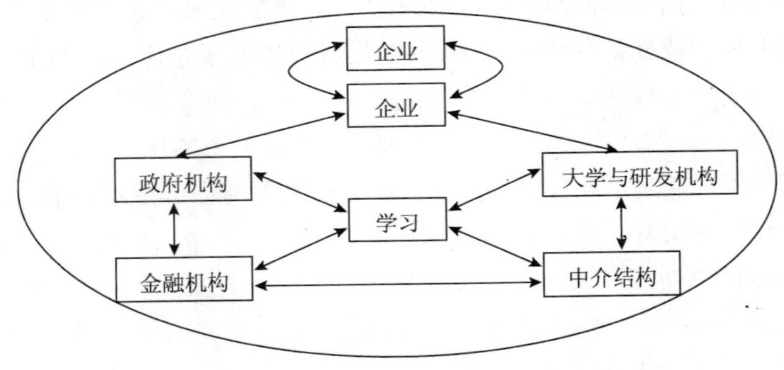

图 2－2　区域创新网络的基本结构[①]

刘恒江、陈继祥等（2004）综述了国内外产业集群动力机制的研究成果，界定了动力机制的内涵，即是驱动产业集群发展和演化的力量结构体系及其运行规则，具有一定的稳定性和规律性。他们还总结出了两方面的产业集群动力机制：内原动力机制和激发动力机制。前者是一种自发的内在力量，表现为分工互补、降低交易费用、知识共享、外部经济、网络创新等方面。后者主要来源于外部环境与国家（政府）有意识地对集群进行规划、调控行为，表现为外部竞争、区域品牌意识、集群政策等方面。内原动力机制和激发动力机制是相辅相成的，它们

① 资料来源：黄建康. 产业集群论［M］. 南京：东南大学出版社，2005：55.

相互融合组成集群的动力机制,动力机制的作用使得集群成为一个有机的群体。

协同演化表明产业集群的成长是内外部因素综合作用的结果。在协同演化观中,外部因素会传导到集群企业内部,共同推动集群向前发展。他们认为,协同效应是驱动产业集群最主要的因素之一。它的主要优势在于:①产业集群本身可以提高群内企业的竞争力。因为企业单纯依靠自身能力很难掌握竞争的主动权,为此,每个企业都可采用外部资源并积极创造条件以实现内外资源的优势互补。②产业集群可以分担风险并获得规模经济和范围经济。

(四)对于集群演变动力机制研究的简评

以上总结了学者们关于产业集群演化成长驱动机制的主要研究成果,所提到动力因素包括了获取市场力量、降低交易费用、获得技术或知识、进入新市场、适应技术变革等多方面。我们倾向于协同演化的观点来看待集群演化问题。集群内企业的内部诱因是集群网络演化的直接动力,但这种内部诱因也完全可能是外部因素变化而推动的结果。在集群企业的成长过程中,企业的行为和战略会不断地根据外界环境变化而调整,也由此导致了内部需求的不断变动。因此,产业集群演化成长是企业内部因素和外部环境因素共同作用的结果。

但是我们同样可以看出,当前的研究对于集群演化问题缺少系统的、整体的研究,往往过多的关注于集群演化中某个片段或某一阶段的研究,而没有从演化的全局角度来系统考察集群形成、发展和成长的一系列过程,以及其所产生的不同结果。缺少对于集群基于不同动力演化机制下的后续治理问题等方面的研究。虽然区域创新网络理论提出了对于集群发展成长的网状驱动模式,但是这一网络系统还存在内生的缺陷:一是易于形成封闭形网络,从而产生集群发展网络刚性,进而造成区域经济成长的脆弱性;二是由于其局限于一地的封闭型网络,没有与全球市场互动链接。因此,集群内的产业的价值链结构易于趋同,从而引致产业、企业错位竞争优势的丧失,从而必将影响区域经济的创新和发展。

综观诸多学者的研究,我们将产业集群成长动力机制的概念归纳为:它是集群内外部各个要素之间共同作用的结果,就具体的动力要素而言,是技术创新、社会网络关系,交易成本,集群环境、企业(含企业家)等的深入和综合,是支撑和驱动产业集群生成与演化的力量结构体系。根据动力产生的根源以及相互之间的作用关系,可以把它们分为核心层原动力、内圈层互动力、外圈层推动力和竞争者压力内化等四个方面。我们认为,产业集群的演化成长是由它们有机组成、共同作用的结果,具体如图 2-3 所示。

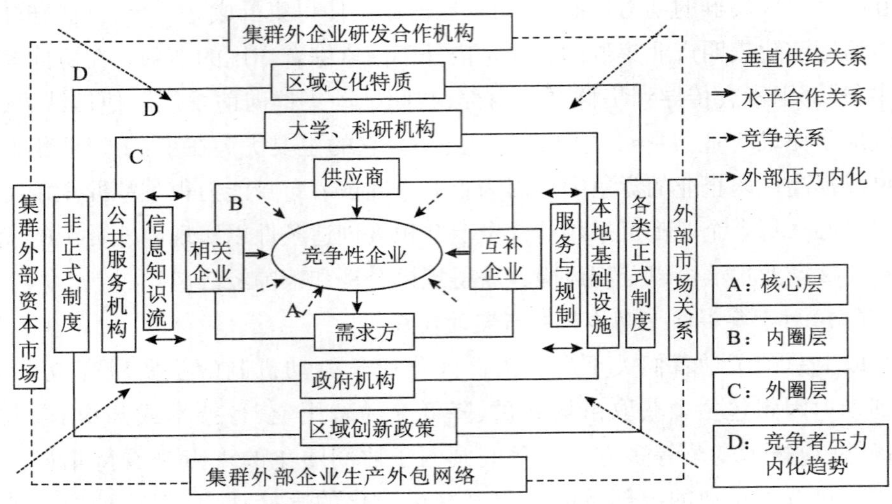

图 2－3 产业集群网络系统结构动力机制模型

二、核心层原动力

产业集群的核心层，由构成主导产业的企业群组成。主导产业特别是它的龙头企业，其自身的发展和成长动力，是产业集群核心层原动力。决定产业集群发展成长的内在机制是自身的核心能力，而这一核心能力主要体现在作为集群内主体的企业之间竞争优势的获得上。通常企业凭借自己独特的资源（知识资源、组织资源、技术资源、管理资源等）整合，形成不同于其他企业的竞争能量与优势，便是核心能力的体现。它是企业独具的、蕴涵于企业内质中的支撑企业可持续性竞争优势的一种独特能力。而在产业集群中，主导产业或核心企业对于技术、创新、资本、信息等方面都具有其他相关产业或企业无法比拟的优势。它是主导整个产业集群向前发展的原动力所在。那么这一原动力是由哪些具体要素构成呢？

笔者认为，核心层原动力是一种系统整合力的集合体，由诸多要素综合而成。从内向外对这一系统集合体进行分析，我们可以把它分为学习行为、知识累积和创新能力三个方面。学习行为是产生集群核心层原动力的基础和前提条件，是一个知识增量的过程，知识累积形成产业集群核心层原动力的知识存量，而最终推动产业集群演进的创新能力的高低其实质上反映了一种知识由量变到质变的知识质量水平（见图 2－4）。可以说，这三种“量”的结合形成产业集群的核心能量。对集群核心层原动力的构成起了决定性的作用。

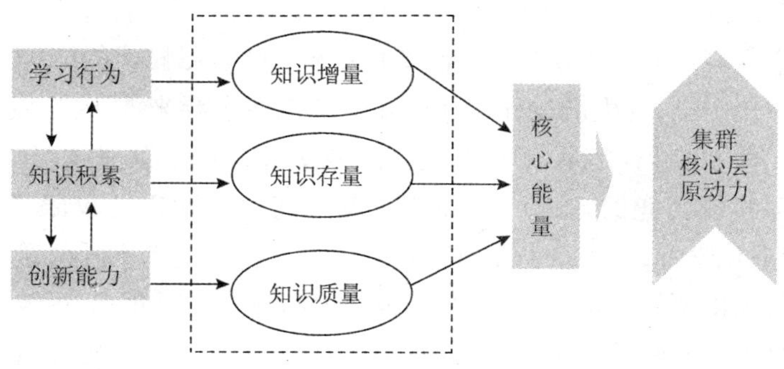

图2-4 基于知识累积的集群核心层原动力的构成

（一）学习行为

学习行为在集群演化过程中表现为知识和经验的获得或更新。学习产生知识，知识推动创新的产生，创新带来持续的竞争优势，这是集群不断向前演化发展的标志。这就是集群发展的内在逻辑。知识的获取、积累、传播、应用和创新必须依赖于学习水平和学习过程。因此可以说，一个集群的学习行为是集群核心层原动力产生的源泉，也集群获得竞争优势的源泉。

产业集群的知识积累来自于学习。如果说核心层企业竞争优势来源于创新，那么学习就是积累知识和培育创新能力的最佳途径。事实上，在任何一个产业集群中，具有主导作用的核心企业与其他企业相比较，往往处于集群网络的关键节点，掌控着关于产业集群发展的构架知识，使其能够对相关企业以及整个产业集群的发展产生重要影响（朱嘉红等，2004）。特别是随着产业集群的不断演进，核心企业的一些业务，如制造和销售业务等，可能被外包给一些关联企业，这实际上就是在产业集群内部企业间进行不同类别知识学习的分割，这种企业间知识学习的分割将有利于产业集群获得专业化分工的优势，以及基于知识的外部经济性等优势，并促进产业集群获得良好的发展（李庆华、王文平，2006）①。产业集群的这种组织学习与一般组织学习不同具有自身的特殊性，根据演化经济学有关组织学习的理论，可以把集群学习行为定义为：以一系列集群共享的制度、规则、程序和规制为基础，集群成员和个人通过相互协调行动以寻求解决问题时产生知识积累和转移的社会化过程。②

① 李庆华，王文平．企业间知识分割与产业集群演化研究［J］．技术经济，2006，（7）：34－40．

② 魏江，申军．产业集群学习模式和演进路径研究［J］．研究与发展管理，2004，（2）：44－48．

对于集群的学习模式，李婷，陈向东(2006)①在总结了前人对于产业集群学习模式和创新特征研究的基础上，提出了关于集群学习模式的四种划分。第一种，干中学/用中学，与生产过程相连。知识的创造主要来源于熟练技能和失败教训。第二种，地缘学习，由于集群成员地域接近，使得成员有机会更便利的获得集群内部其他企业的知识。这种学习模式获取的知识还仅限于集群内部。第三种，专业化学习，一些产业集群内部成员处于产业链上不同位置。产业分工使集群成员知识更加专业，而又彼此互为知识的补充。因此，上下游企业的聚集为彼此提供了纵向的学习机会。第四种，交互作用学习机制，集群网络组织作用明显。一方面，处于集群网络节点的成员之间彼此学习获得新知识；另一方面，学习对象跨越了产业集群的组织边界，集群成员于集群外界环境互通有无，获取外界知识。

魏江、叶波②(2003)在对浙江几个传统产业集群进行考察后，发现产业集群内部的学习有明显的异质性，少数集群成员在学习的活跃程度和学习绩效方面明显优于其他大多数成员，他们创造了集群中的大部分知识流，而其他成员则专注从这些从这些外溢的知识流中获得补给，即开展后续性学习。他们把前者称之为明星企业，认为集群中的少数明星企业主导了集群的学习过程，也就是说，它们通过组织学习解决了自身知识积累的同时，还向集群内的其他企业"溢出"相关知识，从而使整个集群的学习能力得到了提高。因此，他们把这些明星企业视为是集群中的学习代理人，通过他们代理了整个集群的学习过程。

的确，对于集群整体学习而言，由于集群内企业间的差异性，必然在学习方法、学习能力等方面都存在着较大差距。作为集群中主导产业的企业群或少数核心企业，它们在学习过程中所表现出来的突出作用，是其他企业无法比拟的。在它们主导下的集群学习模式，应该是一种由内而外层级式的学习行为模式，创新的发生主要集聚在这些企业当中。如同一石激起的层层涟漪，将由集群的中心向四周扩散开来。从浙江省各地传统产业集群发展的现状来看，集群中的主导产业或核心企业在学习过程中充当了领头羊角色，如温州柳市的低压电器产业集群中，集群中的少数的核心企业(正泰、德力和中天等)掌控了对于行业内关键技术的研发，人才的集聚等优势，并由其逐渐向集群内的下包企业、相关企业进行知识辐射。因此，可以说，产业集群核心层中主导产业企业群或核心企业的学习行为，是产生核心层原动力的最原始的动因。

① 李婷，陈向东. 产业集群的学习模式及其创新特征研究[J]. 科技管理研究，2006，(2)：147－149.
② 魏江，叶波. 基于学习代理人的产业集群学习模式[J]. 科技进步与对策，2003，(1)：22－24.

(二)知识累积

知识,是人们在实践中积累起来的经验和理性认识的总和。知识累积是产业集群主导企(产)业创新演化的重要过程之一。从知识的内涵来看,知识资源通常被分为显性知识和隐性知识。显性知识又称编码化知识(codified knowledge)是可以比较容易地整理、编码,具有单一的含义和内容。隐性知识(tacit knowledge)是很难编码、隐含的知识,它往往被偶然发现,并且这种知识不能和个人、社会及地域背景轻易地分开。在经济合作与发展组织(OECD,1996)的报告[①]中,把知识划分为四种基本类型:①know what 类,指关于客观存在与事实方面的知识;②know why 类,指关于自然原理和运行规律方面的知识;③know how 类,指以从事某种活动的技能表现出来的知识;④know who 类,指关于谁知道如何做和谁能够如何做等方面的知识。他们认为 know what 类和 know why 类属于信息范畴,可以称为编码化知识;而后两类知识 know how 类和 know who 类由于难于编码和度量,故可被称为隐含类经验知识。与显性知识相比,隐性知识是更重要的知识资源,在企业的知识管理中占绝大部分,它具备即时产生和实践中来的特征,适应了知识经济下技术更新迅速,创新速度加快的趋势。

从知识的存在形态上看,集群知识又可分为静态知识积累和动态知识互动。静态知识积累,指集群内部的知识源是以全部集群成员企业及其个人在解决问题过程中所获取的知识和经验以各自的途径依赖为基础得以积累。由于集群成员企业间的地理接近和生产关联性,以及根植于同样的文化土壤,使这种知识源很可能溢出到集群内部,蕴涵在产业集群中。所以,静态知识积累存在于集群整体、成员企业和内部劳动力个体中,并随着集群学习,使知识源中的技术知识和信息以静态的方式持续积累,从而提升整个产业集群应对技术和市场变化的动态能力的提高。而动态知识互动,主要指储存于知识源中的知识要素在集群内部的流动和扩散,它具有社会化特性,不完全受企业个体行为的制约,而是受集群内部社会和文化因素的制约。动态知识互动是集群学习区别于其他形式组织学习的本质特征,动态知识互动使每个成员学习获取的知识通过集群学习机制溢出到整个产业集群中,促使了整体学习能力和竞争能力的提高。

从产业集群核心层的知识累积来看,居于核心层的主导产业或核心企业它们不仅需要拥有集群内各企业都应具备的静态知识,更重要的是需要拥有把这些静态知识激发并使之转化为现实竞争力的特殊能力。也就是促使知识在集群内流动和传播,进而产生创新。集群的知识主要体现在集群知识积累的优势上。

① OECD. The knowledge based economy[Z]. www. oecd. org. 1996.

集群的知识优势代表了集群内部所具有的优质资源，同时也代表了集群的学习能力。产业集群知识累积具有差异性，每个产业集群的知识积累路径并不相同。有效率的集群积累的知识主要是那些隐性的、动态的知识，它们对于产业集群演化发展具有知识创新存量的作用，保证了集群创新优势能够得以持续进行。如果产业集群中的企业能够形成知识积累的差异化特征，即一些核心企业（focal firms）主要掌控核心的隐性知识，而其他企业主要拥有享有其通过溢出效应获得的共享知识，使得产业集群成为一种基于知识分布和联系的网络组织，那么这样的产业集群将会显现出较强的集群竞争力。如比较一下浙江的产业集群和意大利的产业集群，可以发现前者拥有的主要是较强的制造能力，在生产环节上有完整的产业链，但是产品研发能力和产品营销能力却比较低，这说明企业间知识的异质性和互补性实际上是很低的，即使有也主要体现在“制造”这一特定能力范围内；相反，在意大利的产业集群中，研发能力、制造能力和营销能力都相当完备，集群内企业间知识的异质性和互补性非常明显，从而导致意大利的产业集群竞争力远高于浙江（朱海就等，2004）。

（三）创新能力

产业集群要获得可持续发展，就必须保持其持续的竞争优势，而持续竞争优势的获得和提升就必须依靠创新行为来实现。在集群内，核心层企业通过学习，获得了大量知识累积后，就必须通过创新行为来实现前期的知识积累的外化和转变。只有持续不断地创新才能使集群保持旺盛的生命力，从而形成持久的竞争力。因此，创新是集群可持续发展动力的内核。

创新的概念最早源于熊彼特的创新理论。按照他的创新观点，创新就是建立一种新的生产函数或供应函数，即把一种从来没有过的生产要素和生产条件的新组合引入生产体系。在他看来，创新是一个经济范畴而非技术范畴，它不仅是指科学技术上的科学发明创造，更是指把发明科学技术引入企业之中，形成一种新的生产能力。具体来说，创造包括五个方面的内容：①产品创新（引入新的产品或提供产品的新质量）；②工艺创新（采用新的生产方法）；③市场创新（开辟新的市场）；④资源开发利用创新（获得新的供给来源）；⑤体制和管理创新（实行新的组织形式）。

产业集群的创新能力是一种总体能力，是组织能力、适应能力、技术和信息的获取能力的综合。其创新能力来自企业间的相互学习能力和共同的知识存量和增量。原本出现在企业内部的专业化分工出现了外部化，也就是开始向集群内的其他企业转移，企业之间的专业化分工程度随之加深，企业之间的依赖性也逐渐增强。一个完整的产品创新不再局限于某个生产环节或零配件的孤立创新，而是需要产品链上各企业、机构间的有机合作。在这个过程中，处于核心层的企业，它们往往对于产品的研发和技术的改进等方面具有相当的发言权和控制力。从某种角度而言，可以说这类企业对于整个集群的创新能力的获取至关重要。

从创新能力的内容上看，不仅包括了技术创新，而且集群范围内的制度创新、品牌创新、文化创新等都在其中。而就其创新的性质而言，又分为自主创新和模仿创新。自主创新是具有前沿性，独创性，技术实力要求高等特点，因此自主创新的成本往往比较高，在产业集群内部，主导产业的企业群或核心企业由于具有这样的实力，通过自主创新和开发所获得的包括产品生产的技术、产品的款式，产品市场信息、产地的品牌、企业的管理方式等新知识，很大一部分也会外溢出去，成为产业集群内企业的公共知识。这时候其他企业就会继续跟进，进行后续化的模仿性创新，从而在整个集群层面上共同推进集群的发展。因此，在集群核心层中，主导产业的企业群或核心企业，它们的自主创新是整个集群创新的源泉，决定了集群发展的方向。由其主导下的集群学习、知识积累和创新能力所最终形成的产业集群核心层原动力，成为整个集群竞争优势的所在，也是集群演进嬗变的根源所在。

三、内圈层互动力

产业集群的内圈层，由与主导产业有密切关系的补充产业和相关产业的企业群组成。这些企业群的发展和成长动力，以及它们与主导产业企业群动力系统构成的互动机制，称作产业集群的内圈层互动力。在产业集群中，围绕某个或某些主导产业和核心企业而发展起来的互补产业和相关产业的企业，它们与主导产业的企业群或核心企业建立了十分密切的联系，由它们共同构成了产业集群发展演进动力圈层中的内圈层动力系统。

产业集群企业之间存在着各种竞争合作关系。企业间的合作关系有利于提高自身在市场上的竞争优势，从而使企业获得更快增长。尽管在当今高度信息化的时代，企业之间的合作互动关系不再拘泥于本地，但是集群内的企业更倾向于在集群内部寻找合作伙伴。这是因为在集群中企业的合作过程伴随着隐性知识的流动，这些需要经常性的交流来缩小彼此对隐性知识的认识。而集群地理的集中性就为这一学习过程创造了条件。此外，集群企业在合作过程中，形成了非正式的社会网络关系。而企业的经济行为本身就嵌入在这些社会网络中。社会关系网络的建立使企业之间形成了共同的社会文化背景、共同的价值观念，这不仅节约了交易费用，而且极大地降低了交易风险和不确定性。

此外,大量同类企业的存在,会吸引外部上游的供应商和下游的客户企业的加盟。这说明,由于集群企业相关性和互补性越多,企业之间存在的合作就越多。在这种情景下,合作与企业的规模和数量构成了一个互动增加的过程,客观上也推动了这个集群的良性循环发展。

内圈层中的企业之间相互作用表现为两种形式:垂直联系和水平联系。垂直联系是指供应商和客商在产业链上的互动关系。在产业链的上端表现为企业与供应商、生产商之间的垂直联系。双方利用于地理接近性的特点,充分发挥及时制(Just In Time)生产技术和运输系统的作用,降低彼此的生产成本。这样一来就会形成产业链垂直体系下的上下游企业良性的互动机制。一方面,供应商除了要努力降低原材料等要素成本,也可以主动参与到生产商的产品设计到产品制造的一系列过程,而生产商也可以通过增加订单等手段提高供应商从事产品原料创新和工艺创新的积极性。另一方面,在与产业链下游的生产商和需求方的企业或客户联系上,也同样表现出互动关系的重要性。因为在买方市场的今天,竞争不仅仅是价格的竞争,更重要的是质量和多样性的竞争。增加两者的交流和互动有利更好的满足用户需求,从而使集群企业适销对路,在市场竞争中占据主动。

内圈层企业间的水平联系主要指知识、信息在水平方向上的传递和扩散,表现为企业间的竞争与合作关系。竞争关系主要是企业之间在共同的原材料、劳动力以及产品市场的竞争。在集群环境内,存在着大量的同质性企业,它们之间的竞争在所难免,而且产业集聚增强了竞争,群内企业关心的仍然是自身的利益得失,而非集群的整体利益。由于地理空间上的接近性,群内同类企业对于价格、质量都非常了解。尽管竞争会给群内企业带来一定威胁,但是“合适的竞争对手能够有助于企业增加持久的竞争优势以及改善所处的产业结构”,防止过度竞争和机会主义行为,竞争就会成为企业持续改进和创新的动力。水平关系上的合作互动,不仅包括互补性企业、关联性企业之间的合作关系,竞争企业之间也同样存在着合作。如在浙江桐乡濮院羊毛衫产业集群中,不仅毛衫的成品制造企业与外包企业、配套企业存在互补合作关系,而且成品制造企业之间同样存在着竞争合作关系。这种竞合关系主要体现在市场同创、集群整体品牌的培育、维护、宣传等方面。从而在总体上提升了整个集群的竞争优势,使之成为全国最大的羊毛衫生产集散基地。

内圈层中作为集群主体的各类型企业之间基于水平和垂直的互动联系,产生了集群企业之间的竞争合作关系,使得资源在集群内能得到更为有效的流动和配置。群内企业,一方面,依托集群整体的竞争优势;另一方面,又寻求自身的发展，既竞争又合作的互动模式成为内圈层企业的最佳行为方式。

四、外圈层推动力

产业集群的外圈层，由企业群以外的其他法人机构，如科研单位、教育培训机构、中介组织、政府部门、基础设施等组成的群体。它们不是集群网络中直接从事生产的主体，主要实为集群主体的企业提供政策、技术、人才、资本以及咨询、培训等方面的服务，实现知识、信息、资源等在集群企业内部有效流动和传递。在外部促进产业集群的发展，这种力量构成了产业集群的外圈层推动力。从产业集群外圈层的要素组成上看，主要由以下这些机构为集群的发展成长注入了强劲的推动力。

(一)研究机构

大学、科研院所等研究机构对于核心层企业和内圈层企业的推动作用，主要表现在为集群网络提供了新的知识和技术，以及对企业人员进行了进行教育和培训等方面的技术资源和人力资源的支持。

研究机构为集群提供知识和技术的途径主要有：①向核心层企业网络输送毕业生，供给优质的人力资源；②通过专利、非专利技术等的转让，让集群企业加快创新步伐；③与企业进行合作研发，向企业输入符合企业实际需要的先进技术，加快企业的技术改造和升级；④对企业中的人员进行教育和培训，提高技术水平或管理技能。

当然，对于那些处于非中心城市的产业集群而言，可能没有大学、科研院所等研究机构。此时，企业、地方政府或中介机构就需要积极与外界的研究机构进行联系，促成“产—学—研”的联姻合作，通过借用外脑的力量，提高集群的知识、技术水平，增强集群的技术创新能力。

(二)地方政府

地方政府作为产业集群外圈层动力的主要来源之一，虽然不是创新活动的直接创造者，但它是推动集群健康发展的关键要素。它为集群内部知识、信息的传递创造了一个良好的外部环境，在市场经济条件下，产业集群的形成和发展是市场和政府共同作用的结果。一些成功的产业集群发展实践已经证明，地方政府通过产业政策的引导、公共产品和服务的提供，对集群的发展产生了积极的推动作用。尤其是近年来，各地政府已经逐渐认识到了地方政府在培育和发展产业集群创新环境和竞争优势保持等方面的作用，纷纷采取措施努力推动本地产业集群的健康发展。

地方政府在推动产业集群演进发展过程中的职能定位，主要有三个方面：一是政策引导。政府通过制定、改善各项产业政策,明确发展布局规划、并结合本地实际,发挥产业政策、产业规划的导向作用,在引导企业集聚形成产业集群方面发挥积极作用。同时,对于已经形成产业集群的地区,继续完善各项产业政策体系,促使产业集群不断壮大发展。二是市场监管。一个健康有序的市场环境的建立,离不开政府对于市场的有效监管。维护公平合理的市场竞争秩序和交易环境,减少产业集群内风险和不确定性因素的干扰,是政府机构对于产业集群环境下市场管理和监督的职责所在。三是公共服务职能。在这一点上最重要的就是转变政府观念,从过去的管理型政府转向为服务型政府,为产业集群的形成和发展提供各项服务,如改善交通、通信等基础设施,营造建立良好社会投资环境,搭建企业与研究机构之间的合作的媒介等。

(三)公共服务机构

公共服务机构一般包括行业协会、商会、各类服务中心等组织,还有银行、保险公司等金融机构,以及律师事务所、会计师事务所等各类服务机构。这些组织部门兼具有市场的灵活性和公共服务型的特点。不仅可以有效协调企业的市场行为,促进资源的合理配置,而且不断帮助政府部门和市场激活资源,进而增强区域内的创新活力。

随着产业集群的形成和发展,其对于公共服务的需要是不断增加的。尽管公共服务机构不是创新主体,但它们是创新的辅助者。通过建立发达和完善的服务网络体系,为集群的发展成长提供高效优质的公共服务,在促进集群内企业创新和发展,以及区域整体创新网络的构建上,发挥着显著的作用。特别是商业银行、信托公司等金融机构的融资 支持,更是集群企业进行技术研发、市场竞争和创新的有力助推器。如浙江义乌的小商品产业集群中,2004 年年产值超过 1 亿元的块状经济有 16 个,经济增长十分迅猛,但这些块状经济都高度依赖同一个共生环境,即由义乌小商品市场、联托运体系、代理服务机构、产业氛围等要素组成的共生环境。有效地支持了整个产业集群的发展。①

此外,在产业集群外圈层中,除了有形的实体机构组织所产生的推动力之外,产业集群本身所处在的区域文化环境特质,也在客观上会推动集群的发展。从社会经济学的角度来看,集群的文化网络关系不仅包括了正式的制度、规范等要素,更重要的还包括了区域内社会结构中某些特有的习惯、惯例等非正式的制度因素,以及蕴涵在本地文化中的一些对于创新、合作具有高度信任,充分共享的特有的传统。因此,集群行为主体的行动,不仅受直接受到的所在网络的制

---

① 潘家伟,沈建明等.块状经济:浙江再创新优势[N].浙江日报第10版,2006-06-02.

约，而且也会受到来自社会结构潜移默化的影响。对于一些具有创新、合作文化传统的集群区域，集群主体间的高信任度和合作度将促进集群企业间与其他相关机构的交流、合作和互动，形成知识在网络共同体之间的迅速流动，从而提高集群的创新能力。因此，集群所在的区域文化特质、习惯和传统等无形资源也可视为本地集群演化成长外圈层推动力的构成因素之一。

五、竞争者压力内化

竞争者压力内化，主要指产业集群中的核心网络成员企业与集群外部环境之间的互动作用所形成的一种促使集群成长的力量。在产业集群外部，即集群以外的企业、研究机构、其他集群等，它们之间的信息、知识、资源等的传递和扩散对于保持集群的良性发展也同样重要。个体的或集群形式的竞争者，给产业集群主体造成一定外部压力或强制力，会刺激产业集群主体产生奋发力进而内化为自身的动力，这也是产业集群成长动力的构成内容之一。

根据波特竞争力模型，企业会受到五种竞争力量的制约：同行业竞争者、潜在竞争者、替代品的威胁、供方讨价还价的能力、需方讨价还价的能力。对于同行竞争者、潜在进入者而言，必须进行残酷的竞争，因为顾客群相同，谁都想尽可能地扩张市场份额，增加利润率，因此，与他们的合作空间不是很大。尽管有合作，但都是暂时的，必须在合作中快速壮大自己，超越对手，才有取胜可能。而对供方、需方而言，由于处于不同层次，尽管有利益冲突，但不是根本性的冲突，因为要想得到长期的生存与发展，他们都必须相互依赖，一方的消失便意味着另一方市场的丧失，意味着利润的减少。从集群角度而言，集群企业除了要加强本地网络关系的同时，还必须关注与集群外部的企业或知识组织之间开展合作研发、战略联盟或外包生产网络，以寻求在全球范围内最有效的内部资源配置，实现创新。应该说，在面对市场激烈竞争的情况下，合理面对竞争压力，有效防范和化解风险，建立起有效的前向、后向垂直联系的合作关系，是集群企业应对集群内外部市场竞争，确保自身竞争优势的有效途径。

同时，在全球价值链体系中，地方产业集群通常只是全球价值链中的一部分环节，必须加强对外的合作与交流，否则就会出现“锁定”现象。一方面，由于集群内部企业之间长期接触和执行的知识和技术，会造成知识技术的“锁定效应”；另一方面，如果集群只注意内部网络联系，会造成垄断和僵化的社会关系网络。对企业创新十分不利。因此，集群中的企业为了避免集群网络关系出现僵化导致的“锁定效应”及其路径依赖，会将原本给予内部群体企业的联系外部化，加强与市场外界的联系。同时，对于激烈的市场竞争下，展开与集群外企业的交流和合作，把外部市场的压力内化为一种企业追求竞争优势的动力，使自己在日益激烈的市场竞争环境中处于优势地位。从而在客观上也起到了促进整个产业集群朝着稳定、有序、健康的方向前进。

本节分析，可以得出如下简要结论：

本节首先回顾了关于推动产业集群演变的动力机制的不同观点，整理归纳为内部驱动观、外部驱动观和协调驱动观三种类型。在简评了集群发展动力机制诸观点之后，结合现有研究，提出了关于产业集群演变动力机制的模型。该模型由核心层原动力、内圈层互动力、外圈层推动力和竞争者压力内化四个方面构成，各要素之间存在紧密的有机联系。核心层原动力是推动产业集群演变的基础和源泉，使得创新得以在集群中生成；内圈层互动力是驱动产业集群演变的关键因素，它促使了创新不断的传播和扩散；外圈层推动力是促使产业集群演变发展的重要条件，为集群企业竞争优势的取得保驾护航；竞争者压力内化是促进产业集群健康发展的重要保障，保证了产业集群源源不断的活力和生机。正是在它们的共同驱动作用下，促使产业集群不断演化、发展和嬗变。对产业集群动力机制进行具体阐述，有利于我们把握集群演化发展各阶段的运动特征，从而为下面集群演变模式的论述作一铺垫。

第三节　产业集群演化与嬗变模式

一、产业集群演化的一般性分析

产业集群的发展是一个渐进的系统演化过程。集群作为一个介于企业与市场之间的特殊经济组织，其演化是一个由个体到群体（整体）、由量变积累到质变飞跃的过程。从演化经济学的视角来构建产业集群发展成长的分析框架具有十分重要的现实意义。

（一）演化的内涵

经济演化理论是融入了生物学关于物种及其群体适应环境而演化观点的一种经济学理论。凡勃伦在1898年的《经济学为什么不是演化科学》一书中首次提出了“演化经济学”这个概念。1982年，纳尔逊和温特的著作《经济变迁的演化理论》，被广泛地看作是经济演化论创立过程具有里程碑意义的标志。从语言学的角度看，“演化”指的是渐进的变化和发展过程。而演化经济学主要立足于“社会达尔文主义”的哲学基础，运用生物学模拟的方法，分析社会经济系统的演进与进化，以论证市场经济的可改良性。其中心论点是：社会经济中规则制度非人为设计，它本质是一个自发的动态进化和演进体系：经济系统的变迁通常被归结为差异、选择和维持三大机制的共同作用。①

（二）产业集群演进的生命周期视角

产业集群是一个经济系统，更是一个动态的经济系统。产业集群的发展也会经历产生、发展、消亡的过程，也有其自己的演变规律和“生命周期”（如图2－5）。纵观国内外学者对这一理论的分析，我们认为，尽管产业千差万别，但一般来讲，产业集群发展一个周期，都会经历萌芽、成长、成熟、衰退阶段，然后消亡或升级进入第二个周期，循环往复，成螺旋式上升，其在不同阶段的轨迹和表现也具有相对的一致性。

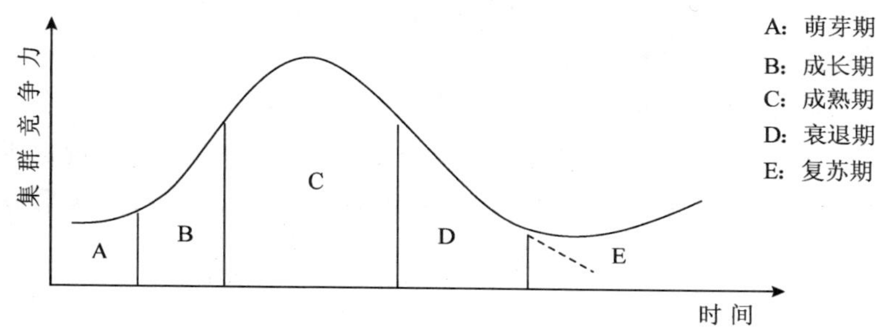

图2－5　产业集群生命周期曲线

1. 萌芽期

这一时期是一个新集群的诞生过程，进入群内的企业数量较少，企业规模也较小，结构比较零散，集群专业化分工处于横向一体化的初级阶段。往往借助于某些特殊的历史环境、区位条件、资源条件及其早期企业家的创业精神等逐渐在某个区域开始集聚。

在这一阶段，尚未形成配套的产业链，集群的专业化竞争优势还没有显现，从严格意义上讲，还算不上产业集群。群内企业的创新动力尚显不足，因此，群内企业的不仅存在对相互之间的模仿，也存在对群外企业的模仿，通过模仿中学习开始逐渐培养出自己的创新能力和竞争力。

2. 成长期

产业集群在成长阶段发展迅速，规模经济、外部经济、协调成本下降等开始

① 贾根良. 演化经济学：现代流派与创造性综合[J]. 学术月刊. 2002(12)：13～19.

发挥作用，集群产业在水平和垂直方向上迅速延伸或扩张。企业“扎堆”现象越来越明显。企业间的互动与合作明显增强，集群内创新活动多了起来，活跃的企业家群体成长起来，企业家精神成为集群发展的又一重要动力。

在这一时期，随着生产同一产品的企业、纵向联系企业和相关制成机构的大量积聚，并通过各种正式的和非正式的联系，集群网络效应开始形成，并逐步增强，促使集群竞争力迅速提升。

3. 成熟期

伴随着完整的、配套的产业链体系的形成，专业化分工不断深化，达到了高级阶段。行业组织、中介组织、政府机构等一系列外部公共服务体系也日臻完善，产业集群开始步入成熟阶段，集群开始拥有较强的集群竞争力，并逐步趋于稳定。集群内企业在经历一段时间的大规模学习、模仿、创新发展之后，运行态势平稳，集群优势持续发挥。

在这一阶段，集群的创新与维持达到了平衡点，集群处于最佳状态。但是成熟期与衰退期仅一步之遥，随着集群规模越来越大，集群效应就显现出规模不经济的负效应，形式主义和官僚主的义滋生，创新精神越来越少，则集群逐渐步入衰退期。

4. 衰退期

在成熟阶段后期，内外部因素的共同威胁会导致集群的衰退。在集群内部，组织知识结构的硬化和“搭便车行为”，造成维系集群生命力的创新停滞，群内企业的恶性竞争使得集群集体效率优势不断被削弱。加上外部市场环境的恶化，集群中大量企业退出或转移，集群竞争优势丧失。

在这一时期，由于集群技术创新系统的衰竭、外部市场环境巨变，造成群内企业经营成本上升，企业迫于压力开始不断向外转移，集群规模趋向萎缩，导致集群的衰落甚至消亡。

5. 复苏期

产业集群衰退期过后，会出现两种情况：一是产业集群消亡；一是产业集群经过衰退期逐渐复苏，通过调整产业内在联系，改善内外部环境，来重新激发集群活力，促使集群从低谷迈向更高一个台阶。

(三) 单个集群演化：集群收益、集群成本以及最优集群规模分析

从传统的经济学研究视角来看，企业成本—收益理论当然成为企业进出集群，以及集群发展演化的主要因素。企业根据加入集群所获得的利润，来决定是否加入该集群。这种利润是加入集群产生的收益与成本之差。为了便于分析，可以假设，对集群企业来说，加入集群的收益与成本依赖于集群中已有的企业

数量。

设企业f加入集群q所获得的集群收益为B_{fq}，进一步可以将集群收益分为位置性收益和集聚性收益：

$$B_{fq} = C_{fq}(k_q, l_q, s_q, u_q) + A_{fq}(n_q) \tag{2-1}$$

其中，位置性收益C_{fq}与集群所处的地理位置有关，例如，当地的资本k_q，劳动力l_q，当地供应商以及商业服务网络的效率s_q，城市和行业基础设施的质量u_q。而集聚性收益$A_{fq}(n_q)$是集群中企业数量的凹的非单调函数。这个假设意味着，当集群q中的企业数量逐渐增加时，集聚性收益呈现先递增而后递减的趋势。因为当企业数量较少时，增加的企业数量可以增进生产分工，提高当地劳动者的技能，扩大研发以及商业的溢出效应，降低交易成本。但是当集群内的企业数量达到一定程度，集群内将出现拥挤效应，减少了集聚的经济性从而使集群收益降低。

与集群收益类似，集群成本C_{fq}也包括两部分：位置性成本和集聚性成本。则：

$$C_{fq} = g_{fq}(w_q, r_q, d_q, t_q) + a_{fq}(n_q) \tag{2-2}$$

其中，位置性成本g_{fq}反映了集群的成本结构，包括当地工资水平w_q、利率r_q、商业服务水平的平均价格d_q、地租t_q。而集聚性成本a_{fq}是集群中企业数量的凸的非单调函数。这个假设意味着，对于一定的城市、产业环境以及资源来说，当集群q中的企业数量开始逐渐增加时，即集群成本先呈现递增趋势，直到企业数量达到“最佳值”，然后随着企业数量的进一步增加，竞争变得更加激烈，导致特定投入（例如资本、劳动力、商业服务等）的价格上升，从而使集群的集聚性成本增加。

企业加入集群所得的集群利润是B_{fq}、C_{fq}两式之差，即为：

$$N_{fq} = B_{fq} - C_{fq} = H_{fq}(k_q, l_q, s_q, u_q, w_q, r_q, d_q, t_q) + h_{fq}(n_q) \tag{2-3}$$

假设位置性收益和位置性成本不随时间改变而改变。因此，我们将涉及位置因素的部分H_{fq}简化为一个参数α_q，它仅仅垂直地改变集群利润方程，则集群利润又可以表示为：

$$N_{fq} = \alpha_{fq} + h_{fq}(n_q) \tag{2-4}$$

容易看出，由于N_{fq}等于凹性方程$B_{fq}(n_q)$和凸性方程$C_{fq}(n_q)$之差，所以集群利润方程总是凹的。换句话说，每个进入集群的边际企业，可以增加进入集群的平均利润，直到一个临界值为止。当超过临界值，再进入新企业将会降低集群内企业和进入企业的平均净收益。这个结论恰恰与产业区理论和城市/区域经济学中的分析吻合。这些理论表明，给定企业的空间集聚条件，由于净收益方程的凹性，因此产业集群一定存在最优规模。

二、相邻集群演化的特殊性分析

自《剑桥经济学杂志》1999年发表关于邻近性和知识创新的主题论文以来，“邻近性”已经成为近些年来区域经济研究，特别是关于集群、产业区等对于空间影响较大的研究中的热点问题。[①] 在现实实践中，我们也发现，浙江很多邻近地区在经济发展道路的选择上，由于具有地缘的相近性、人文环境的相似性，以及模仿跟风等原因，也具有近似的产业结构类型和发展模式。曾几何时，这些相邻地区的产业发展也一度风光无限。但是随着时间的推移，一些地区产业的经济效益出现了大面积的滑坡，产业发展难以为继，而与此相反，相邻地区的相同产业却发展的依然平稳、健康。

是什么原因导致了浙江诸多相邻地区的相同或相似产业集群，在发展过程中会出现迥然不同的境遇呢？接下来，我们就试从相邻地区产业集群之间的发展演化的视角来探讨一下产业集群的演化与成长。

（一）相邻集群的内涵

一直以来，对于产业集群的研究往往集中在对集群整体层面竞争优势的探讨上，比如集群可以降低交易成本，获得外部经济，增强创新功能等。在已有的研究中，往往对于单个产业集群的形成、演化、发展有比较深入和具体研究，但对于邻近地区相关产业的集群与集群之间发展演化、相互作用等关系却鲜有研究，相邻集群概念的提出，主要是立足于当前某些地区产业结构同化现象比较普遍，各地区通过学习、借鉴、引进等方式，建立起了一套相同或相类似的产业结构体系，打造出了本地区的产业集群模式。

在浙江的很多邻近地区，往往存在着一定程度的产业地理集中区，他们在产业选择上具有相似性，但在市场、信息源、控制和决策基地以及其他各种有机联系方面又存在着彼此的差异性。若仅从最终产品来看，以相似产品为主的产业集群的数量在浙江为数不少。仅以列入浙江省“十五”计划当中的近120个重点特色工业园区来看，其中的丝绸纺织类园区有16个，以生产服装为主的园区有10个，鞋业园区7个。这正反映出了浙江区域产业同构现象比较普遍，如以下案例：

以制袜产业闻名的诸暨大唐袜业产业集群，袜业块状现已形成以大唐镇为

---

① 饶扬德，李福刚. 地理邻近性与创新：区域知识流动与集体学习视角[J]. 中国科技论坛，2006，(6)：20－24.

中心，辐射周边14个镇乡（街道）120多个行政村，拥有万余家袜业企业，吸纳从业人员20余万人的一大产业集群。截至2010年年底，年产各类袜子180多亿双，实现销售500亿元，成为我国最大的袜业生产基地、织袜原料生产基地，以及要素集聚最广，配套服务最全的袜业产业集群。[①] 而作为近邻的义乌市，从1994年诞生第一家现代化袜业企业起，短短十多年时间里，形成了以佛堂、上溪等地为核心的袜业制造基地，成功培育了一个拥有企业1500多家、从业人员达8万多人，年营业额收入达108亿元的袜子大产业。[②] 在这两个相同产业的相邻产业集群中，义乌袜业集群虽然发展时间相对较短，但发展的速度十分迅猛。义乌袜业具有较强的品牌优势，目前，全行业拥有近1000只注册商标，拥有3只中国名牌，18只中国驰名商标，省级以上著名商标多达30余只，中国袜业标志性品牌连续两届花落浪莎和梦娜，浪莎、梦娜、宝娜斯3只袜业获国家免检产品称号，2010年被授予"中国袜业名城"。而且产品凭借其所在区域的国际小商品城的强大市场平台，产销两旺，供不应求。而大唐袜业集群所具有的先发优势明显，也一度凭借其良好的生产协作专业化条件，建立起一整套的产供销一体化的市场运行模式，但是受邻近的义乌中国小商品市场和新崛起的义乌袜业的影响，产品市场竞争日趋激烈，原本在大唐的成品销售市场逐渐衰退，客商纷纷迁往邻近的义乌谋求发展。

通过上述案例的描述，我们不难发现，在相邻集群中，每个集群都有着自己较为完整的产业结构体系，各自在产业链上相关的、支持的企业都在集群中形成了专业化的合作和分工，政府机构、公共服务机构也在当地范围内集聚形成集群的有机组成部分。同时，相邻集群之间也存在着彼此的联系，如技术传播、信息交流、原材料供给、市场销售等方面。此外，由于集群所处的地理位置相近，产业结构相似，激烈的市场竞争在所难免。从而，在一个彼此邻近的地区，就会出现两个或者两个以上的产业集群，它们之间在产业结构上相同或近似，在彼此的联系上又存在着十分紧密的竞争和合作关系。

因此，本节对于相邻集群的概念界定为：那些在地域分布上邻近，并从事相同或类似产业生产，彼此虽有联系，但各自具有独立的产业结构和组织系统的集群模式。

---

① 数据来源：大唐袜业网[Z]. http://www.datangsock.com/index.asp.

② 数据来源：陆超男. 浙江民营经济网[Z]. "义乌袜"要做国际袜业中的顶级名牌，http://www.zj123.com/info/detail-d65623.htm.

（二）演化机制

产业集群是一个复杂的演化系统，相邻集群的演化同样是一个动态的演进过程。一般来说，集群内的企业相对于集群外的企业而言，竞争优势主要来自两个层面：由聚集经济产生的成本优势和由创新网络带来的技术创新优势。随着集群演进，市场在不断成熟，竞争必然更加激烈，单纯的成本优势是不够的，必须转变竞争优势的基础，提高企业集群的学习与创新能力，以赢得动态的竞争优势。

在相邻集群中，这种基于成本的静态优势和基于创新的动态比较优势，在各自集群的发展演化中同样发挥着密切的作用。集群之间由于地域的相邻性、人文环境的相似性所产生的竞争合作关系而形成的相互之间的作用力，推动各自集群的演进过程。但事实上，我们发现相邻集群之间联系的紧密程度，对于集群的发展演化十分关键。

由于相邻产业集群在一定空间同构成长会造成整个产业竞争与协作格局发生大的变化，因此，在某一时空条件下，相邻的产业集群出现兴盛、衰落也会变得更加频繁和剧烈。那么相邻集群之间，它们在自身发展的同时与其“近邻”集群的相互作用又是怎样表现的呢？

假设：①某个区域某种产品的市场容量是有限的；②该区域仅存在2个相邻的产业集群A和B；③各集群市场控制区域呈圆形分布，如图2-6所示。

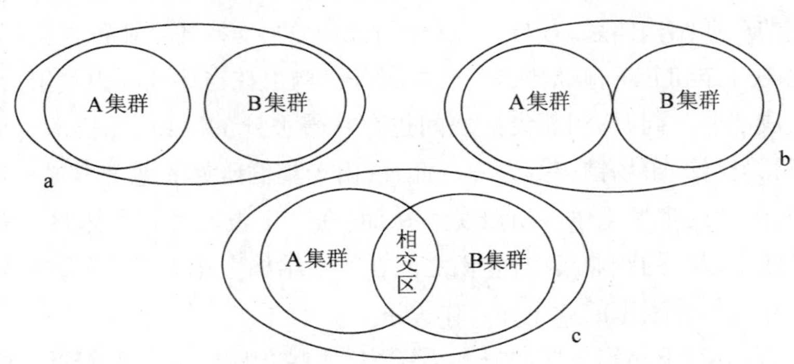

图2-6 同一区域，集群A、B市场控制相互作用情况

相邻产业集群对于同一块区域市场的争夺会使非常激烈的，竞争的斥力很强。同一区域市场上，集群A和集群B之间市场控制范围会有三种不同情况：情形一，A、B集群控制区分离，中间有“真空”区域；情形二，A、B两个集群控制区相切，最大限度覆盖了区域市场；情形三，A、B两个集群相交，有共同交集区。

在这3种分布模型中，相邻集群之间相互作用的大小和影响是有差异的。

情形一（图2－6a），A、B集群的市场控制力和规模范围，还相对比较弱，集群间的辐射范围存在着“真空区域”，因此，在这种情况下，相邻集群之间基本处于一种各自发展的状态。

情形二（图2－6b），随着集群不断发展和壮大，在某一时刻，相邻集群A、B在有限的市场容量下，达到了发展的最佳状态，两个集群的控制区域相切，最大限度地覆盖了区域市场。但是这种状态并不稳定，会随着相邻集群中某一方控制力的增强或减弱而发生变化。

情形三（图2－6c），集群A、B的控制区域出现了交叉、重叠的现象。在相交区域，受到了来自相邻的集群A和集群B两方作用力的共同作用，在有限市场和资源的共同影响下，竞争排斥力增强，相互间的协作关系受到制约，此时集群A、B各自作用力的大小对于集群自身的发展起着相当大的作用。

当然，在现实中，集群控制力的大小不可能是匀质的，控制范围也不可能是个完满的圆，相邻集群之间的相互作用机制主要还是取决于集群之间基于自身发展所产生的向心力和离心力的力量对比。所谓向心力主要是指那些可以促使相邻集群之间趋于融合，共同发展的力量和因素，主要有信息共享、共同区域文化、技术进步、范围经济和规模经济等。而离心力是指阻碍相邻集群之间良性共同发展，从本集群自身利益出发的力量和因素，主要有资源短缺、集群品牌、市场需求减少、地方政府行为、行政区划分割等。如果离心力小于向心力，这就意味着相邻集群间的合作交往是经济的，对彼此发展都是有利的。因此，各自集群中的企业会尝试在本集群外的相邻集群中开展业务往来，建立交流平台，比如共建销售网络，共享信息、原材料，进行学习取经等。但是当整个市场行情发生重大变化，或者资源供给不足，品牌意识增强等情况时，相邻集群之间的交流就会表现出一种排异反应，竞争多于合作，即离心力大于向心力，纷纷出于维护本集群的利益而对另一方集群的交往保持一种审慎的态度，在资源短缺、集群品牌维护、市场需求减少等情况下，这种排异反应表现得更为明显。相邻集群的各种影响因素及其融合、排斥关系如图2－7所示。

从组织生态学理论来看，其强调组织对于其所处环境变化的反应程度。环境适应性是集群系统演化的根本目的。其种群[①]竞争力在很大程度上取决于环境的承载能力，这意味着特定的资源环境只能满足有限的个体组织的成长发展，

① 种群是生态学中的一个基本概念，它是指在一定空间范围内同一物种的集合，是物种存在的基本单位。种群是由个体组成，并通过复杂的种内关系组成的一个有机的统一体。

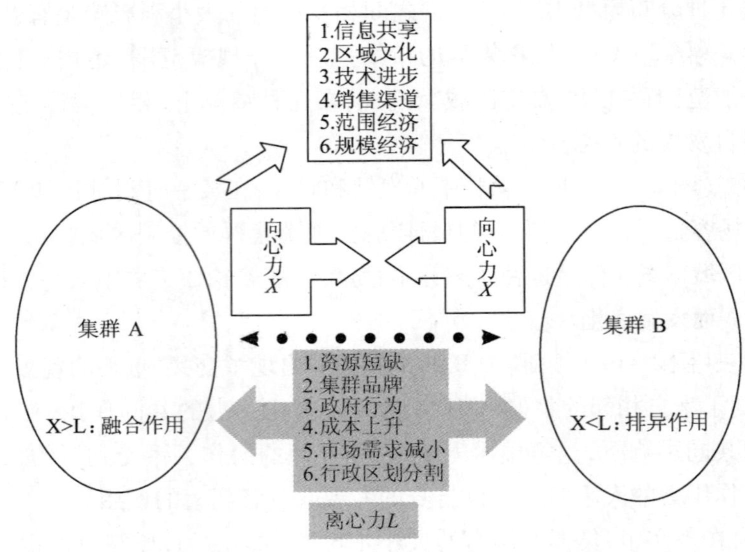

图 2-7 相邻集群 A 与 B 基于竞争合作机制的演化模型

这就会产生一种稀缺性环境下导致的强竞争关系。我们也可以借鉴种群生物学家使用的 Logistic 方程来解释环境承载能力对于相邻集群发展演化的影响。①

假定相邻集群仅存在两个具有相同产业的集群 A 和 B。在 t 时刻，集群 A 和 B 中的企业数量分别是 n_a、n_b。由于该地区的资源是有限的，所以，相邻集群中每个集群中企业数量都存在最大值，K_a，K_b 分别是集群 A 和 B 所能承受的最大企业数量。r_a，r_b 分别是集群 A，B 的初始增长率。因此相邻集群之间的竞争关系模型可以表示为：

$$\begin{cases} \dfrac{dn_a}{dt} = n_a r_a \left(1 - \dfrac{n_a}{K_a} - \sigma_a \dfrac{n_b}{K_b}\right) & (2-5) \\ \dfrac{dn_b}{dt} = n_b r_b \left(1 - \dfrac{n_b}{K_b} - \sigma_b \dfrac{n_a}{K_a}\right) & (2-6) \end{cases}$$

其中，$(1 - n_a/K_a)$ 反映了集群 A 消耗的有限资源的数量，导致对自身增长的阻滞作用，n_a/K_a 可以解释为，相对于 K_a 而言，单位数量的企业消耗的资源（设资源总量为 1）。当两个集群在同一个区域争夺有限资源时，集群 B 对资源的消耗将对集群 A 产生不利影响，这种影响显然与集群 B 的规模成正比，因此

① 何继善，戴卫明. 产业集群的生态学模型及生态平衡分析[J]. 北京师范大学学报，2005，(1)：126-132.

表示为 $-\sigma_a n_b/K_b$。σ_a 表示消耗其中一方资源对另一方产生的影响。例如，如果 $\sigma_a>1$，表示在消耗集群 A 的资源时，集群 B 的消耗多于集群 A，因而集群 B 对集群增长的阻滞作用大于集群 A，即集群 B 的竞争力强于集群 A。

为了研究相邻集群中两个相同产业的相互竞争结果，即当 t 趋向于 $+\infty$ 时，$n_a(t)$、$n_b(t)$ 的趋势，需要对平衡点进行稳定性分析，设

$$\begin{cases} f(n_a,n_b)=r_a n_a\left(1-\dfrac{n_a}{K_a}-\sigma_a\dfrac{n_b}{K_b}\right) & (2-7) \\ g(n_a,n_b)=r_b n_b\left(1-\dfrac{n_b}{K_b}-\sigma_b\dfrac{n_a}{K_a}\right) & (2-8) \end{cases}$$

由上式可以得到 4 个平衡点：

$$P_1(K_a,0),P_2(0,K_b),P_3\left(\frac{K_a(1-\sigma_a)}{1-\sigma_a\sigma_b},\frac{K_b(1-\sigma_b)}{1-\sigma_a\sigma_b}\right),P_4(0,0),$$

显然，只有当 σ_a,σ_b 同时小于或者大于 1 时，P_3 位于第一象限，才是具有实际意义的平衡点。故设

$$m=(f_{n_a}+g_{n_b})\big|_{p_i} \qquad (2-9)$$

$$n=\begin{vmatrix} f_{n_a} & f_{n_b} \\ g_{n_a} & g_{n_b} \end{vmatrix}_{p_i} \quad i=1,2,3,4 \qquad (2-10)$$

利用四个平衡点 m,n 的结果，根据稳定性理论可以获得相邻集群间产业竞争模型的均衡点及其稳定性结果（如表 2-3 所示）。

表 2-3 相邻集群同产业竞争模型的平衡点及其稳定性分析

平衡点	m	n	稳定条件
$P_1(K_a,0)$	$r_b(1-\sigma_b)-r_a$	$-r_a r_b(1-\sigma_b)$	$\sigma_a<1,\sigma_b>1$
$P_2(0,K_b)$	$r_a(1-\sigma_a)-r_b$	$-r_a r_b(1-\sigma_a)$	$\sigma_a>1,\sigma_b<1$
$P_3\left(\frac{K_a(1-\sigma_a)}{1-\sigma_a\sigma_b},\frac{K_b(1-\sigma_b)}{1-\sigma_a\sigma_b}\right)$	$-\frac{r_a(1-\sigma_a)+r_b(1-\sigma_b)}{1-\sigma_a\sigma_b}$	$\frac{r_a r_b(1-\sigma_a)(1-\sigma_b)}{1-\sigma_a\sigma_b}$	$\sigma_a<1,\ \sigma_b<1$
$P_4(0,0)$	r_a+r_b	$r_a r_b$	不稳定

下面根据 σ_a,σ_b，的意义，进一步解释平衡点 P_1,P_2,P_3 的经济含义：(1) 当 $\sigma_a<1$ 时，表明在集群的资源竞争中，集群 A 的竞争力较强；而 $\sigma_b>1$ 表明在集群 B 的资源竞争中，集群 A 获取共同资源的能力仍然较强，因此，集群 B 将被挤垮，而集群 A 的企业数量增加到最大值，即 $n_1(t)$，$n_2(t)$ 趋向于 $P_1(K_a,0)$。

(2)当$\sigma_a>1,\sigma_b<1$时,情况与(1)正好相反。(3)当$\sigma_a<1,\sigma_b<1$时,在集群A的资源竞争中,集群B获取资源的能力较强;而在集群B的资源竞争中,集群A的竞争力较强。因此两个相邻集群会达到一个共存的稳定的平衡状态P_3。

以上分析我们可以看出,对于相邻集群而言,单从集群的竞争或者对有限资源的存在争夺的角度看,决定相邻集群演化的关键性因素是基于相邻地区所共同拥有的资源承载能力。在资源相对宽裕时,则集群之间会相安无事,甚至互助合作。但等到资源短缺,其相互之间的竞争必然激烈,甚至会出现恶性竞争的可能。同样道理在市场需求对于集群产品发生巨大波动时,集群之间的竞争也会趋向白热化。

(三)演化效应

基于相邻集群的演化发展过程,我们可以发现,在相邻集群的发展演变轨迹有着有别于其他单个集群的演进特征,这些特征具体主要体现在了以下几个方面:

1. 市场分层效应

在市场营销学中,有一个基本概念叫做"市场细分",它是美国著名市场学家温德尔·斯密在20世纪50年代,根据企业按消费者需要组织生产的经验提出的。它是指按照顾客的不同需求,将一个市场划分为若干部分,使得其中每一部分的顾客具有较高程度的同质性,与其他部分的客户具有较大的异质性。对于一个企业来说,它的最终目标一定是赢利,所以它进行市场细分的原因一定出于最佳利益的考虑。在相邻集群的演进轨迹中,与单个企业的产品市场定位类似,相邻集群的良性发展也逐渐演化成为对于产业的进一步深化分工,以及成品市场的不同定位。所不同的是,它是一种集群整体范围内的企业群的市场细分,因此,在这里我们把集群之间基于相互作用而产生的产业和市场分化现象,称之为"市场分层"。

在相邻集群的发展过程中,基于邻近地区资源优势的有限性以及集群创新互动能力等的强弱,会导致集群之间的竞争力发生重大的变化。原本相同类型的产业集群,在自身产品定位上会出现明显的差异化特征,这种差异化的特征往往表现在对于本集群企业所生产的主要产品在需求市场上的定位发生了重大变化。也就是说,随着相邻地区竞争不断加剧,各相邻集群会基于彼此产品竞争力的强弱和本地优势,来调整本集群主要产品的市场供给和消费群体,集群之间在产业分工和产品市场定位上逐渐演化成为各有所长,各具特色的产业地域分工格局,形成了明显的产品市场分层体系。

这种市场分层模式建立在区域间发展不均衡、优势互补、利益共赢基础之上,以各地区之间产品结构的异构互补和产业梯度传递为推动力。分层的根本目的是要充分利用各区域生产要素的差异性以及产业结构上的互补性，促进生产要素和互补产业在地区间的转移，实现产品横向分工互补，从而满足市场的不同需求，提升整个产业的持久竞争力。以模具制造业为例，地域邻近的宁波余姚市、宁波北仑区和宁海县三大模具制造业产业集群中，经过20世纪八九十年代的发展变革和市场调整，各集群在产品定位和市场细化上出现了不同的分工。余姚市以塑料模具为主，北仑区则以金属模具为主，而宁海县则以精密模具冲压、压铸模等在国内市场具有较高的知名度。合理的产业分工，使得市场分层效应显现明显，有效避免了各相邻集群之间过度竞争、恶性竞争的出现，保证了各产业集群持续健康的发展，以互补性来增强区域产业的整体竞争优势。

2. 空间挤压效应

在一个地理空间比较接近的区域，以相同或相似产品生产为特征的相邻集群必然在原材料、技术、信息、能源、劳动力等各方面会展开激烈的市场竞争。市场上的资源是有限的，一个企业乃至一个集群，自己拥有的资源也是有限的，这就决定了在一个相对狭小的空间范围内，相邻集群的规模和范围都存在着一定限度和容量。一旦超过本区域的资源、环境承载能力，就会出现相邻集群之间的恶性竞争，在地理空间范围内出现一种由于有限的发展空间所产生的挤压现象。这种邻近地域范围内的空间挤压作用，会造成相邻产业集群之间在产业结构、企业战略等方面发生重新洗牌或重大调整，会出现集群演化过程中的一次重大成长。应该来说，对于这种相邻集群之间出现的空间挤压效应，根据其作用后的演变结果，可以分为两类：

一类可以称之为“挤压爆炸型”，其主要表现为相邻集群之间同质的成品企业之间要相互竞争，同质的配套企业间也要相互竞争，这样在产业链构成及不断延伸过程中，同类企业的恶性竞争难以避免，相互压价、低价竞争必然愈演愈烈。最后的结果是，低价优势成了产业集群在与国内外市场竞争中唯一的核心竞争力。而一旦低价优势成为主要或唯一的竞争武器，它在市场上能够冲锋陷阵一段时间的同时，却必然遭遇两大阻力：一是来自外部市场。低价竞争对外部市场来说，在某种程度上是一种不公平竞争，于是反倾销开始了，欧美对中国纺织品采取“特保”、“设限”措施，其表面原因就在这里；二是来自集群内部逐渐滋生的阻力。集群内部低价竞争，企业的利润空间肯定越来越小，甚至没有利润。企业为求生存，就会降低质量，甚至出现假冒伪劣，“柠檬市场”的出现，使得集群声誉毁于一旦，造成集群之间两败俱伤，难以为继。

另一类是“挤压收缩型”，产业聚集增强了竞争，竞争也同时提升了集群的竞争力。相互竞争的确会给集群间的企业带来一定的威胁,然而,合适的竞争能够有助于企业增加持久的竞争优势以及改善所处产业的结构。伴随着产业规模的调整,集群之间的产业也会寻求错位发展,逐渐从相互竞争掠夺转化为合作互补。集群内的产业选择上开始收缩,不再追求"大而全,小而全"式的全方位发展,转而在产品生产上出现了错位发展的新态势。近年来,若干个相邻集群在明确分工、互补合作的基础上,通过地区联合共同构成大产业集群的要求也开始变为现实。以台州市塑料制造业为例,目前全市拥有塑料制品生产企业1万多家,年销售收入到达120多亿元。台州塑料产业分布在四个地区,即路桥区、黄岩区、椒江区和温岭市,这些地区各有分工,分别以塑料制品、塑料模具、电器塑料件和塑料鞋为主要产品,共同形成了从塑料制品到塑料模具再到塑料机械的完整产业链,成为中国主要的塑料生产基地。台州市政府认识到,塑料产业的未来发展迫切需要通过整合各个产业集群分散优势条件构建塑料"大产业区",以此增强区域整体竞争力,参与全国甚至全球市场的产业竞争。[①]

3. 产业转移效应

大量的集群研究文献认为,依托某种集群的企业,由于集群的地域集中性和要素根植性,一般无法擅离本地。然而,任何经济组织都不是一个封闭的系统,随着全球经济一体化进程的加快,产业活动的分离和整合日益在更大的空间内上演,区域经济发展已纳入全球框架。因此,作为相邻集群的发展演化,也随着经济一体化进程的加速而开始出现融合或转移的现象。我们把相邻集群的这种产业融合或跨区域转移现象称之为产业转移效应。

我们知道,随着市场交易半径的伸延,交易的成本费用也会相应递增,如供给和需求信息的采集成本、产品的运输成本、签约履约过程的商务差旅成本,都会随供求双方地域空间距离的增加而增加。当交易费用的增加使交易剩余为零时,交易过程就会停止。因此,当相邻集群之间外部经济的差异以及区域之间生产要素比较优势的差异产生时,相邻集群之间就会产生比较效益,根据区域比较优势理论的观点,此时产业在效益高的区位形成集聚将获得更强的竞争优势,因此,将生产相同系列产品的相邻集群进行整合,使之向效益更高的集群流动,不仅可以利用不同地区的比较优势,合理调整产品结构,使其能够满足更多的市场需求,提升产业整体竞争力,而且可以进一步拓展市场空间,提升综合竞争力,实现相邻的优势集群自身的持续发展。

进入21世纪后,企业投资区位选择的首要因素不再是各项优惠政策和廉价

① 参见张明龙等.台州制造业发展研究[M].北京:群言出版社,2005:209-211.

的资源供给，而是产业本身的配套环境。因此，当某一产业具备良好的外部配套环境时，能够产生巨大的吸附作用，可以源源不断地吸引相关的企业加入到这些区域寻求最大的商业利益，甚至那些高附加值的产业链环节也会转移到这些区域之中，从而实现整个产业的跨区域延伸发展。相邻集群的产业转移效应日益显现。这一点从台州小商品业集群的衰落和义乌小商品集群的兴盛就可以看出。一方面，由于义乌小商品市场的地理优势突出，商品种类繁多，客流量大，辐射面广，具有台州所不能比拟的小商品集聚优势。另一方面，由于义乌在市场建设、管理体制方面比较成熟，基础设施又相对较完善。因此，很多原先在台州地区经营小商品业的厂商纷纷离开台州转向邻近的义乌地区谋求发展。

三、产业集群的嬗变模式

（一）集群嬗变模式概述

在集群的演化过程中，由于集群内部结构或外部环境的变化，常常会发生从一种集群类型向另一种集群类型更替。鲁开垠（2006）将其分为反向更替和正向更替。所谓反向更替，是指由于产业集群的发展与环境不相容，导致了环境条件恶化，从而使集群趋向退化、消亡的过程。正向更替是指由于产业组织的成长环境条件的改善，集群不断的从原来初级阶段向更高级阶段演进的过程。集群的正向更替是产业素质不断提高、产业发展的环境条件不断优化的结果。近年来，随着产业集群的不断演进，一些地区（如温州）产业集群内部的行业结构也发生了巨大的变化，其中最大的变化就是从过去单纯的专业化向相对综合化方向发展。可见，随着产业集群的扩散，各集群的边缘除了交叉和融合的迹象，集群的边缘效应已初步显现（朱康对，1999）。我国学者对于这一问题的研究比较深入的首推江浙学者，他们在经济学的基础上，结合社会生态学的观点对本地的产业集群的发展演化状况作了较为深入的研究。

大多数现代演化经济学家认为制度或组织具备选择单位的条件，“社会结构的演进，是制度上一个自然淘汰过程。”从国内外产业集群形成的条件上看，无不是自然选择的过程。集群在生成之后若要进一步的发展，则必须保持集群持续的竞争优势。竞争优势的持续力是一种持续的改善和自我提升，这种持续的改善和自我提升通过创新行为实现。产业集群的成长模式也是随着产业集群创新结果的不同而产生的不同形态。从本章前面对于单个集群与相邻集群两种不同的演化视角的讨论，我们可以把产业集群的成长模式归结为四种模式：发展型、停滞型、衰败型、转移型。对于一个具有竞争优势的产业集群而言，稳定发展是常态，一个集群大部分时间都处于这一常态中。当集群发展到一定阶段后，由于外部环境的改变和集群内部矛盾的积累,集群的竞争优势会逐渐丧失,这时就会出现暂时性的衰退,此时,如果集群不能够实现创新,则可能长期处于低级形态的集群模式,甚至由衰退走向消亡。相反,如果集群能够在竞争压力和协作的推动下,加快提升生产要素层次、研究市场需求趋势以及完善相关和支持性产业,则可能实现集群的创新性发展,创造出新的竞争优势(如图2-8所示)。此外,当一个集群由于市场需求、制度及政策、生产要素资源等因素的影响,而本地发展受限制时,集群就会出现一种迁移行为,转至适合其发展的地域谋求新的竞争优势,从而使集群演化再次步入稳定发展的常态。

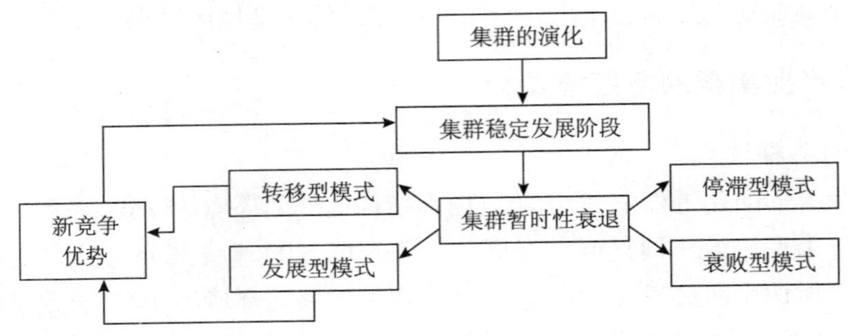

图2-8　集群演变模式示意图

(二)发展型模式

发展型模式的产业集群,是指集群发展进入成熟阶段以后,伴随着完整的、配套的产业链体系的形成,核心企业的创新能力不断加强,相关企业的产业分工更加明确,各企业之间在竞合机制的良性发展中,形成了一个坚实、稳定、密切的本地创新网络,在共同的社会、经济、文化背景下继续朝着健康、平稳的轨道上运行的集群演化模式。

发展型模式的产业集群在演化特征上具有以下显著的特点:

首先,从动力机制上看,发展型集群的良好发展态势表现为其内外圈层各要素的相互配合与协作,企业之间、相关组织和地方政府等因素对于集群的演进形成了积极的、互动的良性循环,较为全面地推动了整个集群的健康发展。作为核心层的主导产业(企业),通常具有较大的资产规模,它们往往是最终产品的生产组织者,直接面对群内外同行企业的竞争,它们的技术创新行为具有决定性意义,来自核心层的原动力决定了整个集群的发展方向。对于内部圈层的互补企业和相关企业来说,围绕主导产业(企业)所开展的分工与合作进一步深化,使得集群内部的分工组织体系得以日益完善,而且这一模式中集群内部的组织学习能力较强,可以开展有效的互动学习,确保了核心层的创新源泉能在不同层面上扩散开来。而作为集群内的中介服务机构所提供的服务种类和内容也随着产业集群的发展而不断深化和拓展。政府服务比重呈现不断下降趋势,而私人企业服务和合作服务比重不断上升。发达的集群服务体系可以向群内企业提供资金、设备、技术、信息、市场、法律、财务等各种服务,推动群内企业能够在比较优越的环境下不断演进。而在竞争者压力内化这一动力机制作用下,激烈的市场竞争和集群企业经营风险可以得到不断的弱化,集群内企业能够及时调整竞争策略,缓和矛盾,规避风险,从而有效促使集群合理、有序发展。

其次,在集群竞争力上,产业聚集增强了竞争,竞争也同时提升了集群的竞争力。相互的竞争会给群内企业带来一定威胁。然而,如果能够正确的看待这种竞争,那么竞争就会有助于企业增加持久的竞争优势以及改善所处产业的结构。群内企业的竞争行为作为一种动力机制,不仅增强了企业的市场活力,同时也提升了集群的整个竞争力。在发展型集群中,集群在各种动力机制的多重作用下,使得竞争模式从单一的竞争,转向了竞争与合作,这种竞合机制有效地把竞争与合作有机的结合起来,是一种以共同实现经营目标为核心的"双赢"式的全新竞争理念。比如在发展型的集群中,企业的技术研发不仅仅局限于单干,往往可以通过技术合作开发、有偿转让等途径来实现,此外,人才交流、产业关联、信息共享等方面都是集群竞合机制下竞争力提升的有效方法。

再次,在产业链结构方面,产业集群产业链结构演进包括横向演进和纵向演进两个方面。横向演进是指集群最终产品的产品线宽度、深度、长度不断提高的过程。纵向演进是指上下游产业不断聚集于集群的过程。发展型集群在产业链的演进过程中,无论是横向演进还是在纵向演进过程中表现出不断深化、细化、强化集群优势的趋势。如温州柳市低压电器集群内,随着低压电器产品日趋饱和,不断拓展产品线,已从低压电器产品延伸到高压电器,从元件电器拓展到高低压成套电器,集输电、变电、工业控制电器等产品制造于一体,形成了比较完整的电器横向产业链。再如广东中山古镇灯饰产品集群,随着灯饰产品生产规模的不断扩大,生产灯饰所需要的塑料、玻璃、钢管、电器等产品生产企业纷纷迁入古镇。这是集群产业链纵向演进的典型一例。

(三)停滞型模式

停滞型模式的产业集群,是指集群发展到一定规模后不再向前发展,由于"搭便车"、知识产权保护不利等因素,集群企业创新动力不足,产品质量停留在原有水平,市场容量无法继续扩大,集群没有通过技术和产品升级发展到更高层次,长期处于徘徊不前状态的集群演化模式。

停滞型模式的产业集群其演化特征的主要表现为:

第一,从动力机制上看,停滞型模式表现为集群内外部的组织关系的较为固化、迟滞。在核心层中,主导企业(行业)由于创新产权归属不明确、激励作用不明显等因素,导致缺乏创新动力,核心层原动力供给不足。在内圈层中,互补性企业、相关企业的发展态势良好,由于集群内部分工的深化和专业化生产的加强,使得内圈层中企业的联系更加紧密,但是作为核心层企业的自主创新动力不足,使得这些企业的学习和模仿创新往往只能停留在原有水平上而不能得到进一步的发展。而外圈层中,集群发展所需要的公共物品性质的资源(如土地、道路交通、通信设施、劳动力市场、物流中心、技术研发中心等)供给不足,由于具有公共物品的性质,单个企业是不愿提供的,而作为政府机构、行业协会以及其他公共服务机构对此的供给又相对滞后,就造成了集群演化外部推动力的不足。同样,对于竞争者压力内化上,集群企业缺少对于外部竞争的应对机制,没有很好的化解这种压力使之成为促使自身发展的动力。

第二,在集群竞争力上,停滞型模式集群的竞争优势表现为徘徊不前。我们知道,产业集群的竞争力直接表现为集群的持续创新能力,群内企业只有不停的进行制度和技术创新,才能保持自身的竞争优势。然而,在停滞型模式下,由于对于创新的预期和成本的存在,集群企业的创新大多停留在模仿创新阶段,缺少具有自主知识产权的自主创新。这种创新方式在区域产业发展初期对提升技术水平有很大帮助,但是容易形成对技术模仿的依赖效应。整个集群会陷入一个等、要、靠的状态,造成产业结构、产品层次提升滞后,不利于集群竞争优势的进一步提升,也不利于整个产业的发展。

第三,在产业链结构方面,产业链结构的演进能使集群更好地满足市场需求。在停滞型模式下,产业链结构的演进表现为一种横向联系和纵向联系发展的迟缓性。也就是说,在集群发展进入稳定时期后,无论是集群规模的扩张,或是专业化分工的深化,还是上下游企业迁入集群等行为,都表现出一种相对的停滞不前,安于现状的局面。在产业链的横向演进方面,由于原有的集群赖以成长的技术模仿的普遍存在,集群内不同企业最终产品差异性小,产品结构单一,又缺乏自主创新的能力,造成集群发展陷入停滞状态。在产业链的纵向演进上,由于集群内资源的相对饱和程度以及公共服务机构的支撑不足,使得上下游企业进驻集群的成本骤升,入群速度趋于放缓。如在台州杜桥,与眼镜制造相关的镜片、镜架、绒布、眼睛盒、电镀、包装等,都集中在方圆几十公里的范围内,各种配套运输不超过半小时。仅在杜桥镇,与眼镜制造业相关的企业达600多家,形成了以杜桥眼镜专业市场为载体的产业集群。但是近年来，杜桥的眼镜制造业产品却大都停留在低档次、低水平的太阳镜上，而作为拥有眼镜市场半壁江山的光学眼镜产品却鲜有发展，大多依赖于外地市场的进口。

（四）转移型模式

产业集群的转移型模式有别于产业转移。产业转移是指由于资源供给或产品需求条件发生变化后，某些产业从某一地区或国家转移到另一地区或国家的一种经济过程。它常常以相关国家或地区间的投资、贸易以及技术转移活动等形式表现出来（陈建军，2002）。而转移型模式的产业集群，是指伴随着集群发展壮大，由于自身扩张的需要或者集群所处的本地优势逐渐消退，使得集群赖以存在的竞争优势趋于弱化，从而使集群中的各类厂商、中介服务机构等组织开始部分或整体性地迁出集群，移至其他地区谋求更好发展的集群演化模式。

转移型模式的产业集群在演化特征上的显著特点主要有：

首先，从动力机制上看，转移型模式集群内外部的联系表现出了高度外向性的特点。在核心层中，主导产业的企业群在集群优势不再或发展受到制约的情况下，就会表现出一种向外扩张或发展的驱动力，促使自身向外谋求发展。在内圈层中，由于相关企业的生产与合作往往都建立在与主导产业、核心企业密切的联系之上，在核心层企业外迁倾向作用下，往往会表现为一种跟随效应，与之共同外迁发展。而集群外圈层对于集群发展的支持又不够，在资源获取紧张、集群过度拥挤、政策扶持不足等因素的共同影响下，客观上也造成了企业向外迁移的趋势。而随着市场竞争的加剧，产业结构调整速度加快，企业在追求经营资源的边际效益最大化以及企业成长的需要等因素的压力下，驱使企业把这种外部压力转化为自身发展的迁移上。例如，近年来，浙江能源、土地、水以及人才等生产要素匮乏对经济发展的制约日益显现，“块状经济”的稳定性开始受到挑战，当龙头企业为追求新的发展空间不得不外迁或部分外迁时，块状经济的其他组成部分也随之发生了空间上的演化，纷纷紧跟其后迁移而去。

其次，在集群竞争力上，转移型模式的产业集群的竞争优势主要表现在集群内部组织联系的紧密性上。集群转移有扩张性转移和撤退性转移之分，前者是集群主导产业出于占领外部市场、扩大产业规模的动机而进行的主动的空间移动，后者是集群衰退性产业迫于外部竞争与内部调整压力而进行的战略性的空间迁移。无论是集群企业面临过度拥挤带来的资源短缺或者核心企业扩张造成的发展瓶颈，还是由于集群衰退，竞争优势减弱，集群内部的主导企业群和相关企业群、互补企业群，都会表现出一种比较协调一致转移的倾向，因为他们之间所存在的专业化分工和配套协作，呈现出了“你中有我，我中有你”的高度关联性,这正是集群整体竞争优势的表现。正是基于此,集群内部的创新机制并没有丧失,从产业发展角度看,集群转移是区域间产业竞争优势消长转换而导致的产业集群区位重新选择的结果,是产业发展过程在空间上的表现形式,即产业演化的空间形态转化(陈刚、陈红儿,2001)。

再次,在产业链结构方面,转移型模式表现为对产业链活动和产业链整合的空间上的转移和优化。在产业链结构的横向关联上,呈现出同质性企业的"自然选择"的过程,即对这些企业中去粗取精,优胜劣汰的过程。同时在客观上形成了群内企业高度弹性专精的生产模式。而在纵向关联上,市场是集群企业转移的风向标,当集群的主导产业或企业群开始迁出本集群时,上游企业产品生产也会随之跟进。也就是说,当产业链中的某一环节需求发生变化时,必然会影响到上游环节产品的需求,从而波及整个集群内的需求。这种通过群内主导产业或核心企业的转移所带来的产业链上的连锁反应,也可以认为是集群中上下游企业之间之间具有"协同效应"。如温州鞋业巨头奥康集团,2004 年在重庆璧山县建立"西部鞋都",来自浙江的数十家鞋业企业也相继尾随入驻园区,它们都是当地年产值超亿元的大型企业,还有相当部分鞋机、鞋底、印刷包装、职业技术教育等鞋业配套企业,这无疑对"西部鞋都"鞋业产业链的形成有着举足轻重的作用。

(五)衰败型模式

产业集群的衰败型模式,是指在集群进入稳定发展阶段后,由于集群内外部因素的共同作用,导致维系集群生命力的持续创新不再,群内企业恶性竞争加剧,集体效率优势被不断削弱,导致集群集聚力下降,群内企业外迁,规模趋向萎缩,集群企业的竞争力下降甚至丧失的集群演化模式。

衰败型模式的产业集群其演化特征主要表现在:

首先,从动力机制上看,衰败型模式的产业集群在内外部联系上表现为一种集群关系僵硬、固化的特点。在核心层中,主导产业或核心企业群的创新行为被过度竞争,恶性竞争行为所破坏。群内缺乏创新氛围,集群失去了赖以生存的创新动力和能力。在内圈层中,集群的路径依赖效应使得集群企业之间的关系表现为一种不断强化最初选择的现象。互补企业、相关企业对于主导产业的配套,以及同行之间的竞争,表现为形式僵化、缺少交流、互动衰竭。企业大量迁出或破产,直接导致了内圈层互动力的消失。而作为集群发展所需要的来自外圈层的支持也表现出一种无序状态。政府部门缺乏对于维护市场公平竞争的各种法律、法规等的执行力度,公平、公正的市场竞争环境受到严重侵害。在引导、加强、规范集群企业的恶性竞争行为上措施不当。行业协会、科研机构以及其他公共服务机构所起的推动力不足。而集群内的企业在面对内部创新动力匮乏，行业结构趋同化所带来的空前压力时，没有能够很好地化解风险，造成集群企业低水平、低价格的恶行竞争，产生“柠檬市场”。浙江永康保温杯生产的盛极而衰便是一例。

其次，在集群竞争力上，由于知识共享所产生的效应表现出了双重作用，一方面集群组织知识的溢出是集群竞争优势取得的重要途径；而另一方面组织知识的“搭便车行为”的存在，造成集群组织知识开发和创新的停滞。在衰败型模式下，集群内企业“搭便车行为”盛行，导致企业间的恶性竞争愈演愈烈，从而使集群内部知识积累和创新停滞，企业对市场的灵活反应能力下降，集群竞争优势逐渐被削弱。整个集群开始老化，竞争力下降，伴随而来结构性风险、周期性风险、网络性风险等都会对集群甚至整个区域经济带来致命打击。

再次，在产业链结构方面，衰败型模式的产业集群表现为产业链结构的僵化和解体性的特点。在产业链结构演进的横向关联上，由于同质性企业的大量存在，产业结构同化现象严重，致使产品的差异性降低，导致了群内企业的过度竞争的大量存在。同时，企业为了保证赢利，又不得不通过偷工减料来降低成本，导致产品质量降低，市场需求萎缩。这极大地破坏了集群的竞争优势。造成横向关联上的效率缺失。在产业链结构的纵向关联上，由于信任强关系的存在，使得企业在明知与外部网络交易可能更有效的情况下，仍深陷入了关系性依赖的路径，上下游企业之间的合作与分工僵硬化、单一化，缺乏建立新联系的勇气和动力，致使其无力摆脱内部强有力的网络规则约束，导致成员间交易互相锁定现象的发生（林竞君，2005）。如美国著名的汽车城——底特律，由于通用、福特、克莱斯勒三大美国本土大公司的傲慢自大、缺乏远见和判断失误等原因，造成底特律的汽车产业集群创新优势不在，产业结构的固化等，从而未能经受住全球汽车工业危机的冲击，如今已衰落成为问题成堆的“没落产业区”。

本节分析，可以得出如下简要结论：

本节主要论述了产业集群的演化发展和成长模式。我们首先回顾了单个集群演化成长的主要内容，从集群的生命周期视角和经济学最优规模的视角简述了集群的演化过程。其次，本节从浙江邻近地区产业发展同构比较普遍的现象出发，提出了基于邻近地区相同或相似的产业集群相互作用下发展演化的模式，称之为“相邻集群”的演化成长。并对相邻集群的概念、演化机制及其演化效应等作了具体的阐述。研究结果表明，相邻集群的演化成长与单个集群演化机制比较，其显著差异主要表现在由于相互作用机制的存在，使集群演化会出现市场分层、空间挤压和产业转移等效应。最后，结合以上两部分的论述，提出了产业集群的演化成长的四种不同模式:发展型、停滞型、转移型、衰败型。并结合案例对其各自的演化特征从动力机制、竞争力、产业链结构等方面进行了多角度的考察和描述。

第四节 相邻集群演化与嬗变的案例分析

在浙江省北部的嘉兴地区,分布着两个相邻的羊毛衫产业集群——“中国羊毛衫名镇”——桐乡濮院和“中国羊毛衫之乡”——嘉兴洪合。两个集群在地理位置上十分邻近,相距仅约数公里,紧邻320国道,到上海、杭州及苏州等大城市均十分便利,交通区位优势十分明显。在产业相同,又无先天自然资源禀赋条件下,发展轨迹和模式却呈现出了截然不同的一面:前者规模更大、名品多、产品质量佳;后者以出口外贸为主,名品少,产品档次低。本章试从两地产业各自的发展演进过程及动力机制特点出发,对比和分析相邻地区的同类型产业集群(以下简称相邻集群,下同)出现较大反差的原因,并为相邻地区产业集群的发展提供些许有益的思考和启示。

一、濮院羊毛衫产业集群发展演化的案例分析

(一)濮院羊毛衫产业集群概况

1. 濮院羊毛衫产业集群的区位

中国羊毛衫名镇——濮院,是桐乡市的经济重镇,作为浙江省小城镇综合改革试点镇,也是浙江省、嘉兴市、桐乡市农业和农村现代化教育试点镇,率先步入基本实现农业和农村现代化的行列。它曾是中国历史上著名的“江南五大镇”之一,是名扬海内外的“中国濮绸”的发源地。地处沪苏杭金三角地带,距上海127公里、杭州65公里、嘉兴18公里,交通便捷,地理位置得天独厚。

2. 濮院羊毛衫产业集群发展现状

濮院的羊毛衫产业产生于20世纪70年代,形成于80年代,发展于90年代。经过30年的发展,已经形成了一个以毛衫工业园为生产基地,以羊毛衫市场为销售平台的产销一体化网络,市场还建有毛纺原料市场、毛纱市场、辅料市场、物流中心、客运中心、卸货中心等配套设施,设立了一个省级毛针织品检测中心,总投资超6亿元。由大型会展中心、世贸大厦、金贸大厦和濮院国际贸易中心等建筑群组成的中央商务区,也已初展雄姿。可以说,在濮院,一个从原料采购、产品加工生产到市场销售、产品运输等一条龙式的完善的产业

分工合作网络已凸显,产业集群的竞争优势明显。

濮院的羊毛衫市场建立于1988年,经过近20多年的发展,现已成为全国最大的羊毛衫集散中心、管理规范的大型专业市场。市场现有交易区13个、4个配套市场、经营商铺近万间,货运中心年出货量达31.8万吨,每年有4亿多件毛衫销往全国各地,并远销日本、法国、韩国、意大利、英国、俄罗斯、南非、中东等国家和地区。2010年度,濮院羊毛衫市场成交额达133亿元,是全国最大的羊毛衫集散中心,羊毛衫产销量达12亿多件,占全国总量的40%以上。① 也就是说,平均全国每人有一件濮院毛衫。2002年,濮院被中国纺织工业协会和中国毛纺行业协会授予"中国羊毛衫名镇"的荣誉称号。

(二)濮院毛衫业集群的发展演化轨迹

羊毛衫产业自70年代中期起步,经过扩张、调整,目前进入提升阶段。各个阶段具有不同的特征。

1. 萌芽期(20世纪70年代中后期~1988年专业市场建成前)

1976年,桐乡县二轻总公司下属的濮院弹花生产合作社购置了三台手摇横机生产膨胀纱。次年生产丙纶衫和羊毛衫,取得很大的成功,产值、利润急速上升。于是弹花社不再弹棉花而是专门生产羊毛衫,并与濮院印染合作社合并成立了桐乡县第一针织厂,开始了濮院羊毛衫的生产。② 手摇横机体积小、操作简单、售价较低且可单人操作,因此,行业进入门槛低,十分便于联户、单户或个人生产。由于当时国内经济尚处于短缺经济年代,人们对生活消费品的需求持续旺盛,羊毛衫需求也同样如此。于是在丰厚利润的刺激下,人们纷纷效仿和跟随,建立起了家庭作坊式的小工厂。在1988年以前,当时的羊毛衫生产主要还停留在较低的技术和质量要求上,以摆地摊、上门推销等简单的销售方式为主的劳动密集型手工生产状态,形成了濮院羊毛衫业发展的基础和雏形。

2. 成长期(1988~1994年)

1988年,在市场需求的带动下,凭借优越的交通地理优势,濮院镇一批有识之士共同集资,在镇区南侧320国道旁建起了一个占地4300多平方米的50多间营业用房的简易羊毛衫交易市场。此举揭开了开发建设濮院羊毛衫市场的序幕。

1992年,苏南与浙江、东北一带羊毛衫加工业异军突起,濮院居于羊毛衫区

---

① 濮院羊毛衫市场:磁铁效应[Z].浙江民营经济网,http://www.zjmy.net/Zazhi/Show.asp? ID=22484

② 参见陈兴萱主编.濮院镇志[Z].上海:上海书店出版社,1996:162-163.

域经济中心，且具备了一定的发展基础。桐乡市政府、濮院镇政府抓住机遇，把开发建设濮院羊毛衫市场作为发展第三产业的主要经济增长点，集中开发建设市场。在短短3年时间里，桐乡市有21个单位在濮院投入了近亿元的资金，开发了10个羊毛衫交易区，建成了营业用房3000多间。市场销售的产品以桐乡及周边地区千余家羊毛衫企业、家庭作坊的羊毛衫为主，批零兼营。同时吸引了上海、杭州等大中城市及东北、西南等地客商，濮院羊毛衫名播四方。

3. 调整期（1995～1998年）

1995年后，随着国内短缺经济时代的结束，许多工业品供过于求，供求的结构性矛盾加重，客观上影响了羊毛衫产业的生产和销售。同时由于相邻的洪合羊毛衫市场的存在，产业同构、产品同质使得市场竞争愈演愈烈，这样的竞争使产品的价格日趋下降，生产企业盈利骤减，产品质量大大下降，假冒伪劣产品层出不穷，使得市场的信誉严重受损，加之当时地方政府管理比较松散，对市场的监管力度不足，束缚了市场的健康成长。一些市场经营户不满工商管理部门的较高的税费，纷纷离开了濮院市场转而投向了邻近的洪合羊毛衫市场。因此市场一度陷入低迷期。

4. 提升期（1999年至今）

1999年以后，扶持市场发展、壮大第三产业、带动区域经济的更快发展，成为濮院毛衫业集群摆脱产业发展困境的普遍共识。基于这一认识，桐乡市政府加大了对市场的扶持和管理力度，成立市政府直属的羊毛衫市场管委会，长年进驻濮院市场。为适应市场需求，1999年6月，以1～3区门面改造为标志，管委会全面启动市场改造工程，投入800万元将国道两旁的上千个门面装饰一新，引进各地名牌开出“精品一条街”，产品走向高档化，和东华大学合作成立了科技开发中心、信息发布中心，同时筹建股份公司，探索市场规范化运作之路。这一切都预示着产业定位、市场品位得到了全面提升。2000年3月，建设毛衫工业园区的决策应运而生。使得专业市场销售与本地集聚生产的联系更加紧密，进一步确立了中国羊毛衫生产—集散中心的地位，产业群呈现出全新的发展动态。尤其是“十一五”期间，管委会和各产权单位共投入资金将近20亿元，用来改造、提升羊毛衫市场，顺利实现了由室内市场向商场市场的转型，优化了交易环境，调整了贸易结构，拓展了市场发展新空间。

（三）濮院毛衫业集群发展的动力系统解读

1. 核心企业学习示范效应明显，品牌发展战略强力牵引

根据集群学习原理，在产业集群中，占少数的大企业成员在学习的活跃程度和学习效绩上明显优于其他企业，他们主导了整个集群的学习过程，带动了整个

集群的学习进程和大小，起到示范作用，产生了知识的外溢辐射效应。[①] 截至2010年，濮院羊毛衫行业中，拥有规模以上企业近400家，还有中小散户、加工企业4000多家，形成了以400家大企业为核心，带动4000多家中小加工企业共同发展的格局。[②] 通过学习创新，濮院毛衫产品实现了原来的保暖型向时装化的转变，每年都有新的原料在濮院问世，从冰麻、天丝、丝光棉、海岛棉到各种天然混纺织物，款式、环保和舒适性已成为人们的首选。濮院在针织服装后整理方面的抗起球技术、柔软化技术和环保技术已是国内领先，可以使羊毛衫的质量达到国际标准，应对WTO规则下的技术和绿色壁垒。今年初，浙江雀屏有限公司开发出了羊毛织物抗静电整理和针织品免烫整理技术，这两项技术一发布就找到了合作伙伴并运用到了毛衫生产上，并推向了市场。目前，雀屏公司正在与东华大学合作，创办浙江毛衫染整技术科技创新服务中心。

同时，集群中的核心企业意识到品牌对于产品的重要意义。如果没有一群突出的强势品牌带动，大家竞争的手段只能局限在款式、面料、价格等，整个产业链的盈利水平很难有大的提高。濮院羊毛衫企业从提高产品附加值入手，提高自主创新能力，打造自己的品牌。涌现了浅秋、褚老大、澳洋纯、雀屏、美多姿和赛兔等一大批羊毛衫行业知名的品牌。羊毛衫企业和经营者在积极地创自己的品牌的同时，皮尔·卡丹、华伦天奴、鳄鱼等国际名牌以及恒源祥、珍贝、春竹、波司登等全国知名品牌也纷纷落户濮院市场。使濮院成为中国毛衫行业的品牌建设基地。羊毛衫企业和经营者不为低价竞争所动，在积极地实施着自己的品牌战略。毋庸置疑，这些大企业成了濮院羊毛衫产业发展创新的带头人，积极推动着整个集群向前发展。

2. 企业间分工合作网络成熟，竞争—合作机制有效助推

中小企业在接受大企业的技术溢出和学习示范效应带动的同时，产业链的结构演进也呈现出了良好的发展态势。在企业垂直联系上，毛衫生产商或贸易商是产业网络中的重要成员。由于毛衫生产商或贸易商基本上负责从接单、原料采购、组织生产、质量检测等一系列活动，需要协调与各类专业供货商、加工户等的关系，是一种多向且复杂的垂直联系。首先，从原料供应方面，由于毛衫用料品种较多，变化快，一家原料销售商几乎不可能具备企业所要的全部原料。因此，规模较大的生产企业或接单较多的贸易商会与几家数量较多、类别不一的原

① 徐立．传统产业集群的学习行为及其绩效研究——以中国羊毛衫名镇与羊毛衫之乡为例［C］．第五届产业集群国际学术研讨会论文集．北京大学，2006－07．

② 濮院镇统计中心．濮院镇工业企业统计资料汇总［Z］．2006－11．

料供货商保持相对固定的联系，以保证原料的质量。其次，在毛衫外包方面，由于利用加工户生产成本较低，毛衫生产商或贸易商一般普遍采用毛衫编织、包缝等工序的外包，以减少成本，降低风险。由于本地区域空间范围相对狭小，企业之间很容易相互了解，很多生产商或贸易商都建有涉及专业加工户的重要信息的数据库，对加工户的机械型号、加工能力、加工质量等信息都十分了解。在接受订单后，很容易找到合适的加工户进行生产。对于加工产品的质量的控制，往往会采取打样认证、上门技术指导、严格检验等方式进行确认。这样一来，规模小的企业、加工户可以进入到大企业的国际劳动地域分工体系当中，同时有利于技术创新和产品质量的提高。

在水平联系上，多数同类型的企业保持着良好的合作关系。一般来说，水平合作程度较高的企业往往是产品具有互补性，或是相互之间基于血缘、亲缘等具有较近的社会关系。此外，企业由于规模、技术上的劣势，往往也会采取技术合作、交流等方式共同来解决生产中面临的困难。当然同行之间除了合作，更多的是竞争。由于市场机制日益成熟，企业在产品和市场方面的分工细化，相互之间的竞争逐渐有序化。不再单纯地依靠价格优势，而是从提高产品质量、扩大品牌知名度等方面下工夫。从而使得产业集群内部的竞争环境优化，合作互动深化，进一步加快了集群平稳、有序地发展。

3. 地方政府产业政策的持续支持，产业集群与专业市场互动发展

地方政府对于羊毛衫产业的蓬勃发展的作用，主要体现在有效监管、合理引导和完善服务三方面。面对 20 世纪 90 年代中期濮院羊毛衫产业质量低下，信誉缺失的情况，桐乡市政府，及时加强监管，成立市政府直属的羊毛衫市场管委会，长年进驻濮院市场。确立了“质量立市”战略，使产品质量和产品竞争力有了大幅度提高。市场管理部门实行市场管理与服务相结合、正面引导与查处典型案例相结合的工作方法，扶优扶强、打假治劣，确保市场规范经营。工商、质监部门积极引导企业主和经营者走品牌型、精品型之路，摆脱原有小规模、低水平的竞争，羊毛衫生产由过去的中低档为主向中高档转型，由单纯符合产品质量向满足不同需求的多样化产品转型，企业也由过去借牌生产、加工生产，发展到创自有品牌。按照国际惯例，濮院市场还搭建起了第三方产品检验检测服务平台。

羊毛衫区域生产优势是濮院羊毛衫市场快速形成和发展的重要依托，市场的发展又极大地推动了羊毛衫生产业的发展。针对濮院市场销售产品以外地产品为主，“买全国货、卖全国货”的特点，桐乡市政府认为，濮院羊毛衫市场作为全国最大的羊毛衫集散中心，必须要有自己的生产基地作为依托。2000 年 3 月，建设毛衫特色工业区的决策应运而生。工业园区以生产羊毛衫、针织服装为

主，并辅以毛纺、印染、缩绒、后整理等产业。经过10年来的开发建设，已成为我国针织产业集聚度高、产业特色鲜明、产业链紧密的毛针织服装特色产业基地，已被列入省级开发区。

4. 大学、科研机构与企业联姻，产学研联合体系成效显著

在濮院，企业与大专院校、科研院所的合作比比皆是，成为推动濮院毛衫产品的转型和产业升级的又一重要因素。濮院羊毛衫市场先后与东华大学、浙江大学、浙江理工大学以及北京、江西的服装学院等14所院校合作，组建形式多样的技术服务体系和信息化平台，为毛衫企业提供毛针织技术产销研方面的咨询与服务，带动产业的全面升级。同时，积极引进创意设计团队，开展毛衫创意设计，目前已引进创意设计企业16家及40余家设计师工作室，为产业集群地输入了大量可持续发展的智力资源，引导本地针织服装企业树立精品意识，培育自己的品牌，使濮院针织服装业逐步从原来的"借船出海"过渡到"造船出海"，真正走上外向型、技术型、品牌型的发展道路，努力把濮院锻造成国际针织服装的技术与信息中心。

二、洪合羊毛衫产业集群发展演化的案例

（一）洪合羊毛衫产业集群概况

1. 洪合羊毛衫产业集群的区位

嘉兴市秀洲区洪合镇地处经济繁荣的长江三角洲杭嘉湖平原，是全国名闻遐迩的羊毛衫之乡，全镇总面积57.23平方公里，人口4.6万人，其中常住人口2.6万人，是全国著名的大型羊毛衫生产、加工、批发、出口基地。洪合羊毛衫市场地处320国道的嘉兴段，交通极为便利，沪杭、乍嘉苏高速公路交叉而过，距上海虹桥机场、浦东国际机场、杭州萧山机场均为1小时路程内。

2. 洪合羊毛衫产业集群的发展现状

羊毛衫业是洪合的一大特色产业，这一产业起步于20世纪70年代中后期。经过近30年的发展，羊毛衫已遍布全镇各个村落，辐射周边许多乡镇，一条分工协作、极具规模的产业链已经铸就，一个以洪合为集散、经销中心，周边地区为配套、加工场所的毛衫产业带已经形成，成为秀洲区乃至嘉兴市的一大区域特色经济。目前，洪合镇有一定规模的羊毛衫生产企业130多家，个体加工户近4000家，与之相配套的印染企业30多家，成为国内规模较大的生产基地。

洪合羊毛衫市场也始建于1988年。经过20多年的发展，洪合羊毛衫市场现已形成了两大专业销售市场、四大加工区域，即精纺区、粗纺区、毛纱区、综合商贸区和与之相配套的货物联托运中心，构筑了一条分工协作、极具规模的产业

链。如今,整个市场占地面积已达318.8亩,拥有固定资产1亿多元,门市部近4000间。2010年度,洪合羊毛衫市场成交额达36.3亿元,其中出口贸易额达11.6亿,占32.0%。羊毛衫产业在洪合镇的经济总量已经占据85%的份额,是名副其实的支柱产业。年产毛衫3亿件以上,成为全国大型的羊毛衫集散基地之一。2000年度被省工商局授予“二星级文明规范市场”称号。

(二)洪合毛衫业集群的发展演化轨迹

羊毛衫产业自20世纪70年代中期起步,经过扩张、衰退,目前进入调整阶段。各个阶段具有不同的特征。

1. 萌芽期(20世纪70年代末~1988年专业市场建成前)

洪合羊毛衫产业发展于20世纪70年代后期,几名来自上海的知青在洪合镇泰石桥村办起了第一家针织厂。生产的羊毛衫主要销往上海、杭州等大城市,效益很好。由于技术要求不是很高,厂里的职工下班回家后往往会在家里利用手摇横机织上几件,拿到杭枫公路(320国道的前身,杭州到上海的枫径)上去叫卖,每件衣服能赚28元(而当时一个月的工资大约也只有30多元)。[①] 这样的冲击、这样的收益对任何人来说都是无法抵挡的,从此,洪合镇的男女老少纷纷开始学起了纺织羊毛衫的工艺。在技术传播的简易性、生产工具的简单性和相互学习的便利性带动下,千家万户的家庭工厂如雨后春笋般涌现在洪合镇上。

2. 扩张期(1988~1995年)

1988年,凭借天时、地利的优势,洪合羊毛衫市场也应运而生。经过两三年的积累,1992~1994年这三年中,洪合羊毛衫产业迎来了千载难逢的发展盛况:羊毛衫销售兴旺到令人无法想象的地步。借助北京雅宝路、乌鲁木齐、绥芬河这些面对俄罗斯的市场全面繁荣,洪合羊毛衫像乘坐火箭一样一飞冲天。在这样的背景下,农民丢下锄头,抛弃蚕桑,操起横机,呼呼地拉起羊毛衫来;教师扔下教鞭,远赴北京、乌鲁木齐、漠河、昆明等地,做起羊毛衫贩子来;学生甩掉书包,骑着自行车,干起分发毛纱,收发绣花这些配套工作来;党政机关、事业单位的干部、职工,也纷纷投身于羊毛衫行业,洪合羊毛衫业得以迅速壮大和繁荣。但是在这样大好的形势下,产品供不应求,集群内企业假冒伪劣现象开始出现,为洪合羊毛衫企业的迅速衰落埋下了隐患。

3. 衰退期(1996~1999年)

1996年后,洪合羊毛衫产业面临着市场需求变化的阵痛。经过前几年

① 钱云江. 谁来阻止草根的腐烂[Z]. http://blog.china.alibaba.com/blog/huying2634/article/b0-i338242.html,2006-03.

外部市场的兴盛和高度供不应求,使得集群内企业的假冒伪劣等投机行为大量滋生:衣服从染色厂刚出来,还没有烘干,就被发走了,拿到北京零下几摄氏度的天气里一冻都成了冰块;高比例兔毛做的手套,数量不够,全往里面塞粗棉纱手套;围巾从织片上出来后,拿着剪刀,咔嚓一响就是一条,不做任何拷边、穿须等配套工作;明知道衣服有破洞,有的还没套口,还没缩绒,全打包发走了。这种对产品质量的疯狂践踏和掺假伪劣行为,使得洪合镇毛衫企业的信誉一落千丈,企业一下子跌入了严重亏损的境地。而相邻的濮院市场,后来居上,迅速发展壮大,在保证质量的同时,赢得了市场的良好口碑,抢占了大量的市场份额。从此,洪合羊毛衫被挤下了第一平台,受到相邻濮院羊毛衫市场的挤压,不得不放弃中端市场,跌入垃圾满地的低端市场里自食其果。从此一蹶不振,萎靡收缩,凭着早年去北方市场闯荡的洪合人,苦苦支撑边贸经营。

4. 调整期(2000 年至今)

洪合羊毛衫产业在经历了市场发展盛衰两重天的遭遇后。企业之间的产品竞争逐渐演变成了低档产品的白热化竞争。这样的同质化竞争,且被挤入低端市场带来的直接结果,使得洪合企业经营者的唯一生存之道就是便宜、便宜、再便宜,降价、降价、再降价。任何环节都在省钱,任何成本的上涨都在抵制。一件衣服卖 0.9 美金,10 元人民币都不到,可以说这一阶段洪合羊毛衫产业的利润空间已经接近被榨干的边缘。

这一时期,集群内的企业要素间的联系开始降低,而潜力逐渐得到恢复,主体的企业开始表现出对创新的寻找和试验。洪合镇的众多企业主开始意识到当前处境的不利,于是一批在市场里经营多年的老板,积累了一定的资金基础后,都想尽早走出困境,纷纷到工业园区购买土地,建造厂房,走规模化生产之道。希望跳出低端市场,摆脱低档次的同质化竞争。然而,不幸的是,从 2003 年开始,小型工业园区的撤销合并政策以及 2004 年中央土地宏观调控政策的出台,把这批有志于二次创业的经营者挡在了门外。企业买不到地,无法建设自己的工厂。于是,有一部分人去了外地投资,比如隔壁的濮院;还有的在失去扩大规模跃上新台阶的历史机遇,纷纷转做其他投资,比如炒房产、炒期货等。

时至今日,尽管嘉兴市秀州区、洪合镇两级政府纷纷出台招商引资的优惠政策,加强对市场的管理和产品的监督。但是对于洪合羊毛衫产业的市场定位却始终难以提高,市场上交易的毛衫产品大多属于三五十元的低档产品。只有少数企业凭借优质产品和客户资源跳出了低价竞争的怪圈。整个洪合羊毛衫产业总体还在低端市场上调整徘徊。

（三）洪合毛衫业集群发展的动力系统解读

1. 核心企业同质化经营，原动力供给不足

在洪合羊毛衫集群下，大企业的学习示范效应和辐射作用不太明显。做库存，是洪合羊毛衫市场的一大特色。羊毛衫是季节性消费品，主要集中在下半年销售。由于这类劳动密集性产业生产速度比较慢，生产工艺流程较漫长，因此在销售季节来临之前，做库存是洪合人应对市场的一大举措。库存做什么款式？这是每个洪合人都关心的事情。看到同行中，经营比较好的，款式感觉不错的，就跟着做。这种做法在一定程度上有利于打开市场份额，同类产品的积聚，在抢占低档市场时，往往能起到规模效应。也就是说，当一家经营户的衣服供应不够的时候，能在别家找到相同的款式，客户不至于在经营过程中断货。这样的同质化经营模式，也让销售价格透明化，只要询问三五家经营户，合理的进货价格马上能探察明白。这种学习模式下，大企业无法发挥知识储备和静态积累的优势，中小企业盲目随意的模仿和市场内的不规范行为，又使得学习效应的结果反映在了市场内大量企业和产品的同质化、低价格竞争中，整个集群的发展陷入了原有路径依赖，摆脱不了原有知识静态积累下传统的生产模式和学习方法，因循守旧，一步一步陷入产品的低端市场而不能自拔。

2. 企业间分工合作网络完善，但互动力推进不够

洪合羊毛衫产业在市场的全面繁荣带动下，使得毛衫产业分工不断深化，羊毛衫生产达到了精细化分工阶段：纺纱，洪合建设了毛纺城，有大量纺纱企业入驻，就在镇区范围内，减少了大量的物流成本、交易成本；染色，镇北集中规划了染色区域，大量染色工厂集中在一起，集中供热、集中排放、集中污水处理，节约了大量的社会资源；织片，形成了大量的横机包头、小型加工场；套口、平车、敷料、后整理、包装、蒸烫，都有相应的集中区域，大大地降低了运作和交易成本。甚至细化到有专门的打包、装箱队伍。上下游产业间高度协同，形成了一个区域合作生产的网络。但是这样的网络结构只是停留在了低价值的低档产品生产和贴牌生产当中，产品的价值量非常低。整个生产协作网络只是一种低端的生产系统，由于网络刚性和路径依赖的存在，造成自主品牌缺失和创新不足，使得产业分工网络长期得不到进一步的发展，难以对产业的升级起到进一步的推动作用。

3. 地方政府产业引导、监管滞后，推动力支撑不够

对于洪合羊毛衫产业由鼎盛发展走向衰退，当地政府监管不力难辞其咎。

政府在市场失灵情况下，没有及时的干预和引导，对企业产品质量疏于监督，对市场经营秩序缺乏有效管理，是造成洪合羊毛衫产业发展陷入困境的一个重要外部因素。尽管当地政府之后意识到了这一问题，设立了市场管委会，开始加强监管。也出台了城乡协调发展规划，提出了“工业立镇、市场兴镇、产业强镇”的发展思路，把嘉兴毛衫城改造工程提上了议事日程，并兴建秀洲·中国针织羊毛衫特色工业园区，试图打造和催化洪合的传统产业。但这些行为，让人看了总有照搬照抄之嫌，借鉴学习濮院模式固然没有错，但是，如果不能结合本地实际，对症下药，没有创新突破，产业发展也同样难以为继。

4. 技术研发机构合作有限，创新体制僵化

创新是集群发展的源泉和动力所在。在洪合，尽管企业和政府都开始意识到了创新的重要性，实施科技带动战略，创办“3+1”科技服务体系，建立信息服务中心、新产品研发中心、产品演示展示中心和一个外贸展区，为羊毛衫产业提供极为有利的技术支持。但是这一“3+1”模式，并没有给产业的发展带来真正意义上的转变。洪合人在生产工艺上、编织工艺上、原材料等方面都进行了大量的创新，但是这些创新的目的大都是围绕着降低产品价格，为低价竞争做准备。企业与大学、科研机构的研发合作十分有限，造成集群内企业创新体制上的比较僵化，难以从根本上推动产业的进一步升级。

三、两个集群相邻演化的比较

（一）共同特征分析

首先，两个产业集群在产生和成长初期，其静态知识的积累过程十分相似。都由于羊毛衫产业的行业门槛比较低，而当时羊毛衫的需求巨大，市场前景广阔。因此，在技术和知识传播途径的便捷性和多样化条件下，产生了大量同质化的企业集聚，这不仅降低了编码化知识传播的成本，同时也使得隐含经验类知识的传播变得可能。其次，近似的地域文化和较高的劳动力素质等因素，使它们在没有先天自然资源优势的情况下，产生了具有竞争力的行业。由于当时羊毛衫产业竞争尚不剧烈，主要的生产区域集中在长三角地区，因此两地的发展具有一定的先发优势。最后，在产业发展过程中，都根据市场需求变化，建立起了专业市场，形成了专业市场与产业集群的互动发展之路。

（二）演化的差异性比较

相距短短不足数公里的两个同构化的产业集群，竞争战无法避免。但同时，由于市场信息的传播、规模经济等需要，使相邻集群间又会进行一定的交流与合作。从集群发展演化的历程来看，当产业发展到一定阶段后，各集群从自身利益

出发,相邻集群的演化差异性也就愈加明显,如表2-4所示。

表2-4 濮院与洪合羊毛衫产业集群的比较分析

类　别	濮院地区	洪合地区
产品类型	中、高档产品	低档为主
技术创新	研发能力较强	模仿创新为主
地区竞争力	较高	一般
产业网络结构	大,完善	较小,较完善
政府作用	强	一般
区域品牌	强	弱

1. 核心企业在集群创新中的角色扮演不同

从接受核心企业的知识外溢上看,濮院羊毛衫骨干企业的学习能力较强,通过集群内大企业的吸收和利用其积累的知识和技术,来引导周围的中小企业配套进行技术改进和创新,形成了一个梯级逐层知识外溢和转移的结构,这种知识的梯度辐射效应,在正确的产业目标和方向的指引下,能够有效地刺激集群内企业的相互学习、产业协作、信息共享,从而十分有效的推动集群自身的发展。而洪合羊毛衫骨干企业这个角色扮演不突出,集群内的其他企业成员一味模仿,骨干企业的知识积累在集群内几乎成为公共产品,保护和激励机制不足,导致大家都为低成本、低价竞争而学习,这种同质化的竞争最终形成“柠檬市场”效应,集群内产品质量不高,知名品牌寥寥无几。

2. 集群内部企业之间的创新网络互动各异

在知识获取上,濮院企业采取了技术转让、引进科研机构、教育培训等渠道搞研发,使得大量技术创新知识运用到实际生产中,极大地丰富了产品市场;而洪合企业则模仿为主,自主创新不足,使得其产品日益走向低端化。在知识的传播上,由于濮院羊毛衫集群建立在一个大中小企业梯度逐级溢出机制,使得集群内企业之间有一个较为合理、顺畅的沟通和学习平台;而洪合羊毛衫集群中以边贸、外贸加工和定单为主,企业的技术知识传播主要通过模仿创新的方式在集群内传播,缺乏自主知识产权。

3. 地方政府的作用程度有别

濮院羊毛衫产业蓬勃正是得益于当时政府的管理创新和富有远见的规划引

导，成为强化濮院羊毛衫产业优势的关键。两次由政府发动或参与的羊毛衫市场建设，以及毛衫工业园区的建设，都对濮院羊毛衫业的发展具有历史性的意义。而反观洪合，政府对于集群在“市场失灵”情况下的处理上，存在明显的滞后性和被动性。

4. 集群品牌效应差异明显

由于市场定位的不同，濮院羊毛衫为了摆脱困境，采取品牌经营模式，利用技术创新，不仅产品质量迅速提高，而且由于品牌效应所产生的高附加值、高利润率，使集群逐步走出了困境，步入健康发展的良性轨道；而反观洪合羊毛衫市场，学习创新和技术的目的在于低价格的产品竞争，企业倾向于通过产量的扩张和低价策略来进行市场竞争。

（三）相邻集群嬗变的启示

从濮院和洪合两地羊毛衫产业的发展变迁状况来看，为相邻集群的成长得到了以下几方面的启示。

1. 市场分层，齐发展

相邻集群的相互竞争的结果会导致集群主导产业的市场分层效应。每个集群可以根据其自身的优劣势，从市场区域分为国内市场和国际市场（又可分为欧美市场、中东市场、亚洲市场、非洲、拉美市场等），或可从产品类别、档次、特色等产品细分角度出发，选择适合本集群发展的产业模式和产品生产，走差异化发展之路。

2. 做大蛋糕，共分享

在提升专业市场和产业集群层次的思考和实践中，相邻地区的产业集群应该树立一种观念，即潜在市场不是分割来的，而应该通过做大“蛋糕”来实现。通过走技术化、品牌化、国际化之路，提升产业层次和扩大市场份额，把“蛋糕”做大，使相邻集群之间的竞争始终保持在一个良性状态中，避免恶性竞争的出现。

3. 政府助力，促兴盛

从濮院和洪合两地的羊毛衫产业集群的发展变迁历程不难看出，虽然产业集群的出现并不是政府有意识的产业政策的结果，而且产业集群被普遍认为是一种“自发组织系统”，但地方政府对区域性产业集群的培育与发展往往起着十分重要的作用。在某种程度上，政府的有效监管和正确引导是推动集群发展的决定性因素。

4. 产业互补，同繁荣

在市场经济条件下，竞争在所难免，但这种竞争机制可以伴随着相邻集群各自比较优势的生成转化为一种互补合作的竞合模式,即竞争形式可以由“排他性”转化为“排劣性”。相邻集群间企业可通过互利共存,优势互补,结成利益共同体,在一个更加广阔的地域空间范围内形成一个跨区域的产业集群,从而使产业集群的演化迈向更高阶段。

本节分析,可以得出如下简要结论:

本节内容以浙北嘉兴地区的濮院和洪合两个羊毛衫产业集群为案例,分析了在相邻地域范围内,同类型产业集群的发展演化过程,并对促使它们产生不同演化成长结果的动力系统进行了解读。在此基础上,对比和分析了两地产业演化进程中的共同性和差异性。发现造成相邻集群演化不同方向的原因中,政府作用对于集群环境的治理和引导的大小、核心企业自主创新和学习能力的强弱,以及集群内部成员企业间的分工合作网络的紧密程度等因素对于集群的演化具有十分关键的影响。

比较和分析了基于相邻集群视角下,两个同类型产业集群发展演化的经验和教训。为我国在经济全球化和全球价值链生产系统下,完善集群网络结构,加强政府引导,提升产业层次,促进集群升级,增强集群竞争力等方面,提供些许有益的思考和启示。

第五节 推进产业集群发展的对策

一、发展型产业集群的推进措施

(一)发展的动力机制方面

动力机制是产业集群发展的核心,成熟的动力机制可以将集群任何可获得的要素快速地转化为竞争优势。在动力机制的作用下,集群的竞争优势往往具有自我繁殖和演进的趋势。但是我们也应该认识到,这一演化发展过程并不是一帆风顺的,而是有起伏的,需要集群动力机制各组成部分的不断调整和融合,而这一“调整过程”具体表现为动力机制作用下集群竞争优势的起伏。动力机制越成熟,调整的时间就越短,竞争优势的增长就越快,也就更能推进产业集群的可持续发展(如图 2-9 所示)。

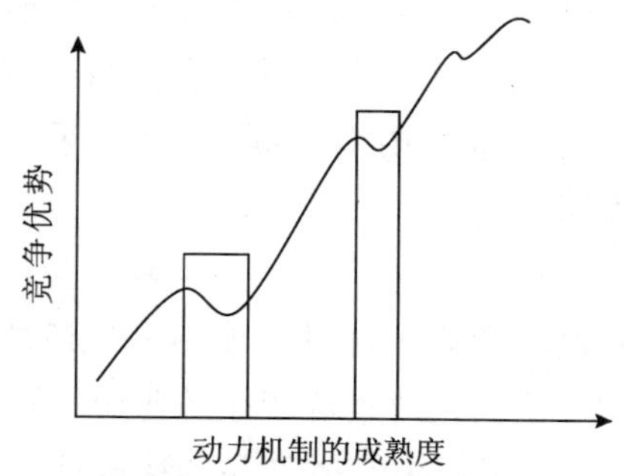

图2-9 产业集群动力机制与竞争优势的关系①

因此,在动力机制上,发展型的产业集群必须协调好集群内外部各种动力的相互作用机制,确保集群发展的可持续性。集群动力系统网络的不断演进会促进区域内创新环境的改善,环境的改善进一步有利于动力系统网络的发育和创新功能的提高。加大对核心层主导产业及核心企业技术创新的保护力度,完善激励机制,保证集群发展最根本的动力源泉得以持续不断。在企业和企业之间形成网络联系促进创新;政府部门对集群创新具有引导作用;利用大学、研究所等和企业经常交流,形成产学研的密切协作,加快创新;中介服务机构为集群企业的创新提供良好的基础条件;行业协会通过举行各种正式、非正式的活动,加强集群内行为主体的非正式联系,增强编码化知识和技术间的交流和扩散,同时也为集群内隐性的、非编码化知识的传递创造条件。正是在集群内外部各种因素的协同配合下,才能有效地促成集群动力机制的不断完善和提升,从而为发展型产业集群的可持续发展奠定坚实的基础。

(二)发展的规模性方面

规模扩张是产业集群发展中一定会出现的问题。一方面,没有一定的规模,产业集群难以形成外部经济、规模经济和结构生产力;另一方面,集群发展过程中所面临的土地短缺、人才短缺等各种资源短缺现象又必然会制约集群的进一步发展。在浙江,很多产业集群分布在农村地区,大多是农户通过"村村办厂、户户冒烟"的方式自发形成的。从形式上看,一个地区可能存在大量的同类企业,但是这些企业在一个地区,如县、乡镇等通常在地理空间上又是相对分散分布的集群的,地理位置的集中程度还较低。这样就会限制企业间的专业化分工程度、公共物品的有效供给不足,同时对于交易费用的降低也不利。因此,对于

① 资料来源:陈继祥主编.产业集群与复杂性[M].上海:上海财经大学出版社,2005:47.

这一类产业集群的发展,可以借助政府的科学规划和引导,让其进入工业园区集中发展,从而有效地保证了集群竞争优势的充分发挥。对于那些集群发展过程中出现的资源短缺问题,可以采取内引外联的方法,采取跨区域合作发展的方式,为集群的扩张铺平道路。

(三)发展的结构性方面

发展的结构性问题,也是产业集群进入成熟发展阶段后所面临的主要困境之一。从产业链结构上看,我国企业集群产业链普遍较短,纵向产业配套还很不完善,横向演进速度缓慢,产品结构单一、产品档次偏低。如温岭的水泵业集群,产品以简单的小型农用水泵为主,“大路货”色彩很浓,长期以来难以突破这一制约,开发滞后,失去了很多商机。产业链结构难以演进深化,一方面会造成集群经营风险不断上升;另一方面又会限制产业集群整体生产成本的降低空间。因此,必须采取拓展产业链结构,加速产业链的演进速度,在产业链横向演进中,应该积极进行新产品、新技术的研发,改变产品结构单一,有效规避经营风险;在产业链纵向演进中,必须把集群中的主导企业做大、做强,形成具有强烈吸附作用的主导产品生产基地,吸引外部的上游企业和配套企业进驻集群,不仅使得产业链的纵向一体化进程更进一步,拉近了距离,大大的降低了交易费用和成本,而且使集群的规模不断扩大,产业结构体系更加趋于完善。

(四)地方政府作用方面

政府行为是影响集群演化发展的重要外部因素。由于市场机制固有的缺陷和区域经济的空间特性,单纯依靠市场力量很难保证区域始终沿着最优路径发展,特别是在我国市场经济体制还不完善的情况下,发展产业集群还需要政府的支持。通过政府的介入和干预来控制产业集群的外部负效应,实现资源的有效配置;通过政府提供公共产品来优化区域经济发展所需要的基本环境;通过政府建立一个行之有效的市场运行和调节体系,在规范人们行为的基础上,建立社会信用,保护合法的私人产权,消除市场进入壁垒,为各类经济主体创造自由选择、公平竞争和安全有效的生产和工作环境,维护必要的市场秩序;同时通过政府的产业引导和科学规划来促进集群的良性发展,充分发挥集群优势,带动地方经济的健康发展。当然这些政府行为当中,应该主要行使产业引导、市场监督、公共服务这三项职能,要“有所为,有所不为”,努力为集群发展创造一个良好的外部环境。

二、停滞型产业集群的推动方式

(一)发展的动力机制方面

停滞型模式的产业集群,在发展过程中出现了核心层原动力不足以及外圈层推动力不够的问题。在核心层中,主要表现为主导产业及企业群的创新动力不足。究其原因,主要是由于集群内部对于集体学习行为的把握上存在明显的误区,普遍存在着等、靠、要的跟风模仿学习行为,"搭便车行为"的盛行导致集群内主导企业的创新行为动力不足。众所周知,自主创新需要面临巨大的研究风险和成本支出,当集群内部对于这种技术秘密知识的付出成本高,而获取代价又十分低廉时,当然谁也不愿意去自主创新。因此,对于停滞型产业集群的推动方式,首先,必须建立起相应的知识产权保护体系,明确产权,鼓励自主创新,激发核心层企业的创新活力;其次,理顺在知识溢出机制,明确知识学习的有偿性和对价性,在集群内部树立尊重知识、尊重人才的良好氛围;再次,加强集群内的行业协会、地方政府在推动集群健康发展中的推动作用,一方面,政府可以通过完善市场法律、法规来维护公平合理的市场环境;另一方面,行业协会等中介服务机构,又可以通过组织企业进行形式多样的正式与非正式的交流,确保集群内相关知识的有效溢出,也有利于防止学习机制上的僵化而导致的路径依赖。

(二)发展的规模性方面

在发展规模性方面,停滞型的产业集群从发展进程来看,是集群从规模上快速发展的"量"的扩张,转变为发展中"质"的提高时所出现的一个突出问题。具体表现为一种竞争优势的衰退,产品质量停留在原有水平,集群的市场容量无法继续扩大,较长时间处于徘徊不前的状态。如果不能正确对待这一问题,就会造成集群内部产业开始萎缩,企业纷纷外迁,最终将会导致集群的衰败,甚至消亡。从产业集群的内部企业的构成来看,大多是生产或经营同类、同档次、同环节产品的中小生产企业,还停留在低档次低技术的产品加工型阶段(大量同类产品生产企业聚集,产业分工协作不明显,主要靠低成本优势竞争),还没有达到企业网络型阶段(产业链分工精细化,竞争优势主要是范围经济),更没有达到自主创新、研制开发、区域品牌形成的阶段(拥有自主创新能力和区域知名品牌)。因此,必须把集群发展之路从"量"的扩张转变为"质"的飞跃过程,要通过打造区域品牌,加快区域品牌建设步伐,提高产品的附加值,提升产品档次,在品牌上做文章,提升集群中小企业的品牌形象和品牌竞争力。

(三)发展的结构性方面

停滞型产业集群的结构性问题主要表现为:产业链分工较为薄弱。在产品的生产中,技术创新的层次较低、产品技术含量偏低,技术升级进程缓慢。企业中由于内生的自主创新动力不足,核心技术和关键技术大多是通过模仿引进,造成产业结构固化,升级困难。在这种情况下,就要调整产业结构布局,积极围绕主导产业链的生产要素市场、产品销售市场、资金市场、交通运输市场、信息服务等辅助性支撑行业的发展，逐步完善、拉长产业链，积极推动产业集群内部的产业分工更为精细化，促进企业集中于某一工序或某一种中间产品的生产，形成几百家、几千家企业参与的一个完整的产业链，实现生产要素供给—产品设计研发—产品生产—市场营销—品牌创造—物流服务等构成的产业链的纵向一体化。通过产业链的横纵双向演进，摆脱集群所处的停滞状态，从而推动停滞型产业集群向前阔步迈进。

（四）地方政府作用方面

停滞型产业集群所面临的主要问题是产业升级困难重重，当然集群的升级主要依靠集群的自组织和自增强能力，但在现有条件下，集群内的中小企业还没有自我升级的能力，需要政府提供有力的支点。目前很多产业集群还停留在同一产业简单聚集在一起，还处于较低的层次。政府就应想办法促进产业升级。如通过税收等优惠政策吸引技术含量高的企业入驻，引导和协调科研机构产业集群的联系，以促进集群的升级。

在产业集群成长阶段，政府的经济角色是企业经济行为的监管者和制度制定的参与者。这一时期政府的作用力应主要体现在积极引导集群内部企业之间的创新和技术合作与交流，从而共同促进整个集群向更高的层次发展。政府应该着重强化自身在制度建设，管理方式等方面的创新和突破，充分发挥市场机制的作用。这是因为政府前期的“搭台”工作，还要靠集群内主体企业的“唱戏”，要充分发挥其在引导、监督中的作用，让企业之间的市场经济活动有序、健康发展，让市场机制发挥越来越大的作用。可以说，政府在促进产业集群结构升级和优化上显示出了非常重要的作用。是推动停滞型产业集群发展的关键性因素之一。

三、转移型产业集群的治理办法

对于产业集群的转移现象，我们要一分为二，客观、科学地看待这一问题。转移型集群模式的演化类型有扩张性转移和撤退性转移之分。对于前者，我们不应该表现出过多的担忧，因为这是集群主导企业出于占领外部市场、扩大产业规模等动机而进行的主动的战略性空间移动。而后者则应该是我们关注的重点。因此，可以从以下几方面来对撤退性转移模式进行治理：

（一）发展的动力机制方面

撤退性转移模式的产业集群，主要表现为集群迫于外部竞争和内部调整压力而进行的空间迁移，这主要是由于集群地域由于过度拥挤所造成的资源短缺、成本上升、发展受制约等原因引起的，集群内部的核心层主导产业（企业群）和内圈层相关产业和互补产业企业群的专业化分工、合作体系没有受到太大的影响。在核心层原动力和内圈层互动力的作用下,表现出了对于市场竞争压力和外部环境制约时的一种制约反应。因此,必须做好集群外围环境的整治。如加强政府决策,培育集群的本地根植性。在面对要素价格上升对于集群竞争优势带来影响时,可以主动采取内引外联的方针,在加强自身技术创新、产业升级的同时,可以进行跨区域的产业合作,突破行政壁垒的限制,与相邻地区展开互利合作,拓宽集群的发展空间。同时,对于集群的公共服务机构,更应该提升服务质量,改善服务环境,为集群的本地化发展做出自身的努力。

(二)发展的规模性方面

撤退性转移模式的产业集群,在发展规模性方面遇到的问题是最为突出的。一方面,集群的容量日趋饱和,土地、劳动力等资源的价格持续上升,使企业成本上升,企业的竞争优势被削弱;另一方面,外部市场的激烈竞争,又给企业自身的发展提出了更高的要求,即只有把规模搞上去,把企业做大、做强,才能经得起市场风浪,规模经济的优势才能显示出来。因此,在这样的发展境遇下,如何正确引导企业的合理规模,适度发展,就成为影响集群企业转移决策的关键。所以必须进一步深化集群企业间分工与合作,通过改善集群外部的投资环境,建立和完善产品原料市场、成品批发销售市场、劳动力市场等,加快物流业的发展,降低企业的营销成本,提高公共服务机构的服务质量和服务水平,在整个集群范围内营造浓厚的产业气氛。促使集群企业认识到迁移的机会成本,从而深化企业的本地根植性。推动集群与本地经济共同、协调发展。

(三)发展的结构性方面

从全球范围来看,产业转移是随着产业发展必须要经历的过程。特别是近年来,国际制造业有明显的向亚洲、拉美等发展中国家转移的趋势。从全球价值链的角度而言,发展中国家的产业分工居于价值链的末端,往往是一种低水平的劳动密集型产业。现今,在我国出现的产业集群转移现象,也是一种伴随着低水平、低附加值的加工型企业出现的转移。这类产业集群往往对于劳动力价格、土地等生产资料价格的上升相当敏感。当这些要素价格出现较大波动,就会影响其是否转移。因此,对于这类转移型集群的治理方法,可以采取以下两方面的措施。一是可以积极促成该类型产业集群的转移,从而为本地产业结构的调整和优化提供发展空间,提升本地经济发展的质量。同时对于转移到的区域来讲,也是加快落后地区经济发展的一个契机。二是可以通过加快产业结构的升级换代来加速产业集群的升级,调整产业结构、提升产品层次,优化产业分工,打造区域品牌等方式,来实现低层次的产业集群向高级阶段产业集群的转化。

(四)地方政府作用方面

对于产业集群的转移发展,地方政府必须要有清醒的认识,需要从以下几个方面做好自身的工作。首先,要抓住全球产业转移的良好时机,加快形成具有区域特色的产业集群建设,这对于区域产业特色的形成和竞争优势的提高具有重要意义。其次,了解并尊重产业集群的形成规律和演进机制,因势利导促进区域产业集群的发展。集群的形成和发展有其一定的自发性和规律性,政府要明确自身的职能边界,发挥其自身应该发挥的作用。再次,强化政府部门的公共服务职能,这是产业集群演化发展过程中政府的主要作用之一。包括为企业进行宏观市场需求分析,提供必要的信息和数据资料,为企业决策提供引导和建议。最后,科学的进行工业园区建设,为产业集群的发展、扩张提供优良的软、硬件载体,从而有效的缓解集群在发展过程中遇到的瓶颈制约,对培育集群的本地根植性亦具有十分重要的作用。

四、衰败型产业集群的救治对策

(一)发展的动力机制方面

衰败型产业集群在动力机制上所表现出来的特点就是内外部各种因素的动力源系统都面临着僵化和衰竭的危险。在核心层中,主导产业的企业之间更多的是一种恶性竞争关系,以围绕产品价格为中心的低价竞争行为,创新被恶性竞争所取代,致使原动力衰竭;在内圈层中,由于路径依赖效益的存在致使企业间的联系僵化,缺少互动;市场秩序混乱、假冒伪劣猖獗,公共服务系统配套滞后等现象导致外圈层的推动力不再;更使得集群企业内化市场冲击和压力的能力大为减弱。因此,对于此类型的集群救治对策主要是,就集群企业而言,应该努力进行技术变革,激活创新源泉,通过技术创新、新产品的研发等形式来增加产品种类、款式、降低生产成本、提高生产效率等方式,以满足市场的不同需求,避免停留在同质化经营的阶段。在集群的外部环境治理上,要完善集群的各项基础设施和公共服务体系,强化地方政府在帮助集群走出困境中的重要责任和作用。从而为衰败型集群的复苏、成长创造一个良好的内外部环境。

(二)发展的创新性方面

衰败型集群走向衰败的很重要的一个原因,是创新机制的缺失或创新模式的停滞。在浙江,很多产业集群的形成和发展往往是靠借鉴和模仿建立起来的。这些地区在形成产业集群前,当地根本没有成规模的工业基础。在这种情况下,某一个或几个企业的兴办及随之而来的模仿创新对产业集群的发展起了很大作用。但是在这种模式下,集群的产业结构缺乏创新性,容易引起由于同质化的经营所带来的恶性竞争，危及集群的发展。因此，在创新模式上，可以根据中小企业自身情况加以识别和选择，具体方式有自主创新、合作创新、委托创新、或外部引进的再创新（模仿创新）等。当前，应该鼓励中小企业通过合作的方式来进行技术创新。在这种方式中，企业是核心，既是研究开发的合作者，又是技术创新的最终实现者。采用这种方式可以在本企业外更大的范围内实现创新资源的优化配置。通过集群内企业之间的合作，更加有利于创新资源的集中使用，避免重复开发和投资，也能有效地降低创新风险，提高了创新的效益。同时，当中小企业内部缺乏技术创新所需人才时，也可以委托科研院所、大专院校等单位承担研究开发，企业通过购买技术成果把技术商品化来进行技术创新。通过这些创新模式的来建立一个鼓励自主创新，兼顾模仿创新的良好的集群创新氛围，从而有利于传统产业集群的升级换代和市场化进程。

（三）发展的结构性方面

从产业联系来看，衰败型产业集群的产业分工往往以横向一体化为主，整个集群区域内都是生产或提供基本相同的产品或服务，同构同质现象严重，企业之间通过相互配套形成的产业链条关系十分有限。这就产生了同质化经营所要面临的低价恶性竞争。当大量同质化的产品充斥市场后，低价恶性竞争所引发的“柠檬市场”效应，导致集群内产品质量急剧下降，企业之间两败俱伤，发展严重受挫，最终使得集群规模逐渐萎缩，甚至消失。因此，对于衰败型模式的产业集群，在产业结构上，不仅要保持紧密的横向一体化进程，更要拓宽产业链的纵向一体化进程，由此来带动上下游企业之间形成：“大公司与中小公司层次分明，大部分的中小企业成为大企业的分包商，为大企业提供零部件，大企业与中小企业之间形成了上下游纵向分工关系，彼此紧密合作。”这种纵向合作关系中，大企业向中小供应商提供新点子、新信息和市场视野，带动供应商自我创新，努力发展新技术，并培养新产品研发的环境，在自我发展的同时也带动了区域内中小企业的进步。可以说，内部的精细产业链分工是救治衰败型产业集群的重要途径。

（四）地方政府作用方面

在衰败型集群的救治对策中，政府的作用不容忽视。这是救治集群衰败的一个关键性因素。在集群从成熟走向衰退的过程中，地方政府如何采取措施来挽救集群的衰亡，成为重中之重。我们认为，地方政府的作用主要体现在三个方面：一是加强集群的产业引导，通过科学规划、合理布局，扶持、鼓励企业创业投资，并可通过土地出让、税费减免、完善基础设施等优惠政策，吸引企业入工业园区发展，有效地增强集群的集聚性；二是强化集群的市场监管，严厉打击假冒伪劣、侵犯知识产权等破坏市场秩序的行为,维护公平竞争的市场秩序,为集群摆脱衰退困境,构建明确的产权保护体系和市场法律体系,切实维护集群企业利益;三是完善政府的公共服务职能,树立建设服务型政府的新理念。这些公共服务不仅包括交通、通信、信息网络等基础设施的硬件上,而且还包括扶持集群企业人才管理和培训,打造区域品牌、实施名牌战略等软件中。通过这些措施的实施,给集群企业的发展注入新的生机和活力,帮助集群及时摆脱衰败困境,重新步入健康发展的良性轨道。

第三章　成长型汽车制造业优化升级

汽车制造业生产链和技术链长,创新环节多,对区域经济具有强大的推进和拉动效应。世界上许多国家和地区,都把它当作支柱产业来建设。美国、日本、德国等主要工业国,韩国等新兴工业国,目前已建立起实力雄厚的汽车产业。我国汽车制造业起步较晚,但发展很快,特别是汽车产销量,已雄踞世界榜首。然而,我国汽车制造业就整体来说,属于大而不强,如企业规模偏小,缺少核心技术和关键技术等。因此,需要进行优化升级。本章运用产业生命周期理论,判定我国汽车制造业处于成长期阶段。进而,针对我国汽车制造业的实际情况,从政府、企业、行业等不同视角,提出促进我国汽车制造业优化升级的对策措施。

第一节　汽车产业优化升级理论研究概述

一、我国汽车制造业概况

与欧美等发达国家相比,我国汽车产业的发展晚了几十年。从 1956 年生产出第一辆国产车——解放牌货车,到 1958 年自行设计的第一辆红旗牌轿车的问世,我国才真正开始拥有自己的汽车制造业。经过了 20 多年的发展,到改革开放初期,我国的汽车年产量为 15 万辆,其中轿车的年产量仅为 2600 辆。

随着改革开放政策的落实,国内投资环境的改善,国外一些实力强劲的大型汽车制造商,开始在我国寻求投资机会。1984 年,德国大众公司与上汽集团,组建了"上海大众汽车有限公司"。1985 年,日本五十铃公司等与重庆国有独资企业——庆铃汽车有限公司,成立合资企业。随后,更多的国外跨国汽车商,与国内的汽车制造商合资组建企业。

在跨国公司进入国内市场的同时,我国的汽车制造业得到了巨大发展,尤其是在入世以后,国内汽车市场更是出现了井喷式的发展。在 2002 ~ 2003 年间,我国的汽车市场出现了井喷式的增长,汽车产量同比增幅高达 38. 85% 和

36.7%。虽然2008年始于美国的次贷危机给全球经济带来了巨大冲击,但是我国国内汽车产业的发展仍然保持着一枝独秀的良好状态,2009年我国国内汽车产销量突破千万辆大关,在2009~2010年我国的汽车产销量更是雄踞世界榜首,汽车产量同比增幅分别为48.30%、32.44%。

能够在短短是十年时间里发展成为世界汽车生产大国,这无疑是一个了不起的成就,但是我国汽车制造业"量"上的辉煌并不能遮住"质"上的不足,目前仍然存在不少问题:

(1)劳动生产率的低下,与美国轿车厂家的平均全员劳动生产率相比,我国整个汽车制造业的平均全员劳动生产率仅为美国轿车制造业的7%①。

(2)零部件产业研发滞后,目前我国国内零部件企业,还是停留在按整车企业图纸进行简单生产加工的阶段,其研发投入占销售收入的比例不到1%,而外资零部件企业的这一比例却已达到7%~10%的水平②。

(3)产业布局存在小、散、乱等严重问题,在2006年仅通用公司的汽车产量就达到893万辆,远高于当年我国全年727.89万辆的总产量;在2008年我国的CR3指标仅为50.06%,而金融危机前美国和韩国的该指标都已达到90%以上;目前,我国除西藏外,几乎每个省市区都有自己的汽车产业,形成了遍地开花的态势。

因此可以说,虽然我国已处于世界汽车制造大国的行列,但是距离世界汽车强国仍然有较大的差距。

二、研究汽车制造业优化升级的意义

随着经济一体化纵深化发展,尤其是后危机时代世界产业布局的调整,加速产业升级、推动经济增长方式转变,已成为我国新一轮经济发展进程中一个具有战略意义的重大举措。然而,在我国各地区产业升级的实践中,对于产业升级方向、推进路径和模式的探索却陷于困境。

汽车制造业的发展具有很强的关联效应。一般认为,汽车工业,对辅助产业与相关产业的拉动效应为1:7:11。它的发展,会影响到钢铁、石油、塑料、橡胶、玻璃、模具、电子设备等产业的发展,其广泛带动效应决定了它的发展健康与否对于一国的经济发展具有重要作用,世界上几乎所有的汽车制造强国都是发达国家,而我国的汽车制造业还没有完全发挥其带动效应,还有很大的发展空间,

① 王保林.发展中国家汽车产业发展的一种模式[J].中国软科学,2008(4):23~32.

② 程文,张建华.中国汽车产业模块技术发展与产业升级[J].中国软科学,2010(4):44~49.

因此，加快汽车制造业优化升级，对于我国经济的持续快速发展具有重要的现实意义。

目前关于产业升级问题的理论研究，大多数学者都将研究的目光集中于全球价值产业链的问题上，如“微笑曲线”理论指出，产品的研发、生产、流通诸环节的附加值曲线呈现两端高而中间低的形态，即研发和流通环节附加值高、制造加工环节附加值低，进而学者们提出产业升级应当向产业链两端具有高附加值的研发和流通环节进行延伸。然而对于产业本身发展状况的研究相对欠缺，因此，从产业生命周期的视角出发，对汽车制造业自身的动态变化进行分析，判断我国汽车产业的问题所在，即不同于以往全球价值链研究中以空间维度为出发点，而是以时间维度为出发点，从产业自身的特征出发进行研究，具有重要的理论意义。

三、汽车产业优化升级相关概念的界定

在开始相关研究之前，对于相关的概念作出界定是很有必要的，在此，首先将本研究中会出现的重要概念和容易引起混淆的概念做一说明。

（一）产业、工业与制造业

英语里面的 Industry 有着比较广泛的含义，人们可以将其理解为国民经济中的各行各业，从生产领域到流通领域，从制造行业到服务行业等。但在我国的学术研究中，产业、工业和制造业这三者所指代的对象，还是有些细微的差别，具体来说：

（1）产业，是指国民经济中按照一定的社会分工原则，为满足社会民众需要而划分的，从事产品和劳务生产及经营的各个部门，它是具有某种同一属性的经济活动的集合①，介乎微观经济基础与宏观国民经济之间，在这三者之中范围最大。

（2）工业，是指从自然界取得物质资源，和对原材料进行加工和再加工的社会物质生产部门（按照我国 1985 年产业划分的标准，它包括采掘业、制造业和煤电业三类），它是国民经济中最重要的物质生产部门之一，在当代世界各国的国民经济中起着主导作用。

（3）制造业，是属于工业下面的一个分支，所包含的范围最小，但是对于一个国家的经济发展具有重要的作用，制造业水平的高低直接体现了一个国家的生产力水平。

由上可以看出，这些概念中产业的外延最大，其次是工业，最后才是制造业，

① 史忠良. 产业经济学[M]. 北京：经济管理出版社，2005(3)：1.

同样的理由，汽车产业范围最大，包含了从汽车的设计创作、加工制作、物流采购、售后服务以及销售过程中的汽车金融等各个环节，汽车工业则不包括上述环节中的服务以及金融等商业环节，而汽车制造业的所指范围最小，它和改装车制造业、摩托车制造业、汽车零部件和发动机制造业几部分共同构成了汽车工业。已有的有关汽车行业的研究大多是从汽车产业或汽车工业的的角度，针对汽车制造业的专业研究不多，本章将在这方面作一尝试。

（二）产业升级、产业结构升级

产业结构升级是指在国民经济发展中，三大产业之间的比例关系更加协调，资源配置更加合理，生产效率更为高效，技术层次不断得到提升。这个过程强调技术集约化程度的提高，主张通过技术进步、产品创新，打破原有低水平的产业结构均衡，实现那些高技术高效率产业的超前发展，进而带动整个国民经济的发展[①]。

对于产业升级内涵的理解，目前有许多不同的的观点，如 Porter(1990)认为从理论本质上看，产业升级就是当资本相对于劳动力和其他的资源禀赋更加充裕时，国家在资本和技术密集型产业中发展比较优势[②]。而 Gereffi(1999b)则将产业升级看做一个过程，是一个企业或者经济体提高迈向更具有获利能力的资本密集型和技术密集型领域的能力的过程[③]。张耀辉(2002)认为产业升级的过程实质是高附加值产业代替低附加值产业这样一个过程，升级的基础还在于创新[④]。

从产业自身的发展来看，在其发展的每个阶段，都会面临着如何能够继续满足市场和经济发展的需求，如何保证产业以较快的增长速度发展，以及获取最大的经济效益等诸多问题。因此，在本研究中所涉及的产业优化升级，可以理解为市场主体通过技术创新、产品开发、市场开拓、经济结构调整等活动，不断增强产业发展过程中的持续动力和活力，提高区域产业发展水平的过程。

四、汽车产业升级的相关理论研究概述

（一）基于全球价值链的汽车产业升级理论研究

全球价值链(Global Value Chain，GVC)是指在全球范围内，为实现某种商品或服务的价值而连接生产、销售直至回收处理等全过程的跨企业网络组织[⑤]。

---

① 戴伯勋，沈宏达. 现代产业经济学[M]. 北京：经济管理出版社，2001(4)：284－290.

② 迈克尔·波特. 国家竞争优势[M]. 北京：华夏出版社，2002(5)：27－28.

③ Gereffi G. International Trade and Industrial Upgrading in the Apparel Commodity Chain[J]. Journal of international Economics，1999，48：37－70.

④ 张耀辉. 产业创新：新经济下的产业升级模式[J]. 数量经济技术经济研究：2002(1)：14－17.

⑤ 张向阳，朱有为. 基于全球价值链视角的产业升级研究[J]. 外国经济与管理，2005(5)：21－27.

在商品价值的实现过程需要不同层次主体的共同参与,从最初的设计到生产制作,到产品销售以及相应售后服务整个过程,每一个环节都不可或缺,然而各环节在价值链的形成中的作用却各不相同,相应所取得的收益也有所差异。因此,那些处于价值链低端的企业就会努力提升在价值链中的位置,提升在整个价值链中的地位,而已经处于价值链高端的企业则会努力保持这种优势,他们共同的努力推进了该产业的发展。

Kaplinsky&Morris 从价值链的角度出发,主张产业升级可以分为四类:过程升级(通过重新组织产品系统或引入高技术来提高投入产出水平)、产品升级(是指进行更新产品、改善产品的生产工艺,快速的提升产品的质量)、功能升级(是指接受新功能或放弃旧功能)、链的升级(指移向更新的、价值量更高的相关产业价值链)①。对于我国汽车制造业的升级问题,余伟(2006)认为升级的途径可以沿着从 KD(指散件组装)到 OEM(授权贴牌生产方式),再到自主生产,最后到发展品牌和制定行业标准五各阶段②。

刘世锦和冯飞(2002)认为在汽车产业全球一体化趋势的影响下,单个的国家几乎不可能建立起完整的有竞争力的汽车产业体系,这一结论同样适用于我国,并指出全球化趋势主要体现在产业链的全球性配置与跨国公司的重组两个方面③。

段文娟等(2006)从全球价值链和产业升级理论出发,提出我国汽车产业要想实现产业升级与跨越式发展,就应当充分利用优势,培育车企的市场竞争力,在世界汽车产业体系中寻求合适的发展利基,并沿着全球汽车产业价值链向资本和技能密集型环节攀升④。

王晓芳(2007)分析了在不同动力机制下、不同治理模式下的产业升级轨迹,对于我国汽车产业的发展阶段、升级路径和升级方式等问题进行了研究,认为汽车产业价值链的动力机制是典型的生产者驱动型,而我国的价值链治理模式则属于网络治理型,故升级的路径应该是沿着功能升级—产品升级—工艺流程升级—链条升级这个轨迹进行⑤。

---

① 谢明磊,陈志军. 汽车产业升级研究综述[J]. 山东行政学院山东省经济管理干部学院学报,2009(2):87 - 89.

② 余伟. 中国汽车业五级发展水平探讨[J]. 上海汽车,2006(10):27 - 29.

③ 刘世锦,冯飞. 汽车产业全球化趋势及其对中国汽车产业发展的影响[J]. 中国工业经济,2002(6):5 - 12.

④ 段文娟,聂鸣,张雄. 全球价值链视角下的中国汽车产业升级研究[J]. 科技管理研究,2006(2):35 - 38.

⑤ 王晓芳. 全球价值链中的中国汽车产业研究[D]. 四川大学,2007.

周煜与聂鸣(2007)对比了我国合资和自主两种模式下的汽车企业,认为两种模式的建立都是为了促进我国汽车企业的升级,但是自主模式更有优势[①]。而周煜在其博士论文《全球价值链下中国汽车企业的组织行为与升级路径研究》中,更加系统地对全球价值链下我国汽车企业的两种发展模式进行了分析,对不同模式下汽车企业间的动态竞争博弈过程进行了研究,提出了不同模式下汽车企业差异的升级路径,他认为在合资企业的升级过程中,企业主要是停留在工艺流程和产品升级,更进一步的升级则受到跨国汽车公司的限制;而在自主创新企业,企业可以通过构建全球价值链实现链的升级,升级的壁垒主要来自于市场对自主品牌的认知及价值链本身价值量的提升。

杨东进和刘人怀(2008)对于全球价值链的两种不同参与方式,即嵌入 GVC 模式与自主 GVC 模式,比较了二者在升级方面的可靠性,最后得出结论,虽然两种模式都是为了促进我国汽车产业升级,但是自主 GVC 模式更为可靠[②]。

吴彦艳和赵国杰(2009)对于我国汽车产业升级的途径进行了研究,认为存在基于市场扩张能力的升级、基于技术能力的升级、市场扩张能力和技术能力的组合升级三个方向,并从企业、产业和政府三个层面提出了相应的政策建议[③]。

(二)基于产业集群视角的汽车产业升级研究

产业集群(Industrial Cluster)是指在特定区域中,一群在地理上临近、有交互关联性的企业和相关法人机构,并以彼此的共通性和互补性相连接[④]。产业集群作为一种有效的生产组织形式,节约了集群内部企业的交易成本,具有的知识外溢效应优化了区域创新环境。在世界汽车工业的发展过程中,产生了像美国的底特律、日本的丰田汽车城以及德国的斯图加特和沃尔夫斯堡地区这样一些著名的汽车产业集群,通过集群化的发展提升了区域汽车产业的整体实力。我国汽车产业的发展也出现了地理上相对集中的一些区域,但是其整体实力与国外已成熟的集群还有较大差距,因此,有学者试图从产业集群的角度出发,探寻汽车产业集群升级、提升集群整体竞争力的方法和途径。

曹小华、欧国立(2006)分析了国内外汽车产业集群现状与问题,在此基础上,对于提升我国汽车产业集群竞争力的途径做了相应的分析,依据波特的"钻

---

① 周煜,聂鸣.基于全球价值链的中国汽车产业升级路径分析[J].科技进步与对策,2007(7):83-87.

② 杨东进,刘人怀.自主 GVC 模式:中国汽车产业升级的可靠路径[J].管理工程学报,2008(2):164-169.

③ 吴彦艳,赵国杰.基于全球价值链的我国汽车产业升级路径与对策研究[J].现代管理科学,2009(2):85-87.

④ 迈克尔·波特.竞争论[M].李明轩译.北京:中信出版社,2003(5):54.

石理论”，提出我国汽车产业集群的提升，可以从企业、政府、汽车行业协会和中介机构等方面入手，通过发展关键企业、完善汽车产业市场的竞争环境、构建汽车产业集群创新体系等措施，来实现我国汽车产业集群的健康发展①。

张辉(2006)从全球价值链理论分析了产业集群转型升级问题，他认为地方产业集群的升级过程并不是简单的企业升级过程，而是整个生产和市场营销体系的升级过程，涉及企业、政府、公共服务等相关联的产业经济行为主体②，对于我国汽车制造业聚集地区的升级有重要指导意义。而且对于不同动力机制、不同链条治理模式下的产业升级他也作了相关的研究，最后得出结论，不同机制、不同链条治理模式下的地方产业集群在不同升级方式间的升级难易程度是不同的。

张雄(2007)首先对于我国汽车产业集群的类型作了界定，提出我国的汽车产业集群属于轮轴式集群形式，对于汽车产业集群升级过程中，整车和零部件生产企业可采取的措施分别进行了论述，认为处于轮轴中心地位的整车制造企业，可通过寻求与跨国生产商的合作来扩大企业的生产规模，增强核心技术的掌握能力，而且应当加大集群内部各企业之间的联系，培育自己独立的供应商体系；而对处于轮轴外围的零部件生产企业，则应当主动嵌入到由跨国汽车厂商主导的全球价值链中去，借助外在力量实现进入国际细分市场的目的③。

夏若江等人(2008)从技术的角度探索了汽车产业集群的升级问题，研究指出，虽然我国汽车产业集群已经嵌入到全球生产网络中，但是大多还没有形成自主创新的能力，处于受核心集群控制的外围集群地位。在现有技术模式下，渐进型技术创新只会强化核心集群的垄断优势，只有出现根本性创新才可能为目前处于跟进地位的集群带来赶超机会，实现蛙跳式发展，对于我国汽车产业的升级具有重要的指导意义④。

于效梅(2008)在梳理产业集群理论的基础上，对于我国汽车产业集群的现状作了分析，得出结论认为，目前我国的汽车产业仅仅是处于产地集中而非产业集聚，而区域结构分散是制约我国汽车产业发展的主要瓶颈，因此，提出实施产业集群来推动我国汽车产业的区域重组，在发展汽车产业集群的过程中，可以充分地发挥政府推动作用⑤。

---

① 曹小华，欧国立. 产业集群：提升汽车产业竞争力新的战略模式[J]. 生产力研究，2006(11)：171－197.

② 张辉. 全球价值链下地方产业集群转型和升级[M]. 北京：经济科学出版社，2006(7).

③ 张雄. 全球价值链治理模式变更下中国汽车产业集群升级研究[D]. 华中科技大学，2007.

④ 夏若江，方桂芬，胡振红. 基于蛙跳效应的我国汽车产业集群升级路径研究——以湖北汽车产业集群为例[J]. 科技进步与对策，2008(12)：77－81.

⑤ 于效梅. 我国汽车产业集群现状与发展的研究[D]. 复旦大学，2008.

王燕(2009)从区域结构、产业价值链、自主品牌三方面,首先分析了我国汽车产业非集群化的表现,进而在此基础上,相对应的提出可以通过重新调整汽车产业的区域分布、推进战略重组,协调整零汽车企间关系、延伸集群内部的汽车产业价值链,加强对于企业自主创新的支持、建立集群内部企业创新的互动机制,来推进我国汽车产业集群的发展①。

(三)基于现代生产模式下的汽车产业升级研究

模块化(Modularization)是指,在劳动分工和知识分工基础上,通过模块分解和模块集中两个过程,把复杂系统分解为相互独立的组成部分,再通过即插即用的接口将各独立的部分联结为一个完整的系统②。在模块化的生产过程中,被“分解”开来的各个子模块之间相对独立,可以进行独立设计和制造,这种生产方式从根本上改变了企业间的关系。在国际垂直分工进一步加速的背景下,企业为了增强自身的市场竞争能力,世界上一些大的汽车生产商纷纷将一些外围非核心部件的生产转包出去,为汽车产业引进模块化的生产方式提供了可能,模块化的生产方式对于汽车产业的发展产生了较大的影响,因此,有学者们从模块化生产技术的引进对汽车产业发展产生的影响作了研究,分析对于我国汽车产业的转型升级将会产生什么作用。

白雪洁(2005)界定了汽车产业模块化的含义,分别对产品结构模块化(设计模块化)、生产模块化与采购模块化作了解释,并认为他们之间存在着相辅相成的递进关系,将汽车产品的模块具体划分为三类,分别将相关联的零部件进行某种程度的装配、将零部件组装后形成具完整性能的产成品和将不同性能的模块或零部件组装成一组部件。模块化的生产方式对于世界汽车产业组织形式的变革影响巨大,无论是欧美还是日本的生产组织模式都受到其影响③。

朱有为、张向阳(2005)研究认为,价值链模块化(从价值形成的角度,将产品生产的各个环节划分若干个独立的节点)作为一种新型的国际分工形态,为主导厂商与合同制造商提供了共同升级的良性互动机制,指出了价值链模块化与国际制造业升级的机理与路径,认为价值链模块化有助于参与企业向价值链的高端爬升,最终实现升级的目的,同样如果一个国家能够嵌入到这样的生产系统之中,则会优化改过产业升级的环境,最后对于价值链模块化与国际制造业的

① 王燕.集群视角下我国汽车产业的发展研究[J].黑龙江对外经贸,2009(12):65-67.

② 孙晓峰.模块化技术与模块化生产方式:以计算机产业为例[J].中国工业经济,2005(6):60-66.

③ 白雪洁.模块化时代的汽车产业变革[J].中国工业经济,2005(9):75-81.

升级战略作了相应的分析①。

张伟(2006)以汽车产业为例,分析了模块化生产方式对于汽车产业发展的影响。他认为正是由于模块化的生产方式,使得汽车产品的开发设计表现出简易性、低成本性和高效性的特征,同时,多级供应商与整车生产商的关系也发生了变化,提出可以将各种不同的关系分为分散型供应模式、集中型供应模式和混合供应模式三类。通过对比国内外汽车模块化的组织模式,得出在汽车产业链中系统整合的程度越高,则其复杂程度也就越高,相应的产品附加值以及利润也会比较高,对于我国汽车产业升级的方向有指导意义②。

韩晶(2008)从我国汽车产业发展的现实出发,认为国内汽车制造业在关键技术模块上对发达国家有着较强的依赖,在关键模块的研发和生产上还是处于弱势地位,由于国内零部件企业规模小、专业化程度低、自主研发能力差等原因,还难以融入到跨国公司的配套体系当中去,因此,提出我国汽车产业的升级过程,应当将持续的技术学习和高强度的自主研发作为基本的战略思想③。

程文和张建华(2010)分析了我国国内汽车产业模块化生产的现状,指出我国汽车产业模块化的应用存在许多问题,例如,整车企业规模偏小限制了模块的集成能力,零部件企业小而散的现状制约了模块创新,模块接口统一标准的缺失割裂了各模块联系,限制了规模经济的作用。并针对这些问题,提出了相应的政策建议,以推进我国汽车产业升级的顺利进行④。

(四)其他有关汽车产业优化升级的路理论研究

除了上面三方面的研究以外,国内还有一些学者从别的角度进行了有益探索,由于这方面的研究较零散,没有形成一个完整的分析系统,因此将他们统一归到这一部分加以说明。

王卫锋等(2003)认为我国汽车产业结构之所以不优,存在着历史的、体制的以及发展模式选择失误等多方面的原因,针对这些原因提出了相应的政策建议,其研究着眼于宏观产业结构的改善⑤。包国宪等(2006)以汽车产业为例,在对我国汽车产业结构的发展现状及面临的矛盾加以分析基础的上,通过分析虚拟经营(指各实体企业以项目为导向、核心能力为前提、信息和网络技术为媒介,通过突破企业有形的组织边界,将企业某些职能虚拟化以集中资源,提高企

① 朱有为,张向阳. 价值链模块化、国际分工与制造业升级[J]. 国际贸易问题,2005(9):98 - 103.

② 张伟. 模块化与产业组织模式:以汽车产业为例[D]. 上海社会科学院,2006.

③ 韩晶. 基于模块化的中国汽车产业升级战略研究[J]. 现代经济探讨,2008(5):63 - 67.

④ 程文,张建华. 中国汽车产业模块技术发展与产业升级[J]. 中国软科学,2010(4):44 - 49.

⑤ 王卫锋,王恕立,何伟. 汽车产业结构的优化[J]. 北京汽车,2003(1):6 - 9.

业的反应速度和强化核心能力的一种经营模式）的特点，提出通过实施虚拟经营来推动我国汽车产业结构的调整①。李晓阳（2010）从比较优势理论和企业能力理论出发，考察了产业升级的两种不同路径：发挥比较优势为主的嵌入式产业升级路径和以企业能力为核心的内生型产业升级路径。由于相对于嵌入式产业升级，以企业为主的内生性产业升级路径具有较强的带动和扩散效应，能够产生持久的竞争力，因此，结合我国汽车产业发展的现实情况，提出虽然两种不同的升级路径都具有可行性，但是从长远来看内生性产业升级的路径更为合理②。

本节分析，可以得出如下简要结论：

我国汽车产业迅速发展，产业规模不断扩大，但是汽车生产企业规模偏小、研发投入不足、缺少关键核心技术、产品档次较低、缺少世界知名品牌等，都成为制约我国汽车制造业继续向前发展的重要问题，因此，有关汽车产业升级的各类研究都是从不同的角度出发探讨相同的问题。

从上面的研究概述中我们可以看出，三种主要的研究思路从产业集群、全球价值链以及现代生产方式三方面出发，在一个较大的范围对于我国汽车产业的升级作出具体分析，尽管研究视角不同，但它们对于我国汽车制造业的优化发展有重要的指导意义。产业集群优化发展思路，适合于我国目前汽车制造业发展布局的现状，而且我国大国经济的特点也决定了集群化发展思路的可行性。全球价值链思路的研究，指出了我国汽车制造业同国外相比具有的优劣势，为我国汽车制造业进行优化升级指出了正确的方向。现代生产方式思路的研究，指出我国汽车制造业技术的优化，可以通过引用更高效的生产方式来减小与国外在技术方面的差距，改善我国汽车制造业的生产效率、增强竞争力。同样，这些研究思路对于开展本章的研究具有重要的指导意义。

但在这些研究中，研究的参看对象基本是以国外的企业或集群为主，这种通过横向比较的方式，有利于看清楚我国的汽车产业在世界汽车发展中的真实位置，但是，地区产业的发展又有其自身的特性，国外的发展经验能否经得起国内现实的检验还有待验证，从产业自身发展的阶段性入手，通过纵向对比我国汽车产业发展的问题，同样具有合理性，而目前国内在这方面的研究还不太多。

虽然目前我国汽车产业的规模庞大，但我国汽车产业真正的大发展是在入世后的近几年，因此，虽然我国的学者对于我国的汽车产业发展进行了大量的研

① 包国宪，李华，顾波军. 我国汽车产业结构优化调整的新思路——虚拟经营[J]. 生产力研究. 2006(9)：178－182.

② 李晓阳，吴彦艳，王雅林. 基于比较优势和企业能力理论视角的产业升级路径选择研究——以我国汽车产业为例[J]. 北京交通大学学报，2010(4)：23－27.

究，但是毕竟起步晚，再加上我国经济发展的复杂性和特殊性，现有研究远远不够，因此本章将从我国汽车制造业的自身发展出发研究升级的相关问题，以期对我国汽车制造业的升级能够提供参考。

第二节　我国汽车制造业的发展

一、我国汽车制造业的发展历程

从新中国成立初的一穷二白到如今产销量世界第一的水平，我国的汽车制造业经过几十年的发展，取得了辉煌的成绩，通过几件大的事件，我们可以将这个过程大致划分为几个不同的发展阶段。

以十一届三中全会的召开为分界点，从 1953 年到 1978 年这一阶段，由于国内处于高度的计划经济体制下，因此，经济运行中处处显示着计划经济的特征，从产品的设计生产到最终消费各个环节都有政府的行政管理作用。一方面，国家通过行政手段集中国内有限的资源，建设出了像一汽、二汽等大规模的汽车生产企业和一些科研院所和教育机构，为我国汽车工业的发展奠定了基础。但另一方面，由于在当时环境下，汽车生产企业对于企业的经营不具有决策权，不具备独立的市场地位，企业缺乏竞争意识和创新的动力，导致汽车制造业发展缓慢，而且，当时的历史环境下，汽车作为重要的生产资料，首先应当考虑满足工农业生产的需要，因此造成这一时期的汽车生产品种单一，主要是生产中型载货汽车，整个市场缺重少轻、轿车几乎是空白。

第二阶段以 1994 年国务院批准颁布《汽车工业产业政策》为线。在 1978～1993年期间，改革开放的实施，打破了原有计划经济体制下对经济发展的束缚，资源配置方式开始向市场转变，在中央和地方政府的推动下，各地纷纷开始发展汽车制造业，在原有全国汽车制造业布局的基础上，又涌现出重汽、南汽、北京、上海、天津、沈阳等汽车生产基地。也是在这一时期，国外资本开始进入国内市场，像上海大众、神龙汽车、郑州日产都是在这一时期建立的，这一时期的汽车制造业有了较大的提高。一方面国内汽车制造企业通过技术引进、消化吸收等方式提升了技术水平，另一方面，外资的引入，丰富了国内的汽车市场，产品结构趋于多元化，但是，地方政府对于汽车制造投资分散化、小型化，缺乏全局观念的产业布局，为以后汽车制造业的优化升级埋下了隐患。

第三阶段以我国的入世成功为分界点，在这期间我国第一部汽车产业政策的颁布,意味着国家首次公开鼓励私人汽车消费,明确将汽车工业作为国民经济的支柱产业来发展,第一次把鼓励私人购买汽车写进了政府政策文本,从此我国汽车工业进入一个崭新阶段。政策强调了整车企业的生产能力和规模,对于我国汽车企业扩大生产规模、提高技术水平和增强市场集中度等方面有重要的影响,在1998年,我国终于迈进了世界十大汽车制造国的行列,当年我国汽车总产量达到162.8万辆,排名位居世界第十位。国内的汽车产品结构趋于合理化,汽车制造业基本形成了6大类120多个品种的比较完整的生产体系,1994年全国所生产的载货车、客车和轿车的比例为58.07:23.43:18.5,到2001年这一比例变为34.3:35.65:30.05,而市场竞争的加剧,客观上促进了国内汽车行业技术进步的速度和国际化的进程。

从2002年开始,我国的汽车制造业出现了迅速繁荣的态势。入世给我国的经济快速发展注入了新的活力,经济的发展带来人们生活水平的提高,国内消费结构的提升,人们的生活从温饱型向小康型开始转变,消费需求多样化日渐明显,轿车已经进入到普通的家庭。在2008年,轿车、货车和交叉型乘用车分别销售504.69万辆、164.06万辆和106.36万辆,分别占到汽车销量的53.80%、17.49%和11.34%,轿车在我国汽车制造业的比重进一步提高。我国汽车制造业的生产能力大幅提升,从2000年到2009年,产量年均增长率达到24.3%[①],总产量从21世纪初的207万辆,发展到2010年的1826.47万辆。

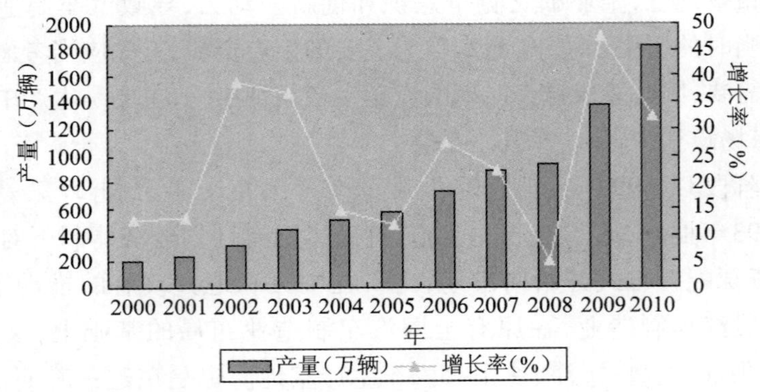

图3-1 我国汽车年产量与年增长率变化[②]

① 2008年受金融危机,2009年由于政府宏观调控政策的影响,产量增长率波动较大。

② 资料来源:由《中国汽车工业年鉴2009》和我国汽车工业协会统计信息整理。

二、我国汽车制造业现状

入世以后，我国汽车制造业的规模不断扩大、生产能力进一步提高，到2008年底，我国共有汽车生产企业2629个（有些企业包含多家生产企业），汽车配套的相关企业约127家，汽车工业总产值达到18780.5亿元。2009年在政府宏观政策的带动下，汽车工业产值近一步增长达到31935.4亿元，汽车年产量达1379万辆，位居世界第一，占到全球汽车产销量的22.8%。国内汽车制造业的劳动生产率比已往有了较大提高，如表3－1所示。

表3－1 我国汽车产量与劳动生产率变化①

项目＼年份	1991	1994	2001	2004	2008
汽车产量（辆）	708820	1353368	2341528	5070500	9345100
全员劳动生产率（元/人·年）	10214	26312	69269	130451	209256

在我国的国内市场，由于国内经济发展的不平衡导致人们消费结构的多样化，为国内汽车制造企业的发展提供了发展的条件，像比亚迪、吉利、长城汽车等民营车企的成长，加快了民族汽车制造业的崛起，汽车制造业的资本构成多元化更加明显。在2010年，我国乘用车自主品牌共销售627.30万辆，占乘用车销售总量的45.60%，比上年提高了1.30个百分点，自主品牌的乘用车已经可以同国外的汽车制造商在国内市场上进行正面的较量。

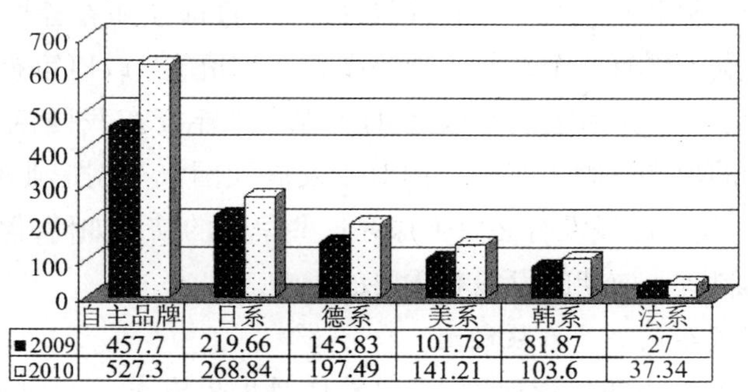

图3－2 2009～2010年我国汽车销量分国别统计情况（单位：万辆）②

① 资料来源：由中国汽车工业统计年鉴整理。

② 资料来源：由中国汽车工业协会统计资料整理。

在汽车产品贸易方面,2010年,汽车商品进出口总额首次超过千亿美元,达到1085.31亿美元,同比增长55.22%,汽车商品进出口各自为566.94亿美元和518.37亿美元,增长率分别达到71.24%和40.82%,从出口产品构成上来看,汽车零部件的出口贡献度最大,占到汽车商品出口总额的78%,而整车的进口贡献最大,占到汽车商品进口的54%。从汽车产品贸易对象来看,进口主要集中于日本、德国、美国、韩国几个国家,出口则以阿尔及利亚、叙利亚、越南、俄罗斯、智利等发展中国家为主。

三、我国汽车制造业发展的主要特点

(一)我国汽车制造业起步晚、发展曲折

中、日、韩三国的汽车制造业发展相比欧美等国都要晚,虽然日本的汽车工业出现的比较早,但由于第二次世界大战的影响,其真正意义的发展也是在20世纪五六十年代以后,而韩国的汽车制造业出现的比我国还要晚,但是日本和韩国的汽车制造业却先于我国取得了迅速的发展,这与他们两国积极有效的汽车工业发展政策密不可分。而我国汽车制造业却是在经历了几番波折之后,才取得了快速发展。

虽然从新中国成立之初我国就已经开始汽车制造业的发展,但是由于经济体制以及社会政治环境的原因,到改革开放之初我国的汽车制造业依然落后,在这期间与日本的汽车制造业拉开了差距,就在我国进行改革开放,开始逐渐摸索发展我国汽车制造业道路的时候,韩国的汽车制造业获得了巨大发展,与我国汽车制造业之间拉开了差距。

从我国汽车制造业的产生,到发展过程中一直都伴随着各种争论①,其中最具争议性的焦点主要有三个,"轿车要不要进入家庭"、"政府审批与汽车行业的规模经济、产业集中度和重复建设等的关系"、"外资在我国汽车发展中的作用",这些争论的出现反映了当时人们对于发展我国汽车制造业的不同认识,随着时间的推移,我们已经没有必要去探究这些争论的结果如何,但是争论的存在对于我国汽车制造业前期的发展有重要的影响。

(二)我国汽车制造业发展迅速

我国汽车制造业的发展速度,可以看作是世界汽车工业史上的一个神话。日本和韩国汽车产业的迅速发展,历来被人们看作是后发国家中的典范,而我国

① 刘世锦.市场开放、竞争与产业进步——中国汽车产业30年发展中的争论和重要经验[J].管理世界,2008(12):1-9.

汽车制造业的发展速度,比它们还要快,下面一组数据反映了这种情况:

表 3-2 中、日、韩三国达到产量区间的时间对比(单位:万辆)①

国家	50—100	100—300	300—500	500—800	800—1000
中国	1988—1992	1993—2002	2003—2004	2005—2007	2008—2009
日本	1960—1963	1964—1967	1968—1970	1971—1973	1974—1980
韩国	1986—1988	1989—2000			

韩国汽车的产量一直没有达到 500 万辆,在刚过去的 2010 年中、日、韩三国的汽车产量分别为 1826.5 万辆、962.6 万辆、427.2 万辆。从上面的数据中我们可以看出,汽车产量从 300 万辆到突破 1000 万辆大关,日本用了 12 年时间,而我国只用了日本一半的时间就完成了,从表 3-2 中我们可以看出,我国汽车制造业自 2002 年以来,发展速度惊人。

(三)我国汽车制造业面对的经济环境已发生变化

我国汽车制造业的快速发展是在新世纪,这时候国际间经济交往频繁,彼此之间联系密切,汽车制造的全球配置日益明显,在这种大的环境下,我国便很快融入世界汽车工业的生产体系当中,而且在我国加入世界贸易组织以后,所面临的外部环境已经不同,不可能再走日本和韩国走过的老路来发展本国的汽车制造业,即通过保护性政策来慢慢地培育我国汽车制造业的成长,只有重新摸索适合自己发展的路子。

同样,国内汽车制造业的发展环境也已发生变化。随着国内经济的持续快速增长,人们生活水平的提高,汽车逐渐进入到普通家庭,国内汽车消费市场的扩张,为我国汽车制造业的发展提供了很好的发展机会,到 2009 年年底,国内私人购车比例由本世纪初的 50% 跃升至 87%,已成为拉动汽车消费的主要力量;外资通过合资经营等方式已经大量进入我国的国内市场,而 2008 年的金融危机促使跨国汽车巨头加大在华投资力度,纷纷扩大产能以抢占市场份额,而自主品牌经过几年的快速发展,市场份额也大幅提升,国内的汽车市场竞争更为激烈。

① 资料来源:中国汽车工业年鉴、日本汽车工业协会统计信息整理。

四、我国汽车制造业发展中存在的主要问题

(一)自主创新能力不足

我国汽车制造业的技术水平与国外还存在着差距,自主开发的产品水平与大型汽车跨国公司之间差距比较大。其原因之一,是对于研发的投入力度不够,我国汽车制造业的R&D支出占主营业务收入的比重一直比较低(见表3-3),而国际知名企业的这一比重大都在3%~10%之间。

表3-3 我国汽车制造业R&D投入与占主营业务收入比重①

项目 \ 年份	2001	2002	2003	2004	2005	2006	2007	2008
支出总额(亿元)	33.8	56.3	65.8	75.1	94.8	118.6	162.9	208.1
比重(%)	1.38	1.65	1.28	1.37	1.70	1.62	1.76	2.01

对于引进技术的消化吸收不够重视,也是造成我国汽车制造业自主创新能力不足的重要原因。我国汽车制造设备生产线从20世纪50年代就开始引进,但是长期以来对汽车引进技术的消化吸收不够,以致引进的技术没有充分发挥其应有的作用,最终导致我国的汽车行业的自主开发和创新能力不足。

(二)汽车产品层次低、出口结构不合理

我国民族汽车制造业的发展,壮大了汽车工业的发展实力,提升了人们对于民族工业发展的自信心,但产品的市场位置偏低却是一个不争的事实,像吉利汽车在发展之初定位于经济型汽车的生产,所生产产品的附加值低,资本和技术在产品价值的构成中偏低。在2010年的进出口统计中,整车进出口量分别为81.3万辆和56.62万辆,金额分别是306.4亿美元和69.86亿美元,平均每辆进出口车之间的差价达到25321美元。

我国汽车出口的比重偏低、产品结构不合理也是一个重要问题。2010年,我国汽车出口量为54.49万辆,仅占汽车总产量的2.98%,与我国汽车生产量世界第一的成绩形成了鲜明的对比,这个比重在全球主要汽车生产国中处于低水平,不仅无法与欧、美、日、韩等国家和地区进行比较,甚至不如印度、巴西等国的出口水平;而且在出口目的市场的组成,是以中东、东南亚等发展中或落后地区为主,对于发达国家的市场由于技术标准、法律法规等方面的原因,还难以进入。

---

① 数据来源:由中国汽车工业年鉴统计整理。

（三）专业技术人才短缺

我国汽车制造业的发展离不开大量专业人才的支持，不仅需要专业的技术人才，而且需要经营管理人才和综合性的高端人才。而在我国，近年汽车市场的繁荣与汽车人才市场所出现的种种问题形成鲜明对比，一份2010年中国汽车精英网对国内800家汽车企业的调查研究表明①，96.8%的企业表示曾经遇到技术人才紧缺的情况，同时表示，在自己的企业，高级技术性人才一直严重不足，而且技术人才普遍存在跳槽频繁的问题，平均只有18个月，这一结果表明目前很多企业其实对于技术人才的重视程度、关怀程度还是不足。高级管理人才目前同样在汽车行业内非常紧缺，68%的企业表示企业每年都会有高级管理人才招聘需求，而对于高级人才的管理不足的原因，56.2%企业认为是汽车行业的发展不均衡限制了高级人才发展，众多汽车行业从业者是从草根创业开始的，因而许多高级人才愿意在其他行业发展，尤其是后市场人才更加紧缺。

五、我国汽车制造业优化升级的必要性和紧迫性

（一）汽车制造业发展趋势

研究我国汽车制造业优化升级，首先应当明确要朝什么方向发展，这样才能做到有的放矢。在当前的形势下，汽车制造业的发展有几大趋势，认清这些趋势，对于我国汽车制造业的发展，具有重要的导向意义。

（1）节能环保汽车的推广应用将是未来汽车的发展方向。能源问题一直是世界各国所担心的问题，而从汽车的生产到最终报废之前都需要石油制品的参与，汽车产业与石油产业密切相关，发展汽车产业就必然需要更多的石油供应。因此，减小汽车产业发展中能源需求的努力，就成为新能源汽车产生的原动力之一。而且，传统汽车发展过程中带来的环境问题、社会问题等，都要求汽车产业进行新的革命。美国的金融危机加速了新能源汽车的发展，世界各主要汽车生产国都将新能源汽车的发展提升到国家战略的高度，通过一系列的扶持政策，助推本国汽车制造业的发展，帮助夺取未来市场竞争的制高点，可以说人们在这一趋势的认识已基本上达成了共识。

（2）汽车产品将向着舒适化、智能化方向发展。经济的发展，人们生活水平的提高，对于汽车产品的要求不再仅是一个简单的代步工具，它已同时具有了交通、娱乐、办公和通信等多种功能，人们对于汽车的安全性、舒适性等方面都提出了新的要求，而电子技术的快速发展正好为汽车向智能化、网络化、多媒体的方

---

① 中国汽车人才精英网. http://www.192job.com/news/news_list.aspx? news_id=154.

向发展创造了条件，可以通过应用汽车电子技术来改善汽车一些性能，汽车电子化被看作是汽车技术发展进程中的一次革命。汽车电子可以分为两类：一类是汽车电子控制装置，需要和机械系统配合使用，这类产品的技术含量较高；另一类是车载汽车电子装置，它和汽车本身的性能并无直接关系。近年来，汽车电子产品在整车中所占的比重日益增大，有研究机构指出，汽车电子产品在整车生产成本的比重平均约为23%~30%，而高档豪华车辆的比重更是高达50%~60%，未来汽车电子化将成为汽车制造业升级的重要方向之一。

(3)生产技术的改进，企业的生产、组织方式相应发生了变化，模块化的生产方式将被企业选择。企业通过模块生产技术的应用，可以实现规模化经营，而且专门生产某个模块的供应商，可以通过积累经验、干中学等方式，促进产品创新。在现在的汽车制造业，汽车产品已近经过了一百多年的发展，技术已近相当成熟，尤其是大型企业之间的竞争不仅仅表现在产品品质上，随着人们消费的理性化，产品的价格成为能否取得市场竞争的重要因素，模块化的生产技术刚好能够满足这一需求，不仅可以加快企业产品更新的速度，而且这种在生产组织方式下，企业可以在不增加自身负担的情况下实现规模经营，获得更好的经济效益。因此，模块化的生产技术，也是未来汽车制造业发展的一个方向。

(二)我国汽车制造业优化升级的必要性

目前我国国内经济的发展，面临着转型升级的重大挑战，而汽车制造业又是我国工业发展的重要组成部分，因此，加快推进汽车制造业的优化升级，争取早日实现内涵式的发展方式，加强企业的创新能力建设、实施企业兼并重组，通过培育自主品牌等措施，提升汽车制造业的核心竞争力，对于我国经济的健康发展有着重要的现实意义。

在我国汽车制造业发展之初，在政府倡导的以"市场换技术"的政策下，外资纷纷进入到国内汽车市场，成立了许多的大型合资公司，以开拓和抢占国内市场，并且在国内市场上一直扮演着主角，随着国内民族汽车制造业的崛起，这一问题有所缓解但依然严峻。目前国内汽车产品的档次整体偏低，在高端市场上的竞争力不足，主要集中于中低端产品市场的发展，在国内生产成本不断上涨的压力下，如何通过转型升级提升市场竞争力越来越重要。

我国汽车产业的利润严重外流，是汽车产业发展中长期存在的痼疾，据相关专业人士估计，当前我国汽车市场的格局是"国际资本以40%的资本，占据50%的份额，攫取70%的利润"①，这些问题的产生其中的重要原因，就是自主品牌力

① 盖世汽车网. http://auto.gasgoo.com/News/2010/10/151143124312253289564.shtml.

量薄弱和关键零部件技术的缺失,技术的缺失导致在国内合资企业中中方没有话语权,国外资本凭借对技术的拥有获得了大部分利润,增强我国汽车制造业的创新能力势在必行。

我国自主品牌的发展面临着严峻的竞争环境,近几年自主品牌发展虽然有长足进步,但整体上我国的自主品牌汽车企业实力不强。不仅表现在技术创新能力弱、关键技术领域缺乏自主知识产权,还表现在品牌整体上还缺乏知名度,难以和国外的汽车巨头相抗衡。而企业研发费用投入不足,相关的专业技术人才的缺乏,以及经验方面的弱势都是造成这一问题的原因。因此,在国际汽车巨头齐聚我国市场的今天,我国的自主品牌面临很大的竞争压力。

因此,不论从提高产品的质量,还是提升自主品牌的市场竞争力,亦或是防止国内汽车产业巨额利润外流、增加国内资本的利润获取比例的考量,都应当加快我国汽车制造业的升级步伐,通过升级来促进其近一步的健康发展。

(三)我国汽车制造业优化升级的紧迫性

金融危机的爆发,给世界各国实体经济造成了巨大的冲击,导致国际产业布局的重新调整,发达国家开始寻求更高技术水平的新兴产业,而将加工制造业或者其他一些附加价值低的产业或环节转移给发展中国家,这给我国汽车产业的转型升级提供了重要的机会。在世界汽车产业发展史当中,大致出现过三次大的转移,其中每一次转移都给产业转出地和承接方带来新的发展机会,转出地通过产业转移优化了区内产业的结构水平,而产业承接地则同样在技术水平、经济发展实力等方面得到了迅速提高。

在世界汽车产业的版图上,我国国内市场已成为任何跨国企业都不能忽视的市场之一,有学者曾提出,我国将成为继欧洲、美国、日本之后世界汽车工业的另一极。随着国内汽车市场的不断扩张,国外各大汽车生产商的发展战略随之发生了变化,由原来的"为中国造车"转变为"在中国研发新车型,并在中国进行市场检验,最终推向全球"①,跨国公司纷纷在国内市场上建立研发中心,将研发中心向国内转移。金融危机的爆发更是加速了这一进程,继通用之后,在 2010 年,丰田公司斥资 2.34 亿美元在江苏常熟市东南经济开发区设立了丰田汽车研发中心,从研发中心的层次来看,他们所设立的均为全球研发中心,是为其全球业务提供研发服务②,我国汽车企业通过向跨国公司学习来提升自身的技术水平,而且与

---

① 叶友,欣轩,程瑶. 如何迎接国际汽车产业转移——从通用破产说起[J]. 财务与会计,2009(9):17-19.

② 车讯网. http://www.carxoo.com/info/news-184028.html.

国外汽车研发中心的合作可以弥补自身研发能力不足的弱项，因此，利用金融危机影响下产业布局调整的机会，进行产业升级调整具有重要的意义。

同时，我国经济发展中面临着诸如能源、环境、交通等方面的问题。这些问题严重的制约了我国汽车产业的发展。在2009年，我国的原油依存度超过了50%，而国内6200万辆的汽车保有量，却消耗掉全国汽柴油总产量的63.2%，车用汽油消费量为6260万吨，占汽油产量的87%，车用柴油消耗7220万吨，占柴油产量的51%。同年，我国高速公路总里程达6.5万公里，城市道路总长度达26.7万公里，城市道路面积48.2亿平方米，分别比上年增长2.8%和6.54%，城市道路建设和改造远远比不上汽车工业48.3%的增速①，造成城市道路拥挤的问题。众所周知，汽车尾气中含有的一氧化碳、颗粒物以及其他类型氮的氧化物，对于环境具有较大的破坏作用。因此，为了实现人与环境和谐发展的这一目标，从中央到地方政府，都将发展节能环保的新能源汽车作为今后汽车产业发展的方向，而我国在新能源汽车的发展与国外的差距不是很大。

因此，推进汽车产业的优化升级夺取未来产业发展制高点，是目前国内汽车产业发展的重要任务。

第三节　我国汽车制造业优化升级的生命周期分析

一、产业生命周期理论应用的说明

以产业生命周期理论研究我国汽车制造业是否具有适用性，或者说理论应用当中会不会出现变异？对于这个问题，笔者认为：首先，我国社会主义市场经济体制的建立，我国国内汽车制造业所处的市场环境与国外环境之间不存在很大的差异，故不存在理论移植过程中由于环境差异导致的变异。其次，汽车工业发展史上产生的几次大的转移，说明了汽车制造业在不同区域的发展，也会表现出由产业形成到衰退的这样一个周期过程，故汽车制造业的发展也存在着兴衰变化的规律。最后，我国的汽车制造业的发展中虽然表现出一些自身的特点，如发展道路曲折、成长迅速等，但从总体上来说，其发展也经历了从产业的产生到不断成长这样的一条普遍轨迹，因此，用生命周期理论来分析我国汽车制造业的发展是可取的。

---

① 2010中国汽车产业发展国际论坛. http://auto.qq.com/a/20100904/000027.htm.

产业生命周期的提出是以产品生命周期理论为基础的，因此，人们对于产业生命周期的识别指标，同样主要是以产品产量或者是产值，也有用产品销售收入作为判定指标的。然而对于汽车这类产品结构比较复杂的产业来说，选择这些指标作为判定的标准将会产生一些问题①。产品产量可以直观地看出产业发展规模的大小，但是汽车不同产品之间的差异比较大，因此，仅仅用产量作为评判标准的话，难以全面的反映出内部的结构性问题，而且不能够准确的对于产业的发展作出反映，将产值或销售收入作为评定指标则有可能引起重复计算的问题，因此，在判断我国汽车制造业的问题上，本节将从投入、产出以及投入产出效率三个方面入手，通过观察汽车制造业投资总额、劳动生产效率以及产业增加值的变化情况，做出相应判断，力求使得结论更为科学合理。

二、产业发展的阶段性特征及其判定

（一）产业生命周期的阶段性特征

依据产业生命周期理论，产业的发展和生物生命周期一样，要经历成形期、成长期、成熟期、衰退期几个进化阶段（见表3－4）。产业在成熟期以后，大多数的产业会经历到衰退期，在这一阶段产品的市场需求萎缩，产品老化，产业增长率下降，在地区经济中的作用减弱。但是也有些产业通过创新调整，延缓了衰退期的到来，甚至有地区通过运用高新技术对这些衰退产业进行包装，使其重新获得发展的活力，重新走上发展之路。

表3－4　产业发展不同阶段的特征

时间 项目	成形期	成长期	成熟期	衰退期
产品特征	产品的结构单一，知名度低	产品的品种和门类比较齐全，逐渐为人们所接受	产品的性能、式样、规格、工艺等趋于稳定，产品为人们所熟知	创新不足导致产品老化，将持续较长的时期

① 史忠良，何维达. 产业兴衰与转化规律[M]. 北京：经济管理出版社 2004(12)：30.

续表

项目＼时间	成形期	成长期	成熟期	衰退期
市场特征	企业数量不多,但生产已具备一定规模,有专门的生产技术,市场供过于求	大量的资本进入该产业,生产规模不断扩大,形成独立的生产经营体系	产业规模空前,生产能力接近饱和,市场需求饱和,供求矛盾不大	有大量的退出发生,生产能力大量过剩,产品供大于求
产业技术特征	新技术(全新或是创新技术)	技术不断成熟和完善,进步明显	技术先进,且趋于稳定	技术不适应产业发展的要求
产业收益特征	无	开始产生利润	利润逐步达到最高水平	利润大幅度持续降低
增加值特征	产业增加值增长率快速上升,但总体水平不高	产业增加值增长率在高水平上以缓慢的速度上升	产业增加值增长率快速下降,但仍然处于较高水平	产业增加值增长率缓慢下降,并滑至较低水平

(二)生命周期的判定

目前学术界主要采用以拟合曲线分析法、计算判断法和经验对比法,来对产业的生命周期阶段进行判定①。

1.拟合曲线分析法

常用的拟合曲线分析法有龚柏兹曲线拟合法和皮尔曲线拟合法两种,前者是美国统计学家和数学家龚柏兹提出的用于控制人口增长率的一种模型,也可以被用来进行产品生命周期的预测。其预测模型为:

$$y_t = k_a^{b'}(K > 0) \tag{3-1}$$

皮尔曲线是比利时数学家哈尔斯特首先提出,后被生物学家皮尔将其应用于研究人口的生长规律,故称为皮尔增长曲线简称皮尔曲线,其数学模型是:

① 吕裔良.基于成长期的中国乳制品产业发展研究[D].东北林业大学,2008.

$$y_t = \frac{L}{1 + ae^{-bt}} \tag{3-2}$$

2. 计算判断法

是指对能够反映产业生命周期的指标进行计算，根据计算的结果判断产业发展所处的阶段。人们通常将产销量的增长率作为判定的指标。具体来说：当某一产业的该指标小于10%时，则该产业处于形成阶段；这一数值大于10%，则可认为该产业是处于成长阶段；如果当产销增长率介于0.1%～10%之间，则产业应当是处于成熟期；而在产业的衰退期，产销增长率则呈现负增长趋势，即该指标的数值为负数。

3. 经验对比法

这种方法是指，依据国外同一产业的发展经验，通过对比研究对象与国外产业之间的关系，对目标产业所处的生命周期阶段进行判断。国外的经济发展经验表明，一般消费品的社会普及率和产业发展阶段之间存在着密切联系。在形成期，产品的社会普及率低于5%；成长期的社会普及率一般在5%～8%之间；当产品的社会普及率在80%～90%之间时，产业的发展进入到成熟期；在产业的衰退期，社会普及率会超过90%。

本节对于判定方法的选择，将以后两种方法为主，在定性对比分析的基础上结合一定的量化分析，对我国汽车制造业的生命周期阶段性作出判断。

三、产业生命周期不同阶段的升级路径与措施

产业的发展是一个动态变化的过程，在发展的每一阶段面临不同的具体问题，在产业优化升级的过程中，如果措施得当，那么产业有可能保持较快的速度继续向前发展，但如果方法不当就有可能直接导致产业的衰退。因此，本部分将从产业生命周期的角度出发，产业优化升级的一般规律做出阐述。

（一）产业形成期的优化升级路径和措施

产业的形成有三种不同的方式，产业分化方式、衍生方式和新生长方式，但无论产业的形成是以怎样的方式发生，其形成都必须具备一定的条件。

（1）新技术的推广应用和市场需求的共同作用是产业形成的前提条件，新技术一方面可以影响产品的生产成本，进而影响到市场需求结构；另一方面新技术又可以改变供给结构，而市场的需求则是决定产业能否存活的关键因素，只有符合市场需求的产业才有可能获得长期的发展。

（2）经济资源的充分供给是产业产生的重要保证，产业的形成需要各种要素的参与，包括资本、劳动力、能源、信息、技术等，不同资源间的相对丰裕度将影

响到产业结构和特点，在现代经济社会，资本的形成已成为产业形成最核心和最首要的因素。

(3)政府的产业政策可以为产业的形成提供政策上的支持，比如对幼稚产业的保护、支持企业的创新活动等。

产业的获利性是产业形成的重要推动力，然而在产业形成的这一阶段，产业的获利能力较低(尤其是在产业的萌芽期)，而且在新技术的推广和应用过程中，面临更多的不确定因素和市场风险，所以吸收产业资本投资的能力不足，产业发展所需资本的稳定供给成为这一阶段产业发展的重要制约因素，能否获取足够的资本不仅决定着各种生产要素能否顺利的组合在一起，而且将影响到产业的创新能力。另外，由于在形成期的产业对于地区社会经济的贡献，还无法和现已存在的主导产业的影响相提并论，因此，政府对于处于形成期的产业支持力度还不会太大。

针对产业形成期存在的这些问题，在这一阶段可以采取的产业优化升级措施有以下几点：

(1)充分发挥政府的作用，对于具有发展潜力的朝阳产业，实行多种方式的支持政策，如:鼓励进行产业创新，与创新企业共担创新风险，对新技术的应用提供支持等。

(2)完善融资环境，拓宽新产业的融资渠道，利用多种方式为产业的形成提供资本支持，增强产业发展的资源整合能力。

(3)健全人才引进和培养机制，新产业的产生要求新型的专业人才，人力资源对于新产业的发展至关重要，它是实现产业创新的主体。

在产业形成阶段的升级路径如图3－3所示。

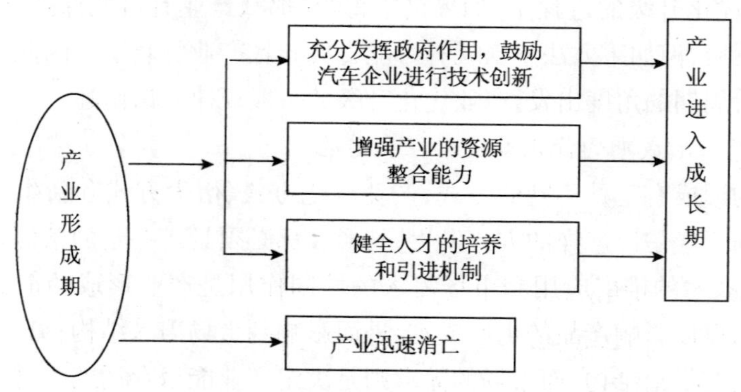

图3－3　形成期产业优化升级的路径

(二)产业成长期的优化升级路径和措施分析

产业扩张阶段是产业成长非常重要的阶段，决定着产业能否顺利进入到成熟阶段。在这一阶段中，新产业产生的巨大市场需求和寻求高额垄断利润的存在，吸引了大量的资本进入到该产业，生产规模迅速扩大，产业的增长速度加快，不同于产业形成期的问题，产业的扩张是大量的企业转产加入该产业，投资者大量进入。

成长期资本的大量进入，市场参与主体的多元化，对于市场环境提出了新的要求。企业的大量进入引起市场竞争的加剧，竞争重点表现为激烈而此起彼伏的价格战，如果不能及时的引导和规范这种市场竞争行为，这种低水平的竞争行为引起的“内耗”，不利于产业的进一步向前发展。其次，随着产业的成长，新产业与其他产业的联系日益紧密，产业的成长要求相应的配套设施和相关产业更进一步的支持。

因此，针对产业成长期面临的这些问题，产业优化升级的主要工作应当是规范市场的竞争秩序，同时应当重视对产业发展至关重要的相关产业的发展，具体来说有如下几方面：

（1）制定有关产业发展的相关产业政策，为产业的进一步发展提供政策上的导向，引导产业的发展方向。

（2）整顿市场的竞争秩序，积极引导企业采取合理有效地措施展开竞争，避免出现不规范竞争所带来的损失；统一行业标准，规范产业的发展。

（3）提升产业发展的市场集中度，增强企业发展规模和竞争实力，为产业的规模化发展和经营奠定基础。

（4）加强对相关产业的扶持力度，减小与配套产业之间的交易成本，为产业的发展提供支持。

产业成长期的升级路径如图 3－4 所示。

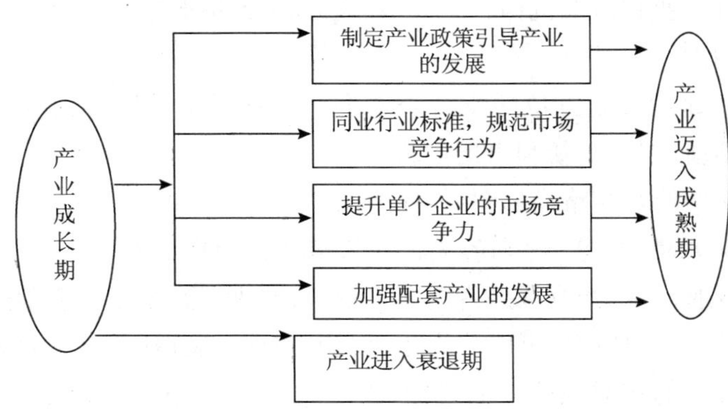

图 3－4 成长期产业优化升级的路径

（三）产业成熟期的优化升级路径和措施分析

产业在经历完成长期的快速增长以后，产业规模的进一步扩张受到市场容量以及产业自身的限制，增长速度降低，可看作产业进入到成长期。产业的成长其实是一个由“量”变到“质”变的过程，是一个渐进的过程，不可能在不同区域同时出现，而需要一个不断扩散的过程。在这一阶段，产业的增长速度降低、规模趋于稳定，成熟具体表现在技术上的成熟与先进性、产品的成熟、生产工艺上的成熟和产业组织上的成熟四个方面，其中产品的成熟被看作是产业成熟的主要标志。

在产业的成熟期，产业的增长率放慢，原来靠着快速的增长速度获得发展的企业为了继续获得发展的机会，将把竞争的注意力转向产业内部，努力争夺其他企业的市场份额，市场竞争加剧的结果将会改变原有“诸侯割据”的市场结构，最终形成垄断竞争和寡头垄断的市场格局，在这样的竞争格局下，不同地位的企业出于各自的利益需求，彼此之间都有着进行重组的需求，产业进入了以优胜劣汰为主要特征的重组阶段。在这一期间，由于产业在技术上的成熟与先进，并且趋于稳定，产品和技术创新都受到不同程度的限制，难以取得较大的突破。

因此，在这一阶段产业的发展所存在的主要问题，是如何通过创新活动增强产业发展的活力和动力，尽可能的延长产业成熟期的持续时间，具体可采取以下措施：

（1）在产业发展的成熟阶段，产业的产能趋于过剩，因此，可以通过鼓励和支持产业的重组，调整资源的配置结构，优化资源的使用效率。

（2）企业、个人和科研机构注重自身创新能力的提升，另外，还可以通过引进国外的先进企业和研发机构，在本地建立起相应的研发基地，切实的提高地区产业的创新能力。

（3）政府、企业要全方位的支持企业进行创新活动，既要支持技术创新，又要鼓励管理创新、制度创新和市场创新。

产业成熟期的升级路径如图 3－5 所示。

（四）产业衰退（或复兴）期的优化升级路径和措施分析

产业的衰退，是指产业从兴盛走向不景气，并进而逐步走向衰落这样一个过程。根据衰退产生的原因，可以分为相对衰退和绝对衰退两种，主要表现为产业发展中出现规模的相对或绝对的萎缩，因产品老化、退化、功能减退而表现出的颓势状态。导致产业出现衰退的原因主要有：消费需求的变化引起的、技术创新的发生所导致、产业国际比较优势发生变化和制度性因素所导致的产业衰退，其

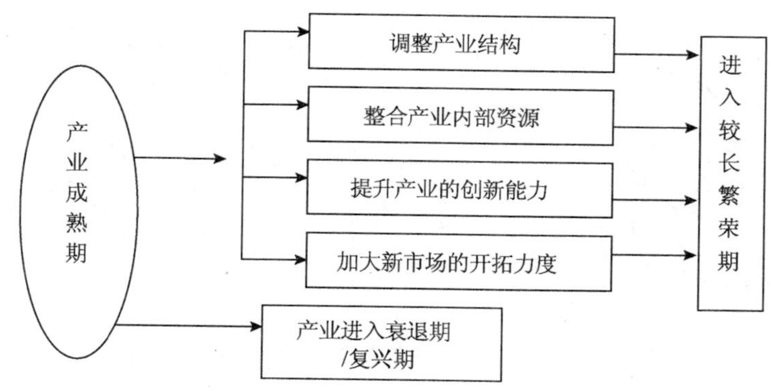

图 3－5　产业成熟阶段的优化升级路径

发生的本质是产业创新能力的下降或衰退。而产业复兴,是指由于企业进行的技术和产品革新活动(或者其他一些别的外在因素的作用),从提升产品的质量(或者是增加市场需求)入手,给即将进入或已经进入衰退期的带来新的活力,延缓产业衰退的出现,带来产业暂时的较好发展。

在产业衰退阶段,会表现出产业的生产能力过剩、产品市场供过于求、产业利润的下降导致大量的退出发生等现象,产业利润的持续下降,生产要素退出该产业进入到别的产业中,但是在这种资源在产业之间的的重组过程,产业不一定会退出历史舞台,有可能会表现出“衰”而不“亡”的现象,并伴随着人类的发展而长期存在,只是在整个区域经济中的比重下降,如果能够采取适当的措施,这类产业的发展有可能出现成长期和成熟期的一些特征。

产业的衰退是经济发展的必然结果,因此,在这一阶段产业的发展所要解决的主要问题,是提升产业的创新能力,使得产业在度过成熟阶段以后,能够尽快的走出衰退,进入新一轮的产业周期当中,朝着更加高级的方向发展,具体来说,可以采取以下措施:

(1)利用新技术包装处于衰退期的产业,借助新技术的力量实现产品创新、产业创新,给产业的发展注入新的活力。

(2)对于因消费需求变化引起的产业衰退,可以通过开拓新市场,创造新的市场需求,延长产业的存在。

(3)加强相关、配套产业的创新力度,从相关产业的创新来促进产业的优化,或者通过这种创新来培育新的产业成长。

产业衰退期(或复兴期)的升级路径如图 3－6 所示:

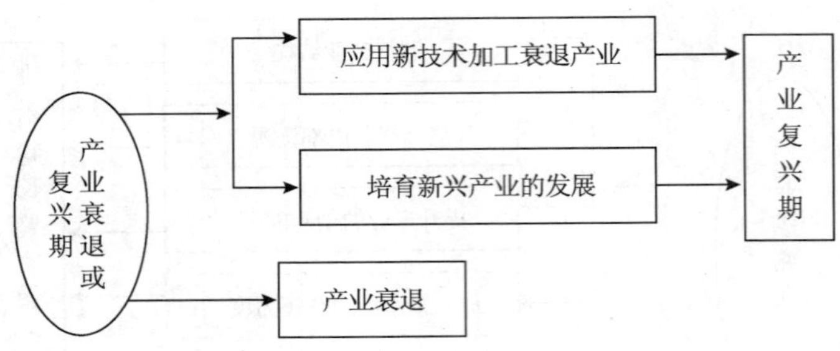

图 3－6　产业衰退期(或复兴期)阶段的优化升级路径

从上面的分析中我们可以看出,产业在不同阶段进行优化升级面临着不同的问题,认识产业发展中的这些普遍规律,对于人们解决不同时期的经济问题具有指导意义,人们可以根据产发展的阶段性特点,采取合理的措施推动产业进行优化升级。但是,又由于不同地区、不同产业的发展又拥有自身的特性,不同产业的优化升级问题不可一概而论,应具体问题具体分析,有所差别的选择升级的方式和路径。

四、我国汽车制造业的生命周期判断

对于我国汽车制造业的发展所处的阶段性划分问题,本文将采用定性和定量相结合的研究方法,通过对汽车制造业相对较长时期的变化趋势进行考察,力求使得分析更为全面合理。

(一)定性对比分析

首先,从我国汽车制造业在国内经济中的比重来看。从 1998 年 8 月我国第一辆经济型轿车在台州临海下线以来,像比亚迪、力帆、吉奥、众泰等一些国内民营资本也纷纷加入到汽车制造的行业,完善了我国汽车制造业的资本结构;国际资本通过合资经营等方式早就进入了我国的国内市场,近年来随着我国汽车市场的不断繁荣,更是加快了这一步伐,目前几乎所有的汽车巨头都进入到了我国,我国汽车制造业的规模日益庞大。在 2009 年我国汽车制造业总产值为 15594.7 亿元,占我国国内生产总值的 4.6%(汽车工业总产值占 GDP 的比重为 9.5%),与汽车工业已经是其国家支柱产业的日本和德国相比,日本的汽车工业总产值在 2009 年达到 12925800 亿日元,占到其国民生产总值的 27.3%,德国的汽车工业总产值也占到其国内生产总值的 20% 左右,从这些汽车强国的发展经验来看,随着我国汽车工业的发展,它在我国经济中所占的比重还将继续增长。

其次，国内汽车制造业的产品结构与国外的一些汽车强国相比，还不是十分完善。在2009年，在世界上几个汽车生产强国的产品构成中，我国与美国、日本、韩国、德国、法国、西班牙的乘用车占汽车总产量的比重分别为75.3%、66.3%、86.5%、89.9%、95.3%、88.9%、83.5%①，产品结构有待进一步调整（其中美国乘用车比重偏低，是由于其统计标准的特殊性，在轻卡的统计中包括了SUV的产量）。而且同发达国家相比，我国汽车产品中，柴油动力的汽车产品所占比重为30%左右，比发达国家低10个百分点。因此，同发达国家的汽车制造业相比，我国的汽车制造业目前整体上还不成熟，还处于成长阶段。

产品普及率常被用来判定产业生命周期，从汽车产品在我国的普及率来看，到2008年年底，全球汽车的人均所有量为6.9人/辆（普及率约14.5%）②，而我国的汽车的人均所有量仅为25.5人/辆（汽车普及率仅为4%），但是如果考虑到统计资料的滞后因素，目前我国汽车产品的普及率已超过5%（近两年我国汽车产品的销售总量超过3000万辆），故我国的汽车产业正处于成长期。在经济学研究中，人们常用R值（汽车市场的平均价格与人均GDP的比值）来观察汽车市场发展的中长期趋势，按照国际汽车市场发展规律，当R值越靠近3时，汽车将加快普及“步伐”。2009年我国的R值约为3.17（人民币兑美元汇率按6.8计，平均车价按8万算），随着我国经济的持续快速发展，这一数值将继续下降，因此，我们可以预期在今后的10~15年，我国将进入到汽车的普及阶段，市场需求的扩大将推动汽车制造业的继续增长，我国的汽车制造业还处于成长期。

（二）定量分析

对于我国汽车制造业生命周期阶段的定量分析，将从汽车制造业自身的投入增长率、投入产出效果以及产出增长率三方面进行，通过这些指标的长期变化趋势来认识我国汽车制造业的发展阶段性：

1. 汽车制造业投入增长率

在投入增长率的分析中，本文选取以汽车制造业固定资产投资额作为分析指标（表3-5）。

---

① 数据由中国汽车工业协会、日本汽车工业协会、欧洲汽车工业协会统计资料计算整理。

② 日本汽车工业协会. http://www.jamabj.cn/world/world/world_2t2.asp.

表 3-5 我国汽车制造业固定资产投资额年度统计[①] (单位:亿元)

年份	"七五"期间	"八五"期间	"九五"期间	2001	2002	2003	2004	2005	2006	2007	2008
固定资产投资额	89.1	364.3	491.0	121.1	170.3	313.1	430.0	396.2	415.2	476.6	435.7

由表 3-5 知,自"七五"以来,我国汽车制造业的投资规模一直呈现出上升的趋势,在 2003 年投资增长率甚至高达 83.3%。在 2004 年,为了推动我国汽车产业结构的调整和重组,提高市场集中度,避免散、乱、低水平重复建设,国家颁布了新的《汽车产业发展政策》,对于汽车制造业的投资有较明显的影响,2008 年国际金融危机对于汽车制造业的冲击,也在很大程度上影响到固定资产的投资,因此,研究中可以剔除这两个数据的影响因素,从总体上来看,我国汽车制造业的固定资产投资额增长较大。

2. 投入产出效果

由于统计资料的限制,对于劳动生产率的分析,本文将采用汽车工业的全员劳动生产率来代替汽车制造业生产效率。近年来我国汽车工业的全员劳动生产率的绝对值及其变化率如表 3-6 所示。

表 3-6 2000~2008 年我国汽车全员劳动生产率及变化情况[②]

年份	2000	2001	2002	2003	2004	2005	2006	2007	2008
全员劳动生产率(元)	53635	69269	96342	134301	130451	133549	185255	210166	209256
变化率(%)	17.6	29.1	38.5	39.4	-2.9	2.4	38.7	13.4	-0.4

为了更加直观的反映我国汽车生产效率的长期变化情况,下面将我国汽车工业全员劳动生产率的变化情况,绘出相应的走势图,见图 3-7。

① 数据来源:由中国汽车工业统计年鉴整理。

② 资料来源:由中国汽车工业统计年鉴计算整理。

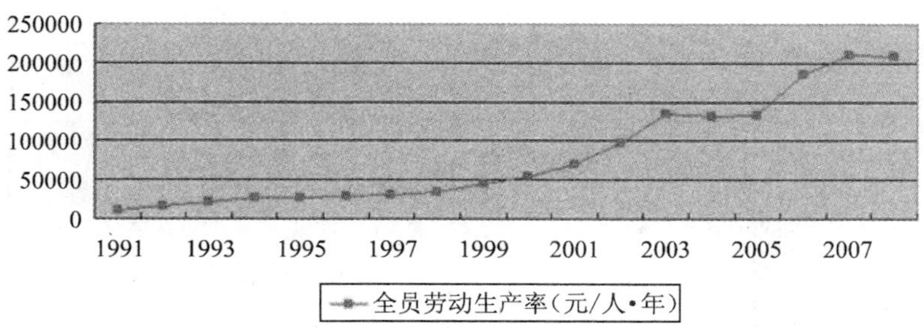

图 3 –7　1991 ~2008 年我国汽车工业全员劳动生产率走势图①

图 3 –7 的变化走势图,反映了我国汽车工业的生产效率变化的长期趋势,虽然在短期内出现了短暂的波动,全员劳动生产率的增长率在 2003 年达到最大值以后,在 2004 又出现了较小的负增长,但是从绝对值来看,我国汽车工业的全员劳动生产率总体上呈现出不断提高的趋势,从 1991 年的 10214 元/人 · 年增长到 2008 年的 209256 元/人 · 年,增长了 20 多倍。

3. 汽车制造业产出变化情况

对于汽车制造业的产出效果分析,将用工业增加值和利税总额作为分析的对象,利税总额(是指主营业务税金及附加、利润总额和应交增值税三项之和)来反映汽车制造业的利润变化情况(图 3 –8)。

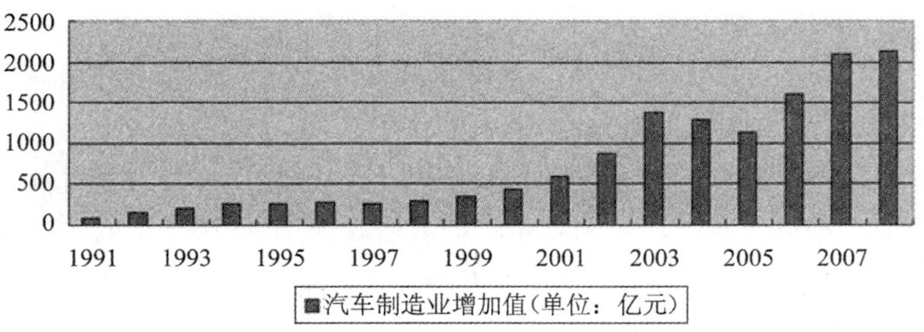

图 3 –8　1991 ~2008 年我国汽车制造业增加值变化情况②

从选取的两个指标的变化情况来看,我国汽车制造业的产出增长率,在经历了一段时间的快速增长后,在 2004 ~2005 年呈现了短暂的下降,从 2006 年开始又以较小的增长率增长;利税总额的变化情况与增加值的变化情况类似,都是在 2004 ~2005 年出现了短暂的下降,接着又继续增长。

① 资料来源:由中国汽车工业统计年鉴计算整理。

② 资料来源:由中国汽车工业统计年鉴计算整理。

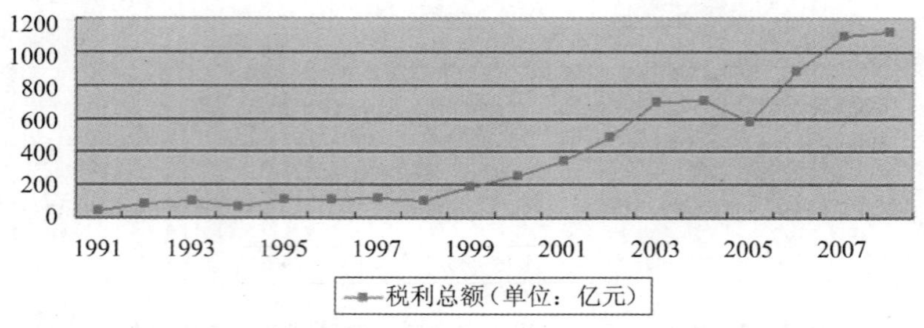

图 3－9　1991～2008 年我国汽车制造业利税总额[①]

从上面的分析中我们可以看出，长期以来，我国汽车制造业的发展迅速，投资规模、工业增加值以及利税总额几方面都有了较大的提高，在经历了短暂的下降以后(2005 年因国家产业政策的调整与国际油价波动等因素的影响，导致出现了短暂的波动)，2006 年又开始增长，总体上来看，研究所选取的三个指标都有较大幅度的增长。而汽车工业的全员劳动生产率指标，在经历了 2001～2003 年的高速增长以后，虽然在 2004 年出现了负的增长，但之后又出现相对稳定的增长(剔除掉 2008 年金融危机的影响因素)。按照产业生命周期理论，在产业的成长期的前期到中期，产业的投资规模、产出增长率都会出现较快的增长，而投入产出效果的变化则有所不同，一般情况下，在产业形成期往往增长迅猛，成长期虽然增长速度趋缓，但是依然会快速增长，因此，我们可以得出我国的汽车制造业仍处于产业的成长期。

虽然目前还处于产业的成长期，但是，我国汽车制造业发展的具体情况决定了，在短期内汽车制造业增长的脚步将会有所减缓，其原因主要有以下几点：

(1)我国汽车制造业的产出增长规模在经历较长时期快速增长以后，必然需要一段时间的调整期。从 2002 年起，我国的汽车制造业规模就呈现出迅速扩张的态势，即使在危机中，我国的汽车制造业规模仍然有所增长，在 2009～2010 年我国汽车制造业连续两年取得了骄人的成绩，这在很大程度上是由于政府宏观经济政策的作用，属于政策驱动性的增长，但是随着政府汽车以旧换新、汽车下乡、购置税优惠等政策的取消，汽车制造业将面临调整产业结构、优化升级发展路径等问题。

(2)我国的汽车普及率仍然很低，汽车制造业仍然有很大的发展空间。虽然我国的国情决定了，汽车在我国不可能像发达国家那样遍地都是，但是我国广

① 资料来源：由中国汽车工业统计年鉴计算整理。

大的汽车市场还是有很大的开拓空间,目前,虽然我国一线城市不同程度地都出现了交通拥堵的一些问题,地方政府分别采取了限购、摇号等措施来应对,但是二三线城市的汽车市场需求增长强劲,而且广大的农村的汽车市场潜力还没有完全发挥。因此,从长远来看我国的汽车制造业发展还有很大的增长空间。

(3)我国汽车制造业在以往的发展过程中所忽视的问题,越来越明显。在"以市场换技术"的政策引导下,我国汽车制造业取得了一些发展(不同学者对于该政策的成功与否持有不同的意见),但是目前我国汽车制造业的技术水平与国外先进国家和地区的确存在着一定的差距,而且与汽车制造业密切相关的零部件制造业,由于长期以来的重视程度不够,越来越成为制约我国汽车制造业发展的因素,所以汽车制造业的优化升级是目前的主要任务。

总之,我国的汽车制造业的规模快速发展,但目前还处于产业生命周期的增长期,在经历了 2003 年和 2009 年的两次快速增长以后,在短期内将会出现一个相对缓慢的增长过程,所面临主要问题是对汽车制造业进行优化升级,提升产业发展的动力和活力。

第四节 成长型汽车制造业的区域案例分析

一、台州汽车制造业概况

台州是著名的吉利集团的诞生地,吉利集团是我国汽车行业十强中唯一一家民营轿车生产经营企业。所以,台州的汽车制造业在我国汽车产业的布局中占有重要的一席,它是我国首批国家级汽车及零部件出口基地之一,拥有"中国汽车零部件产业基地"、"中国汽车用品生产基地"等一系列荣誉称号。

(一)台州汽车制造业的产生

台州汽车整车生产起步于 1982 年,浙江征远专用汽车厂(原临海挂车厂,现被浙江彪马集团有限公司兼并)进行汽车半挂车改装和挂车生产,目前年改装汽车能力达到 1000 辆。

1998 年 8 月 8 日,由吉利集团生产的中国第一辆经济型轿车在临海正式下线,正式拉开了民企"造车运动"序幕,定位于经济型汽车的生产,此后在台州地区又产生了吉奥、彪马、永源、中能等整车生产企业;吉奥汽车有限公司是主要生产皮卡和 SUV 的汽车制造企业,从 2004 年第一辆吉奥皮卡投产以来,只用了短短的三年时间,就成为全国最大的皮卡和 SUV 生产企业;彪马集团有限公司成立于1997年,2002年正式迈入汽车行业,到2006年公司与中国一拖集团合资组建的中国一拖(洛阳)彪马汽车基地有限公司正式投产,年产整车15万辆的规模,使其在农用车行业中雄居全国第一;浙江永源汽车有限公司筹建于2003年5月,推出的SUV“飞碟UFO”,以其独特的三门空间设计,填补了国内该款车型的市场空白,目前国内永源飞碟汽车的全国经销商已经覆盖了国内主要城市,服务网络也已经逐步完善;台州中能汽车有限公司是由浙江中能工业集团与中国一汽集团——哈尔滨轻型车厂合作,主要生产SUV和皮卡车系列产品的汽车生产企业,成立于2003年。

(二)台州汽车制造业的发展

台州汽车制造业的发展,走的是一条前人从没有走过的道路,即通过零部件发展带动整车前进的道路,这种发展模式在世界汽车发展史上也是极为少见的[①]。台州汽配产品的发展较早,从20世纪七八十年代就已经开始,台州汽车零部件的发展迅速,产生了上千家的汽车零部件企业,形成了颇具影响力的汽车零部件产业集群,在八五期间,玉环地区就已经被誉为“中国南方最大的汽配工业基地”,零部件制造业的繁荣为后来整车制造业的发展奠定了基础,整车企业的发展又反过来带动零部件制造业,形成了一条良性互动发展的道路。

吉利集团作为台州汽车制造业的杰出代表,一开始之所以选择在台州开始轿车生产项目,一方面是摩托车企业升级为轿车企业的自然过程,另一方面则是出于对台州良好的零部件产业的考量,就地取材能为汽车生产企业省掉一笔不小的交易费用。吉利集团在1998年正式生产汽车以来,就一直在发展的道路上不断前进,为了适应企业不断扩张的需求,吉利汽车又陆续在宁波、上海、路桥、济南、湘潭、成都、兰州等地又设立了汽车生产基地,2009年该企业全年实现整车销售33万辆,其中1/3在台州生产,2010年吉利又从福特手中接过沃尔沃汽车100%的股权,开创了中国汽车自主品牌海外抄底的先河。

吉奥汽车有限公司从2003年成立以来,凭借灵活的经营机制和持续不断的自主创新,得以快速的成长,现下辖台州、杭州、东营3大生产基地、1个汽车研究院、2个营销公司、7家零部件生产厂家,是浙江省人民政府重点支持发展的企业,也是首批“国家汽车整车出口基地企业”之一,同样是在2010年,为了适应发展的需要,吉奥与广州汽车集团股份有限公司实现了联姻,成为我国汽车发展历程上首个国企和民企创新合作的典范。

永源汽车以其个性化的车型设计,创出了一片新天地,从2005年第一款车

---

① 人民网. http://politics.people.com.cn/GB/8198/74175/74178/9910027.html.

型 UFO 上市，到年产销量达 1.5 万辆，仅用了不到 2 年的时间，截至到 2009 年底，永源汽车基础销售网络已经达到 100 个，在 2010 年，美国电动车公司 ZAP 收购永源汽车 51% 的股权，开创了外资收购中国整车企业的先例。

据相关统计，目前台州全市汽摩配行业企业总数约有 6000 家，2009 年全年完成工业总产值 756 亿元，占全市工业的 16%，其中上规模企业 749 家，完成工业总产值 567 亿元[①]，全市汽车整车生产能力达到 35 万辆，而且有年产 30 万辆轿车的汽车工业城正在建设当中，形成了以经济型轿车为主，皮卡、SUV 和载货汽车为辅的生产格局。汽车制造业规模以上企业有 437 个，从业人员平均数为 6 万多人，2008 年完成工业销售值 2018856 万元，利润总额达到 113794 万元。在 2009 年台州属地整车产量达到了 17.18 万辆，比 2008 年同期增长了 90.2%，占到浙江省汽车总产量的 61%。

二、台州汽车制造业成长型阶段的特点及制约因素

（一）台州汽车制造业成长型阶段发展的主要特点

1. 发展速度快

台州是民企“造车运动”发源地，吉利汽车引发了鲶鱼效应，迅速地吸引了越来越多的民企投身到汽车制造中，台州本地的汽车制造业一直保持着较好的发展态势，整车生产企业的汽车年产量几乎以 100% 的速度迅速发展，汽车生产企业的规模不断扩大，所生产的汽车产品结构日趋合理，整车制造形成了以经济型轿车为主，辅以低速装载汽车（农用车）和改装车的格局。

而且，随着本地经济的继续发展，人们的消费能力增强，对于汽车消费的需求增大，从 2005 年到 2010 年，台州地区私人汽车保有量分别为 16.66 万辆、20.8万辆、25.6 万辆、29.91 万辆、45.48 万辆、57 万辆，5 年间的汽车购买量平均每年增长近 30%，本地消费需求的增大也促进着汽车制造业的快速成长。

2. 民营资本为主体，经营机制灵活多变

汽车制造业属于资本密集型产业，而且在我国目前实行的汽车产业政策中，对于新进入的汽车生产提出了严格的要求，要求项目投资总额不得低于 20 亿元人民币，其中自有资金不得低于 8 亿元人民币，要建立产品研究开发机构，且投资不得低于 5 亿元人民币，这些硬性条件限制了资本进入汽车制造业的步伐。但是，台州繁荣的民间金融为汽车制造业的发展提供了机会，台州汽车制造企业在资金获取方面有更多的选择，在同样的条件下，台州汽车制造业的发展将会更

---

① 台州商报. http://www.zjtz.gov.cn/zwgk/tzzx/jrtz/201101/t20110118_80743.shtml.

加顺利，在这样的背景下，民营资本构成了台州汽车制造企业的主体。

台州的市场经济发育相对较早，商品经济意识比较浓，经过二十多年的改革发展，民营企业已成为工业经济的主体。同国内的其他大型汽车生产企业相比，经营机制更加灵活，市场竞争力更强，在产业转型升级的过程中的成本更小，有着“船小好调头”的优势。

3. 集群化发展特点明显

集群化发展已成为台州制造业的一大亮点，区内已形成的汽摩配产业集群、医药化工产业集群、模具塑料产业集群、缝纫设备以及家用电器船舶制造等，具有明显的区域特色①。

台州的汽摩配产业已成为当地的第一主导产业，汽摩配产业集群几乎涵盖了整车制造需要的全部，已经形成了一条由汽车、摩托车、零部件、汽车用品②几部分构成的较为完整的产业链，集群内的企业通过共享信息、技术、人才、政策等资源，可以实现规模化经营，提高了企业在市场中的竞争力，而且大量的个体、私营企业间的分工协作，已形成专业化、协作化格局，精细化的分工有利于实现产品创新。汽车零部件检测中心、浙江大学台州研究院汽摩配研究所、浙江吉利汽车研究院、吉奥集团汽车研究院等相关研究机构的存在，对提升台州汽车制造业的创新能力具有重要的推动作用。

4. 整车制造的成本较低

台州民营汽车制造业的腾飞，是以发达的整车零部件配套产业链为支撑的，发达的零部件制造业吸引了许多整车生产企业来台州采购，像一汽、二汽、三汽都在台州采购零部件，处于台州当地的整车制造企业便占有得天独厚的成本优势，如吉奥汽车董事长缪雪表示，台州的整车生产企业可以获得比外面便宜10%~30%的零部件价格，为本地整车制造降低了生产成本。

目前，各地区之间已经形成了各具特色的分工格局，台州市区及临海以生产发动机、变速器等关键零部件及配套产品为主；黄岩区依托塑料模具的优势，重点发展汽车用塑料件；温岭、玉环以机械类零部件为主，形成了完整的产业链；而天台、仙居则以生产汽车用品为主③，通过分工协作效应提升了台州地区整体的市场竞争力。

---

① 张明龙，等. 台州制造业发展研究[M]. 北京：群言出版社，2005.

② 汽车用品，主要是指应用于汽车改装、汽车美容、汽车装饰等汽车零部件及相关产品，分为汽车装饰用品、汽车电子用品、汽车美容用品、汽车养护用品、汽车改装用品、汽车安全用品和汽车维修工具七大种类.

③ 台州商报. http://www.taizhou.com.cn/a/20071026/content_39696.html.

(二)台州汽车制造业成长型阶段发展的制约因素

1. 企业规模偏小,整零车企之间配套率不高

台州的汽车产业构成,可以看作是一个标准的金字塔结构,在最上面的是吉利等五家整车生产企业,而它的基础却是由大小不等的3000多家汽车零配件生产企业构成,零部件制造业的发展对于整车制造业具有重要的作用。玉环地区历来就是台州汽车零部件制造业比较集中的区域,但是,在中国汽车工业协会2008年发布的中国汽车零部件百强企业中,排在第一位的是408亿元,是近两个玉环的产值,最后一位是10多亿元①,玉环地区的企业没有一家进入,零部件制造业不能满足整车企业快速增长的需求。

目前,台州地区5家整车企业的本地化配套率不到40%②,整车生产企业的大部分零部件还是来自外地或进口,虽然台州地区的零部件制造业规模总量庞大,但是单个企业的小规模,限制了企业自主创新能力的发挥,难以形成自主创新技术,这样,在寻求与大型公司之间进行合作中,往往会处于不利的地位。

2. 人才数量和素质上都跟不上产业的发展

汽车制造业的发展不仅需要专业的技术人才,而且对于经营管理人才以及综合性人才都有很大的需求。政府和企业对于自身人才的培养都作了许多工作,由吉利集团创立的浙江吉利汽车工业学校、浙江吉利技师学院、浙江汽车职业技术学院以及台州职业技术学院等机构,为台州地区的汽车制造业发展培养了大批的技术工人和专业人才。但对于本地汽车制造业的巨大需求,还是不能完全满足。

而且在高端人才的引进方面,相对北京、上海、重庆、武汉、广州、长春等地,台州地区在吸引人才方面并不具有多大的优势,虽然近些年,台州地区从政府到企业都重视相关人才的引进吸收,但是效果仍然不是很明显,在2008年汽车制造业的人员构成中,中、高级技术人员只占3.8%,经营管理人员占到15.2%,技术工人占54.5%,这样一个人才结构难以支撑起产品创新、技术创新的要求。

3. 企业规模的大小制约着技术研发的能力的发挥

研发力量薄弱,是台州汽车制造业发展的主要瓶颈之一,由于台州汽车制造企业的规模整体偏小,除了少数几个有实力的企业以外,大多数企业都不具有自主研发的实力,目前,只有吉利和吉奥汽车有其独立的汽车研发机构,难以适应台州汽车业发展的需要。而且,由于缺少创新平台和中介组织的支持,占台州市

① 台州商报. http://auto.yidaba.com/201004/131336111002100100021023465_2.shtml.

② 中国台州网. http://www.taizhou.com.cn/a/20071026/content_39696.html.

场经济主体的中小企业技术创新不足，整体上设计研发活动的社会化、市场化程度都不高，制约着中小企业的优化升级。

而技术研发能力的强弱又关系到企业将来的发展，现阶段台州的汽车生产企业不仅需要证明自己能造车，更重要的是需要向市场证明企业能够造好车，汽车的安全性、舒适性、环保性都是需要生产企业注重的环节，在这方面，台州的汽车生产企业还需要加以重视，只有加强企业的技术创新能力才有可能在未来的市场竞争中处于有利地位。

三、台州汽车制造业成长型阶段优化升级的措施

近年，台州汽车制造业能够保持持续快速的发展速度，与当地企业、政府所采取适当的措施密不可分。

(一)政府制定专门的扶持政策

台州作为一个民营经济占到地区经济95%以上的经济区域，这些年逐渐形成了一个“民营主导+政府推动”为主要特征的发展模式，而作为地区第一大主导产业的汽摩制造业，其发展自然离不开政府政策的大力支持。

为了贯彻执行国家2004年颁布的《汽车产业发展政策》，按照《台州市先进制造业基地建设规划纲要》的要求，市政府专门制定了《台州市汽车摩托车行业发展规划》(2004~2010年)，规划中指出要以经济型轿车为中心，以SUV和低速装载汽车为两翼，引导和鼓励发展节能环保小排量汽车；提出了努力建成“两个整车生产基地”，即建成路桥、临海全国经济型汽车生产基地的战略构想。同年12月，市政府又下发了《关于加快我市五大主导行业发展的若干政策意见》，意见中对技术改造、自主创新等方面都出台了具体的扶持政策，如技改投资的40%，可以从新增企业所得税中抵免；设立技术中心的，按国家级、省级、市级分别给予100万元、35万元、20万元一次性补助；发明专利可作价入股，最高可提取35%的比例划给发明人；积极引导出口，企业出口信用保险费支出最高可享受35%的补助；鼓励新品研发，汽车新车型每款奖10万元，开发汽车关键零部件每项奖2万元[①]。

《台州市汽车及零部件出口发展规划》(2005~2015年)提出，以低技术附加值产品为主向高技术高附加值产品转变、以贴牌仿冒为主向自主知识产权为主转变、以汽车零部件出口为主向整车和零部件出口并举转变的目标；《台州市汽车产品导向目录》的出台，对于引导台州汽车制造业的发展方向具有重要的作

① 中国经济时报. http://news.xinhuanet.com/auto/2006-12/20/content_5511092.htm.

用;《关于进一步增强自主创新能力的若干意见》更细化了政府对于自主创新的支持项目,如提高企业研发中心的补助、扶持科技中介服务企业、加快科研成果转化等。

(二)汽车生产企业的自主发展

企业是市场经济的主体,外界的作用只有通过企业自身才能得到实现。近年,台州汽车制造业的发展与企业提升现代化管理水平、注重自身品牌建设、加大对新兴市场的建设力度以及与国内外车企的合作有密切联系。

在激烈的市场竞争中,为了提升企业的竞争实力,企业在抓精益生产的同时,加强企业的信息化建设,一些有实力的汽车制造企业都已经实现 ERP(企业资源计划)、PDM(图文档案无纸化管理)、OA(无纸化办公)全部系统化管理,企业的信息化管理水平达到了比较高的程度,而且通过引进先进的管理经验提升了企业的管理水平;目前台州地区汽摩配行业共有 3 家上市公司,通过上市,企业获得了更为广泛的融资渠道,而且通过加大技改的投入力度,对改善技术装备、提高生产效能、提升产品层次作用明显,而且对于企业管理的规范化有很大的提升。

市场竞争加剧,企业在强调产品质量的同时对于品牌建设问题也不可小视,这些年来,随着汽车生产企业规模的扩大,台州汽车制造业加大了品牌建设的力度,企业专利拥有量大幅增加,品牌化程度更是不断提高,自主品牌出口的比例达 55%[①]。吉利汽车已成为我国经济型轿车的主力品牌,已初步摸索出了一条自主开发、自主品牌、拥有自主知识产权的汽车生产路子;吉奥将 SUV 汽车出口到欧洲,成为中国自主品牌汽车出口欧洲市场的第一家;银轮被评为全国汽车行业 100 家最佳零部件供应商,其主导产品"银轮牌"机油冷却器是国内同行中散热器出口数量最多的品牌。

再者,台州外向型的经济环境中孕育出的汽车制造企业,对于新兴市场的探索拥有着永远的热情,在立足国内市场的同时,吉利、吉奥、永源等公司积极开拓海外市场,产品被销往世界各地,形成了比较好的贸易格局,增强了企业抵御市场风险的能力;市场主体之间是有联系的,企业的发展不可能是一个孤立的过程,台州汽车制造企业的发展充分利用了这个特点,通过寻求合作,迅速地实现了快速发展,吉利曾分别与韩国大宇国际贸易株式会社、意大利著名汽车项目集团就新产品的开发共同合作,吉奥公司与韩国大宇国际贸易株式会社达成战略合作协议,对于提升台州汽车制造的实力和影响力有重要作用。

---

① 中国知识产权在线. http://www.ipsoon.com/zhejiang/ShowArticle.asp? ArticleID = 25224.

(三)加强地区公共服务平台建设

随着科学技术的发展以及市场竞争的加剧,汽车产品的生命周期缩短,为了应对不断变化的市场需求,将研究成果尽快地转化为现实的生产能力,在地方政府的带动下,台州制造企业与研究机构之间建立了一套产学研互动的良性机制,有力地推动了台州制造业的转型升级。

台州制造业一直存在着低、小、散,企业技术创新难和人才限制等瓶颈问题,在政府推动下,台州地区加快了产、学、研平台建设,目前已建成有四个产学研合作平台,分别是浙江大学台州研究院、中科院台州应用技术研发与产业化中心、浙江高校产学研联盟台州中心、上海高校台州技术转移中心①,这些平台的存在对于推进台州制造业的优化升级,为台州高层次人才的培养以及提升台州自主创新能力做出了重要贡献。

浙江高校产学研联盟台州中心通过为省属高校与台州企业牵线搭桥,增强了高校科研成果的转化效率,而且帮助台州企业解决技术难题,促进了省属高校与台州企业的合作,从成立至今,已促成科技合作项目 112 项,金额 2271.36 万元;成功策划组织大型科技对接活动 4 场、专业对接会 10 余场、科技顾问 15 项②。

浙江大学台州研究院的《汽车零部件多功能模块式力学试验系统研究与开发》项目,获得国家科技部"科技人员服务企业行动计划"立项,目前该机构还承担着国家商务部国家汽车及零部件出口基地公共服务平台、浙江省汽车及零部件产业科技创新服务平台台州分中心等平台的建设任务;中科院台州应用技术研发与产业化中心在玉环县联合研究院设有一个办事处。

这些科技创新公共服务平台的建设,有力地支持着台州制造业的转型升级,通过"借脑"完成产业的优化升级。

第五节 我国汽车制造业优化升级的对策建议

从上面的分析中我们可以看出,目前我国的汽车制造业还处于成长期,但是在经历了一段时间的快速增长以后,短期内增长速度会放慢,这期间将主要面临产业优化升级的问题,对此,本部分从政府、企业以及行业协会三个角度出发提

① 台州沿海产业标准科技公共服务平台. http://tzyh.spsp.gov.cn/contents/1109/66038.html.

② 浙江省标准化研究院. http://www.zis.org.cn/news/inside/20110118/143955.shtml.

出相应的对策建议。

一、政府视角的对策建议

(一)尽快制定和颁布新的汽车产业发展政策

我国现行的《汽车产业发展政策》是在2004年颁布的,随着世界经济以及我国汽车产业的发展,原有的有些内容已经有所落后,需要重新加以修订完善和补充,像我国汽车行业布局一直就存在着散而乱的特点,但是现行的产业发展政策中却并没有制定相应产业优化、联合重组的政策①,这不利于处在成长期的我国汽车制造业的发展;其次,金融危机下各国都将发展新能源汽车放在国家战略的高度,但从全世界范围来看,由于新能源汽车目前还处在一个研发阶段,还没有达到产业化发展的地步,其使用的环境以及配套的条件都还需要进一步完善,因此,急需相应政策加以引导和支持,以免出现盲目投资导致资源浪费等问题,而我国在新能源汽车的发展中具有相对优势,新的产业政策则显得尤为重要。

(二)加快制定相关的技术标准,完善发展环境

汽车技术标准的制定和推广,对于我国汽车制造业的发展和新技术的推广具有推动作用。但是我国汽车制造业的标准与国外还有一些差距,整体上存在着标准体系不完善,标准覆盖率低、可操作性不强等问题,因此,在今后一段时期,相应的机构应当依据世界汽车发展的情况和趋势,制定出符合汽车制造业发展的标准,努力做到看齐国外,与国际接轨。但这并不仅限于国家标准的制定,行业标准和企业标准的制定同样重要,因为,行业标准和企业标准所涵盖的内容更细致和具体,企业可以通过提高企业的技术标准,来提升自己的市场竞争力。为了推动新能源汽车的产业化发展,国家相关部门应尽快建立起一套与我国自主研发的产品和技术特征相配合的电动汽车的标准体系,统一行业发展标准,规范企业的行为,防止出现由于标准缺失造成的资源浪费。

(三)多渠道支持汽车制造企业进行自主创新

首先,对自主创新成果予以奖励,在不违背WTO"公民待遇"的准则下,对自主开发的技术进步进行奖励,这种奖励不应当仅限于"高精尖"产品,而更应当强调对掌握技术能力的鼓励,通过高额的技术进步奖励,或者是在税收和其他的行政性收费方面给予一定的优惠,来鼓励这些企业并引导更多的企业进行自主创新;其次,帮助自主开发产品树立品牌,我国汽车制造业的发展历史较短,在品

① 中国质量新闻网. http://auto.cnfol.com/110315/169,1691,9503302,00.shtml.

牌竞争上处于不利地位，对此，政府部门可以通过支持自主品牌汽车的使用，来增强民众对于自主品牌汽车的认知度；再者，鼓励企业对于引进技术进行二次创新，改变以前形成的重技术引进，而轻技术消化吸收的问题，通过在技术引进基础上的二次创新来增强企业的创新能力。

二、企业视角的对策建议

（一）增强企业的自主创新能力

我国汽车制造业的优化升级离不开企业的自主创新能力的提升，创新是企业获得不断发展的不竭动力，为了在市场竞争中求得生存，企业必须加强自身的自主创新能力。一方面，我国汽车制造业的 R&D 支出占主营业务收入的比重不高，是造成自主创新能力不足的重要原因，因此，汽车制造企业应当加大对自主创新的投入，保证自主创新的顺利进行；另一方面，加强企业创新环境的建设，调动企业每一个员工的积极性，鼓励员工进行各种类型的创新，为企业的创新提供一个良好的氛围，从而增强企业整体的自主创新能力。

（二）人才资源的培育和引进

自主创新为吉利汽车赢得了品牌，而自主创新的公式则是：人才 + 技术，由此可以看出人才对于企业发展的作用，目前我国汽车制造业的优化升级，首先应当加大汽车人才的培养与引进力度。由汽车制造技术的特性决定，汽车的研发与生产是一个系统工程，不能仅仅依赖少数的高端技术人才进行自主创新，对于实用型人才的培养同样重要，由于学校教育是以基础教育为核心，对于数量庞大的实用性人才的教育，企业可以寻求同学校之间建立新型的合作关系，通过企业与学校之间建立良好的沟通机制，让企业的需求能快速地反映到实际的教学过程中，既提高了教育的实际效果，又可以满足企业的人才需求；对于高端人才的引进，不仅需要优厚待遇，而且创建良好的工作环境和企业文化氛围也很重要，要加强这些高层人才的企业归属感，避免出现频繁的人才流动。

（三）新兴市场的开拓

我国民族汽车制造业之所以能在国外汽车巨头的强大竞争中获得生存，与我国汽车市场需求的多层次性有很大关系，人们消费水平的差异，在汽车产品的消费中表现出不同的特点。汽车制造企业在进行自主创新、提高自身的市场竞争力，与国外的汽车巨头进行正面较量的同时，应当加大对于二三线城市以及农村市场的开拓力度，根据这些地区的特点制造相应的产品，加大产品的市场宣传，增强产品在这些地区的认知度，争取能够在这些地区获得市场先发优势；由于我国汽车产品的出口比例目前还很低，在全球主要汽车生产国中处于最低水平，海外汽车市场还有很大的发展空间，对于发展中国家的市场开拓，近些年国内企业已经取得了不错的成绩，今后应当继续在加强这方面的努力，国内的汽车生产企业可以通过新兴市场的开拓来优化企业的发展路径，增强企业抵御市场风险的能力。

三、行业视角的对策建议

从行业的角度出发，通过为企业的发展建立各种公共平台，有助于我国汽车制造业整体实力的提升，加快优化升级的步伐。加快企业科技创新平台的建设，围绕企业的创新活动提供信息指导、咨询服务等，增强我国汽车制造企业的科技研发创新能力；建立和完善科研成果的转化平台，通过加强企业与科研院所以及大专院校的联系，尽快地将科研成果转化为现实的生产力，加快企业产品的更新与升级；建立国家汽车制造的公共研发平台，解决由于共性技术研究存在的“市场失灵”问题，缓解广大中小企业发展的创新需求，为我国民族汽车制造业的健康发展奠定基础；加快公共服务平台建设，建立相关文献资料信息的数据库，利用现代化的网络手段实现资源共享，加快信息技术技术的传播。

总而言之，本章以我国汽车制造业的发展为主导线索，以产业生命周期理论为分析工具，结合我国汽车制造业的现实状况，从定性和定量两个角度出发，对我国汽车制造业发展的阶段性进行判断，认为目前我国的汽车制造业还处于成长期。但是在经历了两次高速增长后，近期的增长速度将会放缓，将会出现一个相对缓慢的增长过程，短期内我国汽车制造业所面临的主要问题，是对汽车制造业进行优化升级。通过对成长型汽车制造业的区域案例分析，提炼出鲜活的实践经验，进而从政府、企业、行业三个角度对我国汽车制造业的优化升级提出对策建议。

第四章 长三角地区产业转移与承接

在市场竞争的作用下，一个产业为了获得持续优势，占据有利的区位条件，必须选择合适地点进行转移。产业转移指一个产业从原地点移出并由新地点承接的现象，实质上是以企业为载体，在一定区域内进行产权重组和资源优化整合。它可以在国内的不同区域之间发生，也可以在国际上不同国家之间发生。目前，产业转移总的趋势表现为，由先发区域向后发区域转移，或由技术领先区域向有成本、市场优势的区域转移。本章采用规范分析与实证分析相结合的方法，从研究产业转移的一般理论入手，着重探索长三角核心区如何向外转移产业，同时阐述长三角腹地的皖江地区怎样承接由核心区转移过来的产业。

第一节 产业转移与承接理论概述

一、产业转移与承接论题审视

(一)产业转移与承接研究的背景

“二战”以后直到20世纪90年代前，在全球范围内共发生了三次大的国际产业转移。

第一次发生在20世纪50年代，美国在国内集中力量发展汽车、化工等资本密集型重工业，将纺织业等传统产业向正处于经济恢复期的日本、德国等国家转移。日本等国在承接了美国移出的纺织工业后，日本经济开始了飞速发展。

第二次国际产业转移发生在20世纪60～70年代，美、德、日等国集中力量发展汽车、化工和钢铁等资本密集型产业以及生物医疗、电子和航空航天等技术密集型产业，而把劳动密集型产业向外转移。亚洲新兴工业化（亚洲四小龙等）国家积极把握这一轮产业转移机遇，大力发展出口导向的纺织工业，其工业化取得了突出的业绩。

第三次国际产业转移始于发生在20世纪70年代后期，两次石油危机及经济危机的爆发，迫使发达国家努力发展微电子、新能源、新材料等高附加值、低能耗的技术密集和知识密集型行业，将造船、化工和钢铁等重工业以及家电、汽车等部分资本密集型产业进一步向外转移。与此同时，亚洲"四小龙"积极承接从发达国家转移出的资本密集型产业。东盟国家，接过亚洲"四小龙"转移出的劳动密集型产业，创造了良好的出口业绩和经济发展局面。

20 世纪 90 年代以后开始的第四次国际产业转移浪潮，在极大程度上受到产业模块化发展的影响，主要是美国等发达国家将产业采用外包的方式转移到中国和印度等发展中国家。借此中国和印度等国家的经济飞速发展。

长三角地区正是借助于这一机遇，承接发达国家的劳动密集型产业如纺织等产业，实现了经济快速发展，然后长三角地区现也面临了种种问题，以浙江为例，浙江是以产业集群方式承接产业转移的，像绍兴的轻纺、海宁的皮革、嵊州的领带、永康的五金、温州的皮鞋、乐清的低压电器、桐庐的制笔、诸暨的袜业等，这为浙江的经济的发展做出了重大的贡献。然而，现如今各个产业集群都面临着土地、劳动力（用工荒）等生产要素供给趋紧、产业升级压力增大、企业商务成本不断增加、资源环境约束矛盾日益突出等问题，据调查，像纺织、塑料等产业集群，企业亏损面大，特别是纯化纤的织造企业出现 100% 的亏损。像绍兴的纺织企业，高达 20% 的企业处于停产或半停产状态。

因此，产业转移不仅能够改变企业亏损状况，而且能够实现资源的合理配置，实现长三角地区的产业升级，提升长三角地区的产业竞争力。

面对沿海地区的产业转移的浪潮，安徽皖江地区位于华东腹地，靠近中国经济最发达的长三角地区，有着其他地区无法比例的区位优势。但是面对沿海地区的转移浪潮，皖江地区也面临着西部地区、中部地区和东北地区等各省市的竞争。那么皖江地区作为安徽的核心地区，具有同其他地区的竞争优势吗？皖江有能力承接长三角的产业转移吗？皖江地区要承接哪些产业才能对地区和产业的发展做出贡献呢？在这种历史背景下，研究皖江地区承接长三角地区产业转移，不仅有利于移除地和承接地的可持续发展，而且还为中西部地区和东北地区承接产业转移提供了理论参考。

（二）产业转移与承接研究的意义

首先，从理论上而言，对产业转移做系统的分析，可以对现有相关研究加以整理和归纳，使之更加富有系统性、条理性，理论框架结构得到不断完善，又可以看作是我国特殊区域经济背景下地方政府发展地区经济的理论基础之一。

其次，20 世纪 90 年代中期以来，长三角地区经济开始面临产业区域转移的问题。通过产业转移，长三角地区企业出现了两大趋势：生产型企业向大公司、集团化发展,以及流通企业向市场规模化发展。产业转移可以提高长三角地区的层次和产品档次,提升区域竞争力,同时也带动了区域经济的发展。本节的研究可以帮助政府采取有针对性的政策措施,对产业转移进行必要的引导和调节,从而实现企业、转入区和转出区三方之间的"三赢"结果,这将显得十分重要而关键。

再次,本章探索的承接对象安徽皖江地区,制定的《皖江城市带承接产业转移示范区规划》,已经作为首个获批复的国家级承接产业转移示范区。这样,皖江城市带承接产业转移示范区,成了国家实施区域协调发展战略的又一重大举措。这对于探索中西部和东北地区,承接产业转移的新途径和新模式,深入实施促进中西部和东北地区崛起战略,具有重要参考价值。

(三)产业转移与承接研究的思路和方法

1.产业转移与承接研究的思路

(1)本章将以产业梯度理论和产业生命周期理论为基础,通过计算产业梯度指数,测算出长三角地区的产业竞争能力,再用产业集聚指数分析出长三角地区的集聚效应,然后通过综合分析,得出长三角地区需要移出的产业。

(2)用主成分分析法分析皖江地区的产业承接力,从而论证皖江地区承接长三角地区产业转移的可行性。

(3)使用SWOT分析方法分析皖江地带的优势和存在的威胁,并分析皖江地带的劣势和存在的机会,然后以铜陵市为案例,采用产业梯度指数方法,分析铜陵市相对具有竞争优势的产业,综合得出铜陵市应承接的相关产业,使转移和承接两地得到可持续发展,并实现双赢的产业格局。

2.产业转移与承接研究的方法

在研究的工具和方法上,主要借助区域经济学、产业经济学等多种理论工具和角度的思考和研究,本章研究工作拟主要采取以下几种方法:

(1)产业梯度指数分析法。产业梯度指数,是由我国学者戴宏伟在研究大北京经济圈的产业转移时提出的。本章通过对产业梯度指数的分析,分析出长三角地区的产业竞争力和铜陵市的产业竞争力。

(2)实证分析方法。实证分析是反映社会经济的内在逻辑,研究经济变量间变化规律的主要分析方法。本论文运用一些实证方法对转出地产业竞争力,产业的综合现状及承接地优势条件进行分析,用来判断各因素的大小。

(3)主成分分析法。主成分分析方法就是把各变量之间互相关联的复杂关系进行简化分析,即设法将原来多重指标重新组合成一组为数较少的互不相关的新指标来反映原来指标所提供的绝大部分信息。本章通过选择多个指标,对安徽地区产业承接能力进行了分析,从而论证了皖江地区承接产业长三角地区的产业转移的可行性。

(4)SWOT 分析方法。SWOT 分析法是一种基本的、普遍应用的战略分析与管理工具,是一种经济体基于现实情况进行战略分析和决策的较为严谨、客观、全面的方法。SWOT 的四个英文字母分别代表优势(strengths)、劣势(weakness)、机会(opportunity)、威胁(threat)。运用这种方法,经济体可以基于现实情况,从内外部两方面梳理出自己的优势和劣势、发现存在的机会和面临的威胁。本章运用 SWOT 分析方法主要是着重分析皖江地区承接长三角产业转移的客观条件。

二、产业转移的含义和特征

(一)产业转移的含义和特征

1. 产业转移的含义

产业转移是指由于资源供给或产品需求条件的变化,引起产业在国际或一国内部以企业为主导的转移活动。在市场完全开放的条件下,对于一个国家或地区,采用产业转移方法,是其充分利用国内和国际的两个市场及各种资源来实现经济增长、转变经济发展方式的重要途径,也是企业在参与国内或国际分工条件下利用产业结构的调整来实现企业利润最大化目标的重要途径。根据产业转移发生的范围不同,产业转移可以分为国内产业转移和国际产业转移。如我国目前东部沿海地区一些产业向中西和东北部地区转移。

2. 产业转移的特征

(1)产业转移的综合性。它是指产业转移的过程中,不是单一的要素的转移,而是劳动力、技术、直接投资资本和其他生产要素的全体流动,是生产方式的整体流动。

(2)产业转移的阶段性。它是指产业的转移是分层次渐进式进行的。从国内外产业转移的历史经验来看,产业转移与区域产业结构的变化总体相一致性。区域产业结构顺着自然资源密集、劳动密集、资本密集、技术和知识密集的方向升级,产业转移的方向也从劳动密集型产业、技术密集、资本密集、技术和知识密集的方向升级。

(3)产业转移的梯度性。即区域间经济发展水平的差异构成了不同的产业发展梯度。一般而言,产业转移往往是由经济发展水平梯度较高的地区向梯度较低的地区转移。

（二）国内外关于产业转移理论的研究

国外最早涉及产业转移的理论是新古典经济学理论下的古典贸易理论，包括亚当·斯密的绝对利益理论、大卫·李嘉图的比较优势说以及赫克歇尔－俄林的生产要素禀赋学说。这些理论基本上都是从比较优势的角度，通过国际贸易中双方贸易地位的相对变化来解释产业转移的发生和发展的变化过程。国内关于产业转移的研究发展得比较迟，主要可分为两大类：一是以卢根鑫为代表的"重合产业理论"，二是以陈建军为代表的"区域产业转移理论。"而且后来又诞生了诸多专门研究产业转移的理论，本节仅就国内外主流的产业转移理论进行描述。

1. 李嘉图的"比较优势说"

英国经济学家大卫·李嘉图在《政治经济学及赋税原理》（1817 年）中以 19 世纪的英国和葡萄牙的对外贸易作为原形，建立了比较利益模型区域梯度转移理论。他认为在国际贸易和国际分工中真正起到决定作用的是比较利益，而不是绝对利益（亚当·斯密）。哪怕一个国家在两种商品的生产上都具有绝对优势，而另一个国家在两种产品的生产上都表现出绝对的劣势，两国之间仍有可能通过国际分工和国际贸易而获得利益。这个理论说明了国际贸易和国际分工的必要性，从而为产业转移提供了最初的理论基础。[①]

2. 刘易斯的劳动力部门转移理论

美国经济学家威廉·阿瑟·刘易斯在其著作《劳动力无限供给下的经济发展》（1954 年）中提出了著名的二元经济结构理论。他认为，在欠发达国家的工业化早期，存在着互相独立而又彼此联系的产业部门：一个是市场导向和技术先进的现代化产业部门，另一个是以庞大落后的和自给自足的农业部门为代表的传统产业部门。传统产业部门的劳动力大量过剩，可以为现代产业部门的扩张提供不断的劳动力支持。由于存在着大量廉价的劳动力的有力竞争，节约资本的劳动密集型产业就会因成本低而有利可图，从而得以迅速扩展。劳动密集型产业的不断扩大，剩余劳动力资源渐渐得到充分利用，并通过资本积累转变为资本，欠发达国家工业化早期资本严重短缺的局面就渐渐得到缓解，经济增长开始进入良性循环阶段，经济实现稳定的增长。等到传统产业部门中的全部剩余劳动力资源被工业化产业部门完全吸纳之后，工业产业部门工人的实际工资就会迅速增长，投资者为了获得利润就会发展资本密集型产业和技术，工业化过程便进入了一个新的阶段。现代部门工人的工资水平从长期徘徊不前到快速上升的转折时点，习惯上被称为

① 大卫·李嘉图．政治经济学及赋税原理．郭大力，王亚南等译．北京：商务印书馆，1976：104－110.

"刘易斯转折点"。①

3. 产业生命周期理论

美国学者弗农认为发达国家向欠发达国家进行产业转移是为了顺应产品的生命周期的变化,回避某些产品在生产上的劣势。他认为,产业的区域转移是产品生命周期发展到一定阶段的产物。产品从开始进入市场,它的生命周期可分为创新阶段、成熟阶段和标准化阶段。产品及其生产技术的周期性变动,导致产品生产地点的变动,这就决定了该产品的出口国和进口国。该理论将产品及其生产技术的变动周期和各国的比较优势变化结合起来,从动态的角度说明了发达国家从出口、对外直接投资到进口的发展过程,其所建立的产品生产地区的转移模式对于产业转移研究的后续研究有很大的启发。

4. 雁行形态理论

日本经济学家赤松要在研究日本纺织产业的过程中发现,日本的纺织产业发展实际上经历了进口、进口替代、出口、重新进口四个阶段,因为这四个阶段呈倒"V"型,在图表上酷似依次展飞的大雁故得此名,见图 4-1。

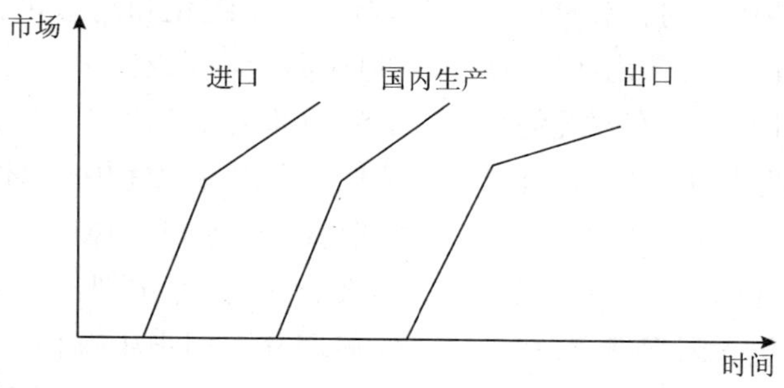

图 4-1 雁行形态图

"雁行形态理论"认为,当进入到工业化阶段,由于发展中国家的经济和技术的落后,发达国家通过各种方式,打开发展中国家的产品的市场。发展中国家等到这种产品在国内需求达到一定数量的时候,这就为本国生产这种产品提供了基本的市场条件和技术条件,加上本国资源和劳动力价格的优势,就从该产品的进口进而转向自己生产。伴随着生产规模的扩大、规模经济的效应以及廉价劳动力的优势,本国产品的国际竞争力不断上升,最终实现了这种产品的出口,最终达到了经济的发展和产业结构升级的目的。雁行模式可以分为企业内雁行

① 刘易斯. 国际经济秩序的演变[M]. 乔译德译. 北京:商务印书馆,1984:67-81.

模式、行业内雁行模式、行业间雁行模式、区域间雁行模式四种。

5. 小岛清的边际产业扩张论

日本学者小岛清将弗农的产品生命周期理论与赤松要的“雁行模式”理论综合起来，在赫克歇尔—俄林—萨缪尔森模型（H－O－S）理论基础上，提出了“边际产业转移理论”。他认为，投资国向海外国转移的应该是投资国国内已经失去或者即将失去比较优势的产业即边际产业，而在投资对象国却具有或潜在具有比较优势的产业。如果投资国企业将自己的经营资源从本国的边际产业中撤出，转移到其他国家的具有潜在比较优势的产业（投资国的边际产业）中，对投资国和投资对象国都是一种最优化的选择。“小岛清理论”是从比较优势的角度来解释产业转移的，是对日本对外直接投资经验的概括和总结。①

6. 折衷理论

折衷理论是英国学者邓宁（John H. Dunning）在其代表作《贸易、经济活动的区位与多国企业：折衷理论探讨》（1976 年）中第一次提出。1981 年在《国际生产与跨国企业》中又对折衷理论进一步理论化、系统化和动态化。他认为，所有权优势、区位优势、内部化优势（O－L－I）是其核心内容，这三大因素是决定产业转移的主要因素，所有权优势、区位优势、内部化优势决定了企业转移的方式。当企业只有同时具备了所有权优势、区位优势和内部化优势时，才可以选择对外直接投资。若只有具有所有权优势和内部化优势，则可选择许可贸易方式；若只有所有权优势，则只能选择出口方式。需要指出的，邓宁理论体系尚存在不足。由于该理论中包含因素很多，特别是不能解释众多因素中哪种因素对投资决定最具决定性作用，一切都要视具体情况而定，这就失去了一种严密理论体系所应有的概括性地解释说明具体情况的能力。

7. 产业重合理论

国内学者卢根鑫以产业分化作为起点，以价值盈余为核心范围，对国际产业转移进行了系统的研究。他提出，产业转移对于发达国家和发展中国家都有正负两方面的影响：对于发达国家来说，产业转移为结构的升级提供了契机，移出的产业可以为新兴产业提供更多的资本和劳动力；但可能因转出产业而增加国内就业压力、影响本国企业技术竞争力、造成产业空心化等；对于发展中国家来说，产业转移会伴随着资本、高新技术和管理经验的转移，实现产业的升级，促进经济增长；但不利于改变与发达国家之间产业级差与技术级差，且造成与发达国

① 小岛清. 对外贸易论[M]. 周宝庸译. 天津：南开大学出版社，1987：78－90.

家收入分配的不平等，还可能导致污染产业与有害产业的扩散等。但实际上，发达国家之所以向外转移产业是为了降低成本、提高利润、实现所谓“价值盈余”，输出的技术也很少是核心、尖端技术，并不会影响移出国的技术竞争力。而发展中国家在引进发达国家的产业时也需要认真地筛选，因为引进有害产业虽然会带来短期的经济增长，但也可能会破坏本国经济的可持续发展。如果没有引进发达国家的产业，其与发达国家的产业、技术级差只会越来越大，而产业级差和技术级差的消除需要发展中国家在引进发达国家的产业的基础之上进一步地创新，才能缩小或消除产业级差和收入不平等等现象。但从总体来看，产业转移的正效应远远大于负效应。

8. 区域产业转移理论

陈建军从企业开放型发展战略的角度对产业转移进行研究，他认为区域间产业转移需要具备两个条件：一是经济发展到一定程度，二是市场机制发挥作用。他通过调查研究发现区域间产业转移具有以下特点：目标模式以市场导向型和资源综合利用型为主；产业转移模式主要是中小规模对外投资，在转移地建生产加工点、营销点及营销网络等；产业转移方向为“东扩西进”，即主要集中于中西部地区、上海、浙江、沿海发达地区、海外；产业转移所处阶段为对内引进外资逐步减少、对外直接投资开始增加。

9. “中心—外围”理论

1949 年，经济学家 RaulPrebiSCh（劳尔·普雷维什）首先提出的“中心—外围”理论，而经济学家汉斯·辛格发展了这个理论。该理论认为产业转移发生的根源是发展中国家为了发展的要求，被迫实行工业化，从而避免大量进口工业品。该理论认为，在旧的国际分工中，由于技术进步及其成果在世界范围内的发生和传播具有一定的差异性，从而在发展中国家和发达国家形成一个“中心—外围”的国际分工关系。这样，中心发达国家主要生产和出口工业品，而外围的发展中国家主要生产和出口初级产品。由于原材料和初级产品的需求弹性低而工业制成品的需求弹性高，导致发展中国家贸易条件不断恶化和巨额贸易逆差。为了改善国际贸易条件和巨额的贸易逆差，发展中国家于是就实行工业化。这就促使发展中国家引进外资和技术，为跨国公司打开大门。虽然跨国公司通过直接投资和技术转让促进了发展中国家经济的发展，但是同时也获得了巨大的利润，从而阻碍了发展中国家的资本积累。普雷维什的“中心”和“外围”之间经济利益关系的研究，部分反映了发达国家与发展中国家的产业转移的现象，但对于产业转移能够加快发展中国家经济发展，提高发展中国家的技术水平的认识不足。

10. 逆比较优势理论

由于存在“比较优势陷阱”，支持逆比较优势理论的学者认为比较优势战略并不能为发展中国家带来实质的经济腾飞。所谓“比较优势陷阱”是指发展中国家若完全按照本国禀赋比较优势，生产并出口初级产品和劳动力密集型产品，那么在与以技术和资本密集型产品生产为主的发达国家的国际贸易中，虽然能获得利益，但贸易结构不稳定，总是处于不利地位，从而落入“比较优势陷阱”。

洪银兴则认为发达国家面对国内充分就业的压力，会以各种壁垒阻碍廉价的中国劳动力密集型产品进口，并且强调了竞争优势的重要性，同时又指出单纯的比较优势不一定能成为竞争优势，注重质量和效益的对外贸易不能仅仅停留在现有的比较优势上，需要将这种比较优势转化为竞争优势。

2001 年王允贵在《中国加入 WTO 后的贸易战略与经济发展》指出由于中国是世界上举足轻重的贸易大国，因此面临的是一条向下倾斜的国际市场需求曲线，中国的出口增加必然使该产品在世界市场上的价格下降，导致贸易条件的恶化。

2002 年胡汉昌和郭熙保在《后发优势战略和比较优势战略》中指出劳动力密集型产品市场上，面对发达国家资本对劳动的替代，中国的劳动力密集型产品并不具有竞争优势。

11. 产业梯度理论

梯度理论的核心思想是认为国家与国家、地区与地区之间存在着产业发展水平、技术先进程度或要素禀赋结构等方面的梯度差异，产业发展会遵循先在高梯度地区发展、再逐次转移到低梯度和更低梯度地区去的内在规律。

何钟秀、夏禹龙等首先提出由于中国地区经济发展不平衡的特点，形成了经济和技术力量的三个梯度：内地和边远地区资源丰富但技术力量薄弱，大片地带处于“传统技术”和经济落后的水平；大多数地区处于“中间技术”梯度，具有一般的经济发展水平；沿海一带则具有“先进技术”，拥有雄厚的经济力量。因此我国应该自觉按照梯度规律，让一些有条件的地区首先掌握世界先进技术，然后逐步向较落后和更落后的地带转移，通过转移的加速逐步缩小地区差距。

12. 反梯度理论

梯度理论提出后，对其批驳与质疑之声也层出不穷。郭凡生在《新技术革命与经济不发达地区的基本对策》中首先对梯度理论发难，指出该理论忽略了现代科学技术“三个基本走向”之一的“向资源丰富地区转移”。他以中东石油输出国和苏联远东地区为例，说明了资源丰富但相对落后的地区在开放的经济环境内可利用资源优势吸收先进技术和资金，实现跳跃式的发展。

蒋清海也认为有着强烈自然资源指向的“指向性技术”没有必要也不可能经过没有这些资源的较发达地区中转后再向落后地区转移。王至元则通过统计分析指出，我国现代经济与传统经济并存的双重结构主要表现并不是沿海经济与内地经济之间的梯度差别，而是沿海与内地各自内部之间梯度差异，从而否定了梯度理论成立的前提。

2005 年魏敏在《基于区位引力场下的区域梯度推移粘性分析》中的研究，认为发达地区由于具有优良的区位条件，因而吸引了大量的要素资源，从而形成了资本、劳动力和技术三个引力场，对梯度推移的正常开展产生“粘性”，并造成东、西部地区经济差距的日益扩大。

2007 年白小明在《我国产业区域转移粘性问题研究》中指出产业区域转移粘性由劳动力成本因素、行政因素、产业集群效应、文化、技术与体制等因素形成。黄福才则解释了这种粘性的形成机理，是由于经济区位中心沿海化和市场化、要素流动的空间集中、技术与制度创新的路径依赖性、梯度扩散转移成本四方面关键因素导致。

第二节　长三角产业发展现状和产业转移内在动力

一、长三角地区范围的界定

长三角地区是长江三角洲地区的简称，地理上意义的长江三角洲是由长江入海由于泥沙淤积而形成的陆地，泛指镇江、扬州以东长江泥沙积成的冲积平原，位于江苏省东南部、上海市及浙江省杭嘉湖地区。为了兼顾了区域平衡和互补，2008 年国务院将苏北、浙西、浙南纳入长三角范围《关于进一步发展长三角的指导意见》，正式确定将长三角地区扩大到两省一市，即江苏、浙江全省和上海市。

因为本节更多的是从经济方面去研究长三角地区，以及为了数据的可获得性和准确性，文中所出现的长江三角洲均是经济意义上的长江三角洲，包括江苏全省、浙江全省和上海市，共 28 个市、21.3 万平方公里、约 1.38 亿人口。

二、长三角地区产业发展状况

(一)长三角地区经济发展总量

长三角地区自1978~1991年,由于改革开放初期中国的市场经济制度还不完善,长三角两省一市地区生产总值占全国GDP的比重呈下降趋势,由1978年17.72%下降到1991年的16.46%,自1991年以后,随着市场经济的发展,长三角两省一市的生产总值占全国GDP的比重不断提高,从1991年的16.46%增长到2006年的22.21%。2007~2009年由于金融危机的影响,国际经济的萧条,加上国内都采取扩大内需的政策,使得长三角地区占全国总量的比例有所下降,从2006年的22.21%下降到2009年的21.29%。长三角地区至2010年末,上海、浙江和江苏经济总量在全国分别居第八、第四和第三位。长三角地区国内生产总值达到72494.1亿元,其中,上海、浙江、江苏的国内生产总值及占全国的比重分别为15046.45亿元、4.42%,22990.35亿元、6.75%,34457.30亿元、10.12%。

虽然长三角地区的总量占全国的比重不断提高,但是这个比重的增长率却越来越小,像2007年甚至出现负的增长率,这也充分说明了,长三角地区的国内生产总值的增长率低于全国水平,随着国家的政策的转变,提高人民生活质量,让经济的发展惠及人民,扩大内需,不再盲目创汇,长三角地区的产业也面临着新的问题,为了使长三角地区保持领头羊的地位,长三角地区需要不断地改革创新,改变之前的发展模式,促进产业结构的升级。长三角地区生产总值及其占全国比重情况,见表4-1。

表4-1 部分年份长三角地区生产总值及其占全国比重情况表[①] 单位:亿元

年份	全国	上海	浙江	江苏	长三角地区合计	长三角地区占全国GDP比例
1978	3645.22	272.81	123.72	249.24	645.77	17.72%
1991	21781.50	893.77	1089.33	1601.38	3584.48	16.46%
1995	60793.73	2499.43	3557.55	5155.25	11212.23	18.44%
2000	99214.55	4771.17	6141.03	8553.69	19465.89	19.62%
2002	120332.69	5741.03	8003.67	10606.85	24351.55	20.24%
2004	159878.34	8072.83	11648.70	15003.60	34725.13	21.72%

① 资料来源:根据历年中国统计年鉴整理。

续表

年份	全国	上海	浙江	江苏	长三角地区合计	长三角地区占全国 GDP 比例
2006	216314.43	10572.24	15718.47	21742.05	48032.76	22.21%
2007	265810.31	12494.01	18753.73	26018.48	57266.22	21.54%
2008	314045.43	14069.87	21462.69	30981.98	66514.54	21.18%
2009	340506.87	15046.45	22990.35	34457.30	72494.10	21.29%

（二）长三角地区的产业结构

从总体产业结构变化来看，自改革开放以来，长三角两省一市的产业结构发生了很大变化。1978 年，长三角地区第一、二、三产业的比重分别为 19.64∶61.27∶19.10。到 2009 年，长三角第一产业的比重下降到 4.88%，第二产业的比重增加到 50.32%，第三产业的比重增加到 44.80%，第二产业远远高于全国的 46.30% 的水平，第三产业也明显高于 43.36% 的水平。2009 年三产业结构由上年的变为 4.88∶50.32∶44.80。

上海市产业结构演变表现为：第一产业占 GDP 的比重，从 1978 年的 4.03% 下降到 2009 年的 0.76%。第二产业占 GDP 的比重，从 1978 年的 77.36 % 下降到 2009 年的 39.89%。第三产业 GDP 的比重，由 1978 年的 18.61% 增加到 2009 年的 59.36%。上海市 2009 年三产业比重，如图4－2所示。上海地区部分年份产业结构和人均 GDP 的变化情况，见表 4－2。

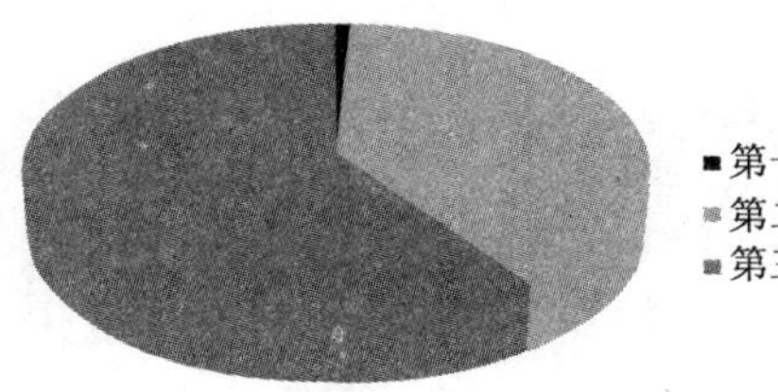

图 4－2　上海市 2009 年三产业的比重

表 4-2 上海地区部分年份的产业结构和人均 GDP①

项目 年份	第一产业占 GDP 的比重(%)	第二产业占 GDP 的比重(%)	第三产业占 GDP 的比重(%)	人均 GDP(元)
1978	4.03	77.36	18.61	2485
1991	3.81	61.61	34.58	6661
1995	2.39	56.79	40.82	17779
2000	1.61	46.27	52.12	30047
2002	1.39	45.68	52.93	35445
2004	1.03	48.21	50.75	46755
2006	0.89	47.01	52.10	58837
2007	0.82	44.59	54.60	68024
2008	0.79	43.25	55.95	75109
2009	0.76	39.89	59.36	78989

浙江省产业结构演变表现为：第一产业占 GDP 的比重，从 1978 年的 38.06%下降到 2009 年的 5.06%，第一产业在 GDP 的比重大幅下降；第二产业占 GDP 的比重，从 1978 年的 43.26%增加到 2006 年的 54.15%，随后从 2006 年的 54.15%下降到 2009 年的 51.80%，呈现出先增加而后下降的趋势。浙江省的第三产业，从 1978 年的 18.68%增加到 2009 年的 43.14%，整体呈增加趋势，而且上升趋势明显。浙江省 2009 年三产业比重，如图 4-3 所示。浙江省部分年份产业结构和人均 GDP 的变化情况，见表 4-3。

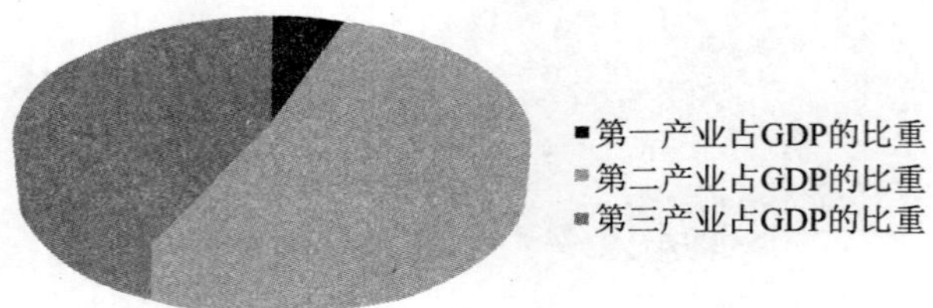

图 4-3 浙江省 2009 年三产业的比重

① 资料来源：根据历年中国统计年鉴整理。

表 4-3 浙江省部分年份的产业结构和人均 GDP①

年份 \ 项目	第一产业占GDP的比重(%)	第二产业占GDP的比重(%)	第三产业占GDP的比重(%)	人均GDP(元)
1978	38.06	43.26	18.68	331
1991	22.51	45.36	32.13	2558
1995	15.46	52.13	32.41	8149
2000	10.27	53.31	36.41	13416
2002	8.56	51.11	40.33	16978
2004	6.99	53.66	39.35	24352
2006	5.89	54.15	39.96	31825
2007	5.26	54.15	40.60	37358
2008	5.11	53.90	41.00	42166
2009	5.06	51.80	43.14	44641

江苏省产业结构演变表现为:第一产业占 GDP 的比重,从 1978 年的 27.57% 下降到 2009 年的 6.56%,第一产业在 GDP 的比重大幅下降。第二产业占 GDP 的比重,从 1978 年 1995 年呈现波动阶段,随后从 2000 年的 51.86% 上升到 2006 年的 56.49%,而 2006 年之后又出现下降趋势,下降到 2009 年的 53.88%,特别从 2000 年之后江苏省第二产业呈现出明显的先增加而后下降的趋势。江苏省第三产业占 GDP 的比重,从 1978 年的 19.84% 增加到 2009 年的 39.55%,整体呈增加趋势,而且上升趋势明显。江苏省 2009 年三产业比重,如图 4-4 所示。江苏省部分年份产业结构和人均 GDP 的变化情况,见表 4-4。

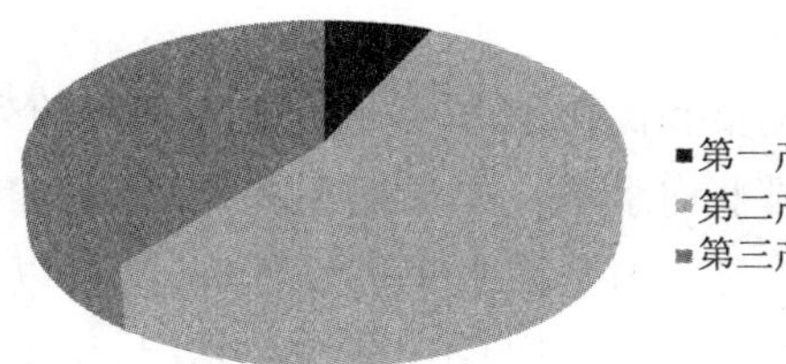

图 4-4 江苏省 2009 年三产业的比重

① 资料来源:根据历年中国统计年鉴整理。

表4－4　江苏省部分年份的产业结构和人均GDP①

年份＼项目	第一产业占GDP的比重(%)	第二产业占GDP的比重(%)	第三产业占GDP的比重(%)	人均GDP(元)
1978	27.57	52.60	19.84	430
1991	21.55	49.58	28.87	2353
1995	16.80	52.67	30.53	7319
2000	12.26	51.86	35.88	11765
2002	10.47	52.84	36.69	14396
2004	9.12	56.24	34.65	20223
2006	7.11	56.49	36.40	28943
2007	6.98	55.62	37.40	34294
2008	6.78	54.85	38.37	40499
2009	6.56	53.88	39.55	44744

上述分析可以看出，长三角地区就总体来说，第一产业呈现明显下降趋势。第二产业江苏和浙江呈现先增加后下降的态势；只有上海从数据上看，前期并无明显的波动趋势，这主要是由于当时计划经济造成产业结构失调而引起的，但在2002～2009年这一阶段，呈现出明显的先增后减的态势。而第三产业长三角地区都呈现出递增的趋势，而且上升势头明显。大体上可以说，长三角核心地区上海市的产业结构呈现“三、二、一”格局，长三角地区两翼浙江和江苏都呈现“二、三、一”的格局。

长三角地区产业结构的调整和优化工作，一直走在全国的前列。特别是，人均GDP的数值，远远高于全国平均水平。如果把上述上海、浙江和江苏的产业结构和人均GDP的变化情况，与全国平均水平进行比较，就可以看出其中明显的差别。我国部分年份的产业结构和人均GDP的变化情况，见表4－5。

① 资料来源：根据历年中国统计年鉴整理。

表4-5 中国部分年份的产业结构和人均GDP①

项目 年份	第一产业占GDP的比重(%)	第二产业占GDP的比重(%)	第三产业占GDP的比重(%)	人均GDP(元)
1978	28.19	47.88	23.94	381.23
1991	24.53	41.79	33.69	1892.76
1995	19.96	47.18	32.86	5045.73
2000	15.06	45.92	39.02	7857.68
2002	13.74	44.79	41.47	9398.05
2004	13.39	46.23	40.38	12335.58
2006	11.11	47.95	40.94	16499.70
2007	10.77	47.34	41.89	20169.46
2008	10.73	47.45	41.82	23707.71
2009	10.35	46.30	43.36	25575.48

三、长三角产业转移的内在动力

国内学者王先庆认为由“成长差”与“利益差”共同构成的“产业差”是产业转移的基础，正是由于“利益差”的存在，各类产业总是向着能获取最大利益的区域转移②。由此可以看出，利益最大化原则是企业进行一切活动的根本原则，企业进行产业转移的目的最终都是为了追求利益最大。实现利益最大化的途径可分为两种情况：一是为了进行企业扩张，占领新的市场。二是为了改变比较劣势，减少成本和风险。邹篮等指出由于在工资、房租、地租、原材料价格、公用事业费用等方面存在着很大的区域差，产业主动或被迫向低成本地区流动以控制成本上升③。由此可以看出凡是影响长三角地区企业利润的因素都是促使其转移的内在动力，本节大致概括为以下几点：

（一）要素禀赋因素

要素禀赋是导致长三角产业转移的最主要因素之一。具体而言，导致长三

① 资料来源：根据历年中国统计年鉴整理。
② 王先庆，产业扩张[M]．广东经济出版，1998：25-30.
③ 邹篮，王永庆．产业转移：东西部合作方式和政策研究[J]．特区理论与实践，2000：27-31.

角产业转移的要素禀赋因素主要包括两个方面，即要素价格的上升和资源的短缺。

1. 劳动力价格因素

随着经济发展水平的不断提高，长三角地区的劳动力价格不断上升，从而使得该地区的企业成本急速上升，尤其是一些对于劳动力价格较为敏感的劳动密集型产业，劳动力价格的上涨大大压缩了这些企业的获利空间，削弱了其在国内和国际市场的竞争能力。2002 年，上海、浙江和江苏的年平均工资分别为 14851 元、14123 元、8638 元，而 2009 年上海、浙江和江苏的年平均工资分别上涨到了 58836 元、36553 元、35217 元，八年总涨幅达到296.18%、158.82%、307.70%，年平均涨幅达到 37.02%、19.85%、38.46%。与国内其他地区相比，如安徽平均工资 28723 相比分别高出了 104.84%、27.26%、22.61%。因此一些劳动力成本占企业比重很大的劳动密集型产业，如服装鞋袜业、纺织业、食品加工业、玩具业等为了追求经济利益最大化有逐步向国内其他地区转移的趋势。

2. 土地价格因素

随着中国经济的发展加速，长三角地区经济的繁荣，土地资源越来越稀缺，土地价格也上涨，由于中国统计年鉴中并无土地价格，本节利用房屋平均销售价格来分析长三角地区的土地价格变动情况。2002 年，上海、浙江和江苏的房屋平均销售价格分别为 4134 元、2387 元、1925 元，而 2009 年上海、浙江和江苏的年平均工资分别上涨到了 12840 元、7826 元、4983 元，八年总涨幅达到 210.60%、227.86%、158.86%，年平均涨幅达到 26.32%、28.48%、19.86%。与 2009 年全国房屋平均销售价格 4681 元分别高出了 174.30%、67.19%、6.45%。其中上海和浙江明显高于全国平均水平，江苏地区由于主要受苏北地区的影响，略高于全国水平。

3. 资源缺乏的因素

长三角地区资源的供需矛盾日益尖锐。以电力供应为例，2003 年夏，由于电力资源的短缺，江苏省有 237 家化肥厂、钢厂、电解类化工厂等高耗能企业，被令在 6 月 20 日至 9 月 10 日用电高峰期间检修，损失巨大。当前，江苏、浙江、上海电力的短缺已成为长江三角洲地区发展道路上的一道屏障，尤其是受能源和矿产资源限制较大的重化工业的发展。同时，长三角地区普遍面临着人才供给的数量及结构不能满足经济社会发展需要的矛盾。以浙江为例，该省企业人才总量明显不足，特别是高级技术人员和外语人才缺口高达 40% 以上，由于长三角地区的高房价，使得一些高级人才不愿留在该地区发展而转向内地或者自己的家乡(虽然现在各地政府都在采用各种补贴吸引人才,但是短时期内还无法改变人才缺口的状况),有的企业在无法改变当前吸引人才的情况下,只能资随人动,产业转移到国内其他地区 。

(二)产业结构因素

采用结构重合度指数法计算出,2007 年两省一市上海和江苏产业结构相似系数为 0.968;上海和浙江产业结构相似系数为 0.984;江苏和浙江产业结构相似系数为 0.997。①

导致长三角产业转移的产业结构因素主要包括两个方面,一是长三角本身产业结构的趋同性,二是长三角产业结构与国内其他地区产业结构的互补性。由于长三角地区的资源禀赋,包括自然条件、技术水平、文化传统、要素禀赋以及经济发展水平、制约因素都相当类似,是造成产业结构趋同的前提性原因。各地区之间的产业规划没有相互协调,没有从整体情况考虑,各个地方政府均只从地方利益的角度考虑,什么对地方经济有利,就发展什么。在长三角 16 个城市(地理意义上)中,选择汽车作为重点发展产业的有 11 个城市,选择石化产业作为重点发展的有 8 个,选择电子产业作为重点发展产业的有 12 个。可见,各个城市在区域经济发展中没有形成明确的分工定位,城市定位缺乏统一的协调和规划,结果导致重复建设和产业结构非正常趋同等。

(三)产业集聚梯度高因素

根据产业转移的梯度性的特点,产业转移往往是由经济发展水平梯度较高的地区向梯度较低的地区转移。而各个产业的集群基本上代表着这些产业梯度。而产业集群的发展水平又是由产业的集聚程度所决定的。以浙江的纺织产业集群为例,改革开放之后,浙江利用地理优势和资源优势,发展以中小型企业为主体的具有地区特色的纺织产业基地,集群内中小企业间的专业化分工明确、生产协作网络完备,这使得交易成本降低,生产效率提高。集群内有着独特的配套优势:原材料供应比较齐全;分销渠道和物流渠道畅通;融资方式选择的余地大、交通运输便捷;技术、信息和中介服务等方面的配套能力比较完善,最终促进了浙江经济高速发展。采用产业梯度系数方法计算出 2005 年浙江省纺织产业的产业梯度系数为 3.095440②,而根据产业梯度理论,只要产业梯度系数大于 1,就表明该地区该产业具有比较优势,具有较强

---

① 蔡超.长三角地区产业结构趋同问题的研究[D].扬州:扬州大学,2008(06):35-40.

② 王敏.长三角产业转移的趋势分析及安徽省的承接对策研究[D].合肥:中国科技大学,2010(04):33-42.

的竞争力。但是,产业的集聚程度并不是越高越好,经济过度聚集会使其经济发展的环境恶化,最终会导致区域经济发展后劲不足。因此,从经济的可持续发展角度考虑,长三角应该把一些已经出现聚集负效应的产业向其他地区进行转移,以实现资源的合理配置。

(四)政策驱动因素

随着国务院实施《皖江城市带承接产业转移示范区》、西部大开发、振兴东北老工业基地等战略,中西部地区的政策优势对长三角地区的产业形成了很强大的诱惑。国家明确提出了包括财政、税收、社保等支持中西部地区的崛起。如对于皖江地区优惠政策包括:从 2010 年起连续 6 年,安徽省财政每年安排不少于 10 亿元的专项资金用于集中区建设,集中区城镇土地使用税经批准实行低税额,区内新建企业新增企业所得中省级分成部分全额奖励市县,涉企行政事业性收费予以免收。示范区内的开发区可采取置换用地。2010 年连续 6 年,合作园区新增增值税、所得税市、县留成部分,全额补贴给合作园区。在税费优惠政策、金融政策、内外贸易政策、社会建设政策、政务环境政策都有优惠政策。对于长三角地区的产业迁移到皖江地区具有非常的吸引力。

第三节　长三角地区工业产业发展梯度分析及评价

一、产业梯度系数理论

(一)产业梯度系数

产业梯度的概念来源于区域经济学中的梯度概念。区域经济学中的梯度是指区域之间经济发展的差异,而产业梯度系数由我国著名的学者戴宏伟先生提出来的,他认为一个区域的某个产业部门到底位于该国对应的该产业部门的哪个层次主要取决于以下两个因素:第一个因素是创新因子,可以用比较劳动生产率来衡量。第二个因素是市场因子,可以用区位商来衡量。因此,产业梯度系数可描述为产业市场占有程度及产业的创新水平相关的函数(比较劳动生产率和区位商的函数)。市场专业化程度及创新水平相互之间具有乘数效应,因此我们可以将某个地区的某产业部门的产业梯度系数定义为:

产业梯度系数 = 区位商(Q) × 比较劳动生产率(B)

1. 区位商

区位商是产业的效率与效益分析的定量工具,是一种较为普遍的集群识别方法，是用来衡量某一产业的某一方面，在特定区域的相对集中程度，又称专门化率，它由哈盖特首先提出并运用于区位分析中，在衡量某一区域要素的空间分布情况，反映某一产业部门的专业化程度，以及某一区域在高层次区域的地位和作用等方面具有重要作用。因此运用区位商可以分析出区域产业的竞争力水平。通过计算某一区域的某一产业的区位商，可以找出该区域在全国具有的优势产业，并根据区位商 Q 值的大小来衡量其专门化率。Q 的值的大小与专门化率成正相关。根据有关数据，可分别计算出长三角地区不同行业相对于全国同类行业的区位商。一般来讲，如果产业的区位商大于 1.5，则该产业在当地就具有明显的比较优势。区位商计算公式如下：

$$Q = (N_1/A_1)/(N/A) \quad (4-1)$$

其中 N_1 为研究区域某部门产值（或从业人员数）；A_1 为研究区域所有部门产值（或从业人员数）；N 为背景区域某部门产值（或从业人员数）；A 为背景区域所有部门产值（或从业人员数）。

2. 比较劳动率

比较劳动生产率即一个部门的产值比重同在此部门就业的劳动力比重的比率，它反映该部门 1% 的劳动力所生产的产值在整个国民总产值中的比重。它不仅反映了某个区域的某产业的相对优势程度，而且体现了该区域该产业的竞争能力，更加说明了其劳动者素质水平和技术水平的高低。若该区域某产业的比较劳动生产率是小于 1 的，说明它的劳动生产率是低于全国水平；若该区域的某产业的比较劳动生产率是大于 1 的，说明它的劳动生产率是高于全国水平。其公式如下：

$$Q = (G_1/G)/(L_1/L) \quad (4-2)$$

其中 G 为总产值（或总收入），L 为劳动力总数，G_1 为该区域的某个产业产值（或收入），L_1 为区域的某个产业劳动力数。

二、长三角地区工业产业的产业梯度系数分析

（一）关于长三角地区工业产业的区位商分析

由于 2011 年部分地区的统计年鉴还未出来，为了保持数据和结论的严密性与准确性，对于各个地区和各种产业的数据统一采用 2010 年的数据。通过查找 2010 年上海市统计年鉴、2010 年江苏省统计年鉴、2010 年浙江省统计年鉴和 2010 年中国统计年鉴，再根据上述区位商的公式，通过 EXCEL 分析工业各部门的产业总值，各地区的工业总产值计算得出各地区的区位商（表格中“-”表示统计年鉴中数据缺省），见附录 1。

通过分析附录1表格可知,区位商大于1的工业部门,上海市有16个,浙江省有18个,江苏省13个,这些行业专业化程度比较高,具有一定的竞争优势。其中区位商大于1.5的工业部门,上海市有5个,浙江省有9个,江苏省有5个,说明在这些产业在当地就具有明显的比较优势。

(二)关于长三角地区工业产业的比较劳动率分析

根据2010年长三角地区工业产业各部分的产值、利润总额①和各产业从业人数等数据,通过EXCEL表格计算出长三角地区的比较劳动生产率,其数据表格见附录2:

通过分析附录1可知,劳动生产率大于1的工业部门,上海市有19个,浙江省有9个,江苏省25个,这些产业的劳动生产率比较高。

(三)长三角地区工业产业的产业系数分析

利用附录1和附录2的数据计算出,长三角地区工业产业的产业梯度系数,其数据表格见附录3。

分析附录表3中的数据可以得出:其中产业梯度系数大于1的工业产业,上海市有16个,浙江省有14个,江苏省有19个产业,说明长三角地区的这些产业在全国范围内具有较高的产业梯度,具有比较优势。

另外,那些产业梯度系数小于1的产业部门,说明这些产业,在长三角地区处于衰退或即将衰退的阶段,并需要转移出去。

上海市34个(其中有5个产业部门的数据缺省)工业产业中,石油和天然气开采业、农副食品加工业、食品制造业、饮料制造业、纺织业、纺织服装、鞋、帽制造业、皮革、毛皮、羽毛(绒)及其制品业、木材加工及木、竹、藤、棕、草制造业、造纸及纸制品业、化学纤维制造业、橡胶制品业、非金属矿物制品业、有色金属冶炼及压延加工业、金属制品业、通信设备、计算机及其他电子设备制造业、废弃资源和废旧材料回收加工业及燃气生产和供应的产业梯度系数小于1的。

浙江省37个(其中有2个产业部门的数据缺省)工业产业中,煤炭开采和洗选业、黑色金属矿采选业、有色金属矿采选业、非金属矿采选业、农副食品加工业、食品制造业、饮料制造业、木材加工及木、竹、藤、棕、草制造业、印刷业和记录媒介的复制、橡胶制品业、非金属矿物制品业、黑色金属冶炼及压延加工业、有色金属冶炼及压延加工业、金属制品业、通用设备制造业、专用设备制造业、交通运输设备制造业、电气机械及器材制造业、通信设备、计算机及其他电子设备制造

① 由于2008年以后中国统计年鉴已经取消了工业增加值的统计,而且工业增加值和利润总额成完全正相关,因此本节使用利润总额替代工业增加值。

业、仪器仪表及文化、办公用机械制造业、废弃资源和废旧材料回收加工业、燃气生产和供应及水的生产和供应业的产业梯度系数小于1的。

江苏省38个(其中有1个产业部门的数据缺省)工业产业中，煤炭开采和洗选业、石油和天然气开采业、黑色金属矿采选业、有色金属矿采选业、非金属矿采选业、其他矿采选业、农副食品加工业、食品制造业、饮料制造业、皮革、毛皮、羽毛(绒)及其制品业、印刷业和记录媒介的复制、家具制造业、石油加工、炼焦及核燃料加工业、塑料制品业、非金属矿物制品业、有色金属冶炼及压延加工业、交通运输设备制造业、工艺品及其他制造业、废弃资源和废旧材料回收加工业及水的生产和供应业的产业梯度系数大于1的。

因此，长三角地区的这些产业相对于全国平均水平来说的，不具有竞争力。

三、长三角地区产业集聚度分析

(一)产业集聚度的理论

产业集聚是指同一产业在某个特定地理区域内高度集中，产业资本要素在空间范围内不断汇集的一个过程。产业集聚形成模式包括市场创造模式和资本转移模式。产业集聚问题的研究产生于19世纪末，在1890年马歇尔就开始关注产业集聚这一经济现象，并且提出了两个重要的概念“内部经济”和“外部经济”。继马歇尔之后，产业集聚理论又有了较大的发展，产生了许多不同的流派。比较有影响的有：韦伯的区位集聚论、E·M·胡佛的产业集聚最佳规模论、波特的企业竞争优势与钻石模型、熊彼特的创新产业集聚论等。测试产业集聚度的方法有很多种，如行业集中度、赫希曼指数、空间基尼指数、产业集聚指数等。本节采用产业集聚指数来测算产业集聚程度。

(二)产业集聚指数

产业集聚指数是用来分析区域产业集聚的动态指标。假定考察周期为t年，在k个地区有h个产业，其中第j地区第i产业期初和期末的产业总值分别为q_{ijo}和q_{ijt}，全国第i个产业期初期末的产业总值为q_{it}和q_{io}，用A_{ij}表示j地区i产业的集聚指数，S_{ij}为第j地区第i产业的平均增长速度，S_{it}为全国i产业的平均增长速度：

$$S_{ij} = \sqrt[t]{q_{ijt}/q_{ijo}} - 1 \quad (4-3)$$

$$S_{it} = \sqrt[t]{q_{it}/q_{io}} - 1 \quad (4-4)$$

那么，考察期内第j地区第i产业的产业集聚指数为：

$$A_{ij} = S_{ij}/S_{it} \quad (4-5)$$

其中，(1) 当 $S_{it} \geq 0$ 时，表明第 i 产业在全国仍处于成长阶段，此时如果 $A_{ij} \geq 1$，表明第 i 产业向 j 地区聚集，该产业的发展速度超过全国平均水平，表示 j 地区 i 产业在全国的比较优势显著；如果 $0.8 \leq A_{ij} < 1$，表示 j 地区的第 i 产业的虽然增长速度小于全国的，但是该产业在该地区的发展比较平稳。如果 $0 \leq A_{ij} < 0.8$，表示 i 产业尽管在 j 地区也在增长，但增长速度大大低于全国水平，说明该产业在该地区具有衰退的迹象；如果 $A_{ij} < 0$，说明第 j 地区的第 i 产业已出现萎缩。(2) 当 $S_{it} < 0$ 时，表明第 i 产业在全国出现衰退。如果 $A_{ij} < 0$，表示第 i 产业在第 j 地区仍然在增长，即该产业在第 j 地区存在比较优势；如果 $A_{ij} > 0$，表明第 i 产业在第 j 地区也出现了衰退。

(三) 长三角地区工业产业集聚指数

本节通过选取上海市、浙江省和江苏省 2005 年的工业总产值和 2009 年的工业总产值，计算出这两省一市的产业集聚指数，考察长三角地区两省一市这五年工业产业的。计算结果见附录 4。

我们通过分析附录 4 的表格可以将长三角地区的产业分为成长型、稳定型和衰退型。在此我们排除采矿业，因为这主要受制于地理因素的影响，相对来说长三角地区的矿产都不是很发达，占 GDP 的比重很小。

(1) 上海市成长型的产业包括：烟草制品业、工艺品及其他制造业、电力、热力的生产和供应业及燃气生产和供应业；稳定型的产业包括：交通运输设备制造业；上海市的其他产业的增长速度远远小于全国的水平，这也主要在于上海现在努力发展第三产业，特别是金融服务业上海市的金融服务业的产业集聚指数达到将近 8 的水平，工业制造业已不是上海市的重点发展方向了。

(2) 浙江省的成长型产业包括：化学纤维制造业、黑色金属冶炼及压延加工业、仪器仪表及文化、办公用、水的生产和供应业；稳定型产业包括：食品制造业、烟草制品业、家具制造业、造纸及纸制品业、化学原料及化学制品制造业、交通运输设备制造业、电气机械及器材制造业、电力、热力的生产和供应业及燃气生产和供应业。其他产业属于衰退型产业。

(3) 江苏省的成长型产业：烟草制品业、纺织服装、鞋、帽制造业、造纸及纸制品业、印刷业和记录媒介的复制、文教体育用品制造业、医药制造业、化学纤维制造业、橡胶制品业、黑色金属冶炼及压延加工业、有色金属冶炼及压延加工业、金属制品业、专用设备制造业、交通运输设备制造业、电气机械及器材制造业、通信设备、计算机及其他、仪器仪表及文化、办公用、工艺品及其他制造业、燃气生产和供应业及水的生产和供应业。稳定型的产业包括：农副食品加工业、饮料制造业、纺织业、木材加工及木、竹、藤、棕、石油加工、炼焦及核燃料加工业、塑料制品业、非金属矿物制品业、通用设备制造业、废弃资源和废旧材料回收加工业及电力、热力的生产和供应业。其他产业属于衰退型的产业。

四、综合分析

通过采用产业梯度系数法和产业集聚指数法综合分析出长三角地区工业产业在全国失去优势的产业包括：

(1)上海。农副食品加工业、纺织业、皮革、毛皮、羽毛(绒)及其制品业、木材加工及木、竹、藤、棕、造纸及纸制品业、化学纤维制造业、橡胶制品业、非金属矿物制品业、有色金属冶炼及压延加工业、通信设备、计算机及其他、废弃资源和废旧材料回收加工业。

(2)浙江。农副食品加工业、饮料制造业、木材加工及木、竹、藤、棕制造业、印刷业和记录媒介的复制、橡胶制品业、非金属矿物制品业、有色金属冶炼及压延加工业、金属制品业、通用设备制造业、专用设备制造业、废弃资源和废旧材料回收加工业。

(3)江苏。食品制造业、皮革、毛皮、羽毛(绒)及其制品业、家具制造业、塑料制品业。

第四节　皖江地区产业转移承接力分析

一、皖江地区范围的界定

长江流经安徽400余公里，也称做八百里皖江。所以，皖江地区，实际就是指安徽境内的长江流域。皖江城市带包括合肥、芜湖、马鞍山、铜陵、池州、安庆、滁州、巢湖、宣城九市，以及六安市的金安区和舒城县，共59个县(市、区)，土地面积7.6万平方公里，人口3058万，2009年实现地区生产总值8224亿元，分别占安徽省的54%、45%和67%。

2010年1月12日，国务院正式批复《皖江城市带承接产业转移示范区规划》，将皖江城市带承接产业转移示范区建设，纳入国家发展战略。

该规划确立了以沿江城市为“发展轴”、合肥和芜湖为“双核”、宣城和滁州为“两翼”的“一轴双核两翼”产业布局，大力振兴发展装备制造业、轻纺产业、原材料产业以及现代农业和现代服务业，着力培育高技术产业，构建具有较强竞争力的现代产业体系，真正在承接中调整产业结构，在转移中发挥示范作用。

其中“一轴”包括安庆、池州、铜陵、巢湖、芜湖、马鞍山 6 个沿江市，这是承接产业转移的主轴线。“双核”指合肥、芜湖，这是安徽省经济发展最具活力和潜力的两大增长极，是承接产业转移的核心区域。“两翼”包括滁州和宣城市，着力打造承接沿海地区特别是长三角产业转移的前沿地带。

图 4－5　皖江区域地图（粗线区域内）

二、指标体系设计原则

本节为了评价皖江地区的产业承接能力，需要选取指标对其进行评价。为了方便数据的收集和准确性，且皖江地区与安徽省内各个地区具有紧密的联系性，本节在做皖江地区承接产业转移能力时，所使用的数据的为安徽省的数据。以及为了保证承接能力评价体系的准确性和有效性，遵循以下原则，来构建反映承接能力的评价指标体系。

（1）科学性原则。评价产业转移承接能力时，各项考核的指标必须科学地反映地区的承接力的水平，必须具有理论依据，不能选择没有实际意义的指标，影响整个评价考核的效用。

（2）系统性原则。对于产业承接力的评价，是一个地区的综合实力的体现，而这牵扯很多的复杂的因素，因此需要用系统的观点，从系统的角度出发，在系统的相互关联、相互制约中描述系统的特征。当然，产业承接力的评价指标体系不可能包罗万象，但其主要因素不可欠缺，本节选择了几个影响承接力的重要因素。

（3）互补性和独立性原则。因为本节使用的是主成分分析方法进行分析的，因此要求各项指标具有一定的独立性，避免互相间的重复和交叉，同时指标间要能够互相互补，以弥补其他指标的不足。

（4）简明性和可得性原则。本节在选取指标时，从反映产业转移承接能力的关键因素着手，使构建的指标体具有代表性，且在满足评价目的要求的前提下，因为指标并非越多越好，太多的指标会很难突出重点，影响评价的结果。

三、指标体系的选取

根据产业转移经典理论及其影响因素的深入剖析和产业转移形成机理的全面把握，企业转移的内在动力就是利润最大化，凡是能影响企业利润的因素，对企业的转移都具有吸引力，因此本节选取了基于微观角度几个影响企业利润的主要直接因素包括成本因素、市场因素、经济效益因素；和基于宏观角度影响企业利润的主要因素包括投资政策环境因素、技术研发水平、产业配套能力三个因素。

1. 成本因素

根据产业转移相关理论中成本的影响因素，选取如下两个关键指标：

（1）原材料成本。主要反映原材料的可获得性。自然资源越丰富，原材料的就越容易获得，相关原材料成本就越低，对于相对应产业就具有的吸引力，获得较高利润的可能性就越大，因此产业转移承接力就越强。但是由于很难找到工业原材料成本的数据,所以本节使用各地区工业主营业务成本来代替。

(2)劳动力成本。本节使用各地区的平均职工工资来作为劳动力成本的指标。平均工资水平越低,劳动力成本越低,对于产业转移的吸引力就越大,特别是对于劳动密集型的产业,获得较高利润的可能性就越大,因此产业转移承接力就越强。

2. 市场潜力因素

根据市场潜力影响因素的分析,本节选取了人口数量和人均消费性支出。来衡量各地区的市场潜力因素。人口数量越大的地区,且人均消费性支出高的地区,市场的潜力就越大。

3. 投资政策环境

良好的投资政策环境是吸引国内外投资者前来投资的重要吸引力,是吸引转移产业落地的重要影响因素。因此,在本节将采用樊纲的《中国市场化指数——各地区市场化相对进程 2009 年报告》中的,各地区市场化总指数作为指标。市场化指数水平可直接反映一个地区市场投资环境的好坏。市场化水平越高,该地区投资政策环境越好,产业转移承接力越强。

4. 产业配套能力

关于产业配套能力主要包括基础设施建设程及载体规模。基础设施建设程,本节使用统计年鉴中各地区运输线路长度和人均互联网宽带接入端口作为该指标测度值。而只有载体规模越大,吸纳转移要素的承接能力就越大,本节使用的是可用某行业工业总产值测度值。

5. 技术研发水平

根据技术研发水平的影响因素,本节主要使用大中型企业开发新产品经费作为测度值。该指标可以很好地反应一个地区在技术研发上所投入的情况。

6. 经济效益因素

根据技术研发水平的影响因素,本节使用的是成本费用利润率和总资产贡献率作为测度值。其中成本费用利润率该指标反映转移产业在该地区的获利情况,指在一定时期内实现的利润与成本费用之比。总资产贡献率反映企业全部资产的获利能力,是企业经营业绩和管理水平的集中体现,是评价和考核企业赢利能力的核心指标。

四、地区产业转移承接能力评价

(一)分析方法的选择

由于我们所选的综合实力指标太多,数据太多,而且在实际问题中,大多数的指标之间有一定相关性。由于指标较多及指标间具有相关性，势必增加问题的复杂性。因此本节选择主成分分析方法，主成分分析方法就是把各变量之间互相关联的复杂关系进行简化分析，即设法将原来多重指标重新组合成一组为数较少的互不相关的新指标来反映原来指标所提供的绝大部分信息。它是研究如何通过少数几个主要成分来解释多变量的方差——协方差结构，导出几个主成分，使它们尽可能多地保留原始变量的信息，且彼此不相关。

（二）主成分分析原理

主成分分析将原来众多具有一定相关性的 p 个指标 $X_1,X_2,\cdots,X_P$（比如本节的 11 个综合实力指标），重新组合成一组新的相互无关的综合指标。数学上的处理就是将原来的 p 个指标作线性组合，即

$$Y_i = l_{i1}X_1 + l_{i2}X_2 + \cdots + l_{ip}X_p, i = 1,2,\cdots,p \qquad (4-6)$$

选择其中的若干个作为新的综合指标，由方程

$$Y_i = l_{i1}X_1 + l_{i2}X_2 + \cdots + l_{ip}X_p, i = 1,2,\cdots,p \qquad (4-7)$$

解得：

$$Var(Y_i) = Var(l_i^T X) = l_i^T \Sigma l_i, i = 1,2,\cdots,p \qquad (4-8)$$

其中 Σ 是 P 个随机变量的协方差矩阵。

$$Cov(Y_i,Y_j) = Cov(l_i^T X, l_j^T X) = l_i^T \Sigma l_j \qquad (4-9)$$

如果我们希望用 Y_1 代替原来的 P 个变量，这就要求 Y_1 尽可能地反映原有 P 个变量的信息。这里的“信息”用 Y_1 方差来度量，即要求 Y_1 方差达到最大，为此我们需要对系数向量加以限制即满足约束条件：

$$l_1^T l_1 = 1 \qquad (4-10)$$

求 l_1 例 $Var(Y_1)$ 达到最大 l_1 由此所确定的随机变量 Y_1 称为 $X_1,X_2,\cdots,X_p$ 的第一主成分 如果第一主成分 Y_1 还不足以反映原变量的信息，则进一步求 Y_2，为了使 Y_1 和 Y_2 所反映原变量的信息不相重叠，要求 Y_1 和 Y_2 不相关，即

$$Cov(Y_1,Y_2) = l_1^T \Sigma l_2 = 0 \qquad (4-11)$$

于是，在约束条件

$$l_2^T l_2 = 1, l_1^T \Sigma l_2 = 0 \qquad (4-12)$$

下，求 l_2 使 $Var(Y_2)$ 达到最大，由此 l_2 所确定的随机变量 Y_2 称为 $X_1,X_2,\cdots,X_P$ 的第二主成分。一般地，求第 i 个主成分 Y_i，则要求其中系数及主成分满足以下条件：

（1）系数向量是单位向量，即

$$l_{i1}^2 + l_{i2}^2 + \cdots + l_{ip}^2 = 1, i = 1,2,\cdots,p \qquad (4-13)$$

（2）不同的主成分不相关，没有重叠信息，即

$$cov(Y_i,Y_j) = 0,(i \neq j,i;j = 1,2,\cdots,p)$$

(3)各主成分的方差递减,重要性递减,即

$$var(Y_1) \geqslant var(Y_2) \geqslant \cdots \geqslant var(Y_P) \geqslant 0$$

其中 $Y_1,Y_2,\cdots,Y_P$ 依次称为第一主成分,第二主成分,…,第 p 个主成分,这为基本原理①。

(三)主成分的选择

我们进行主成分分析的目的之一是希望用尽可能少的主成分 $Y_1,Y_2,\cdots,Y_k$($k \leqslant p$)代替原来的 P 个指标。到底应该选择多少个主成分,在实际工作中,主成分个数的多少取决于能够反映原来变量 85% 以上的信息量为依据,即当累积贡献率≥85%时的主成分的个数就足够了。其中贡献率与累积贡献率的定义:第 i 个主成分的方差在全部方差中所占比重$\frac{\lambda_i}{\Sigma\lambda_i}$,称为贡献率,反映了原来 P 个指标多大的信息,及有多大的综合能力。前 k 个主成分共有多大的综合能力,用这 k 个主成分的方差和在全部方差中所占比重$\frac{\sum_{i=1}^{k}\lambda_i}{\Sigma\lambda_i}$来描述,称为累积贡献率。这里用 λ_i 来计算主成分的方差在全部方差中所占比重。

(四)主成分分析的步骤

(1)若各指标的属性不同(成本型,利润型,适度型),则将原始数据统一趋势化,得到属性一致的指标矩阵;我们用 I_1,I_2,I_3 分别表示利润型、成本型和固定指标。本节的主营业务成本为成本型的指标,本节根据此公式将其效益化。

$$d_{ij} = \begin{cases} a_{ij} / \max\limits_j a_{ij} & a_{ij} \in I_1 \\ \min\limits_j a_{ij} \cdot / a_{ij} & a_{ij} \in I_2 \\ \min\limits_j |a_{ij} - a_j| \cdot / |a_{ij} - a_j| & a_{ij} \in I_3 \end{cases} \quad (4-14)$$

$D = (d_{ij})_{n \times m}$

其中 a_j 为第 j 项指标的适度数值。

(2)计算指标矩阵 A 的协方差矩阵,或将指标矩阵 A 标准化后(记为 B 矩阵)计算 B 矩阵的相关系数矩阵 R,当指标矩阵的量纲不同,或协方差矩阵主对角元素差距过大时,用相关系数矩阵 R。由于本节指标矩阵的量纲不同,所以选择基于相关系数矩阵的主成分分析。

(3)计算相关矩阵 R 的特征值与相应的单位特征向量(注:此时特征值从小

① 张从军.数据分析[M].北京:高等教育出版社,2004:10-12.

到大排列，最后一列特征值最大，其对应的特征向量是 V 的最后一列）。

（4）根据计算主成分的公式，结合实际问题说明每个主成分主要提取了那些指标的信息。

（5）根据特征值计算累计贡献率，确定主成分的个数，而单位特征向量就是主成分的系数，一般当累计贡献率达到 85% 以上，主成分的个数就足够了。

（6）计算主成分的数值（主成分得分）根据相关系数矩阵计算特征值与特征向量，则主成分得分为：$Y=B\times V$，其中，V 是特征向量矩阵，B 是将矩阵 A 标准化后的矩阵。

（7）计算综合评价值。通常计算综合评价值的公式为：$Z=Y\times W$ 其中 Y 是主成分得分，W 是权向量（将特征值归一化，即 $\omega_I=\frac{\lambda_i}{\Sigma\lambda_i}$，注：选取几个主成分就求几个特征值的加权平均）；根据综合评价值进行排序，若为利润型矩阵，则综合评价值越大排名越靠前；若为成本型矩阵，则综合评价值越小排名越靠前。

（五）结果分析

由于 MATLAB 程序及特征向量内容太大，因此将 MATLAB 程序放入附录，特征向量放入附录。通过 MATLAB 计算 2009 年原始的数据的特征值，再由前面的公式计算出贡献率及累计贡献率，归纳如表 4－6 所示。

表 4－6 利用主成分分析法计算出各列的特征值

序号	特征值	贡献率（%）	累计贡献率（%）
1	4.2593	38.72	38.72
2	3.5985	32.71	71.43
3	1.2387	11.26	82.69
4	0.8474	7.70	90.39
5	0.4140	3.76	94.15
6	0.2422	2.20	96.35
7	0.1471	1.34	97.69
8	0.1144	1.04	98.73
9	0.0685	0.62	99.35
10	0.0510	0.46	99.81
11	0.0191	0.17	100

由于第一、第二、第三、第四主成分累积贡献率达到90.39%，故只需取前四个主成分即可。由于特征值对应的特征向量就是主成分的系数，MATLAB计算的特征值是从小到大排序，因此各主成分的系数是特征向量矩阵 V 的最后几列。具体为：

第一主成分： $Y_{11}=v_1(11)^T\times A_1$； (4-15)

第二主成分： $Y_{12}=v_1(10)^T\times A_1$； (4-16)

第三主成分： $Y_{13}=v_1(9)^T\times A_1$； (4-17)

第四主成分： $Y_{14}=v_1(8)^T\times A_1$； (4-18)

（其中，A_1 为2009年的原始数据，$v_1(11)^T$、$v_1(10)^T$、$v_1(9)^T$、$v_1(8)^T$ 为 A_1 的特征向量的第11、10、9、8列的转置）。

由于只选取4个主成分，因此只须将表4-6中的前4个特征值归一化，即 $\omega_i=\frac{\lambda_i}{\Sigma\lambda_i}$，计算出它们各自权向量的权限系数：

$$W_1=(0.4283,0.3619,0.1246,0.0852)$$

根据

$$Y_1=0.4283\times Y_{11}+0.3619\times Y_{12}+0.1246\times Y_{13}+0.0852\times Y_{14} \quad (4-19)$$

计算2009年全国各地区产业承接力的综合评价得分。

本节通过MATLAB软件对中国31个省、自治区、直辖市的工业产业转移承接能力的评难价指标进行标准化处理和综合评价计算，得到2009年全国各地区承接产业转移能力的综合得分及排名情况，具体见表4-7。

表4-7　2009年中国各地区承接能力排名

地区	排名	综合得分	地区	排名	综合得分
上 海	1	3.0063	广 西	17	-0.4292
北 京	2	2.2956	内蒙古	18	-0.4814
广 东	3	2.1909	湖 南	19	-0.4871
江 苏	4	1.6906	山 西	20	-0.631
浙 江	5	1.6708	海 南	21	-0.6563
天 津	6	0.984	陕 西	22	-0.7016
山 东	7	0.9656	江 西	23	-0.7415
辽 宁	8	0.5553	黑龙江	24	-0.7445

续表

地区	排名	综合得分	地区	排名	综合得分
福 建	9	0.496	宁 夏	25	-0.8055
重 庆	10	-0.0446	西 藏	26	-0.8848
河 北	11	-0.1151	云 南	27	-0.9352
安 徽	12	-0.1841	甘 肃	28	-1.0533
四 川	13	-0.3244	贵 州	29	-1.0737
河 南	14	-0.3421	青 海	30	-1.1589
吉 林	15	-0.4065	新 疆	31	-1.2362
湖 北	16	-0.4183			

利用主成分分析法，通过 MATLAB 计算出全国各地区的产业承接能力排名，可以看出安徽省在全国的排名为第十二位，而排派在安徽省前面的是上海、北京、广东、江苏、浙江、天津、山东、辽宁、福建、重庆、河北。除了重庆都是东部沿海地区。由于东部沿海地区的产业结构有重合的趋势，而且东部沿海地区的都肩负着国际产业转移的重任，本身并没有更多的资源区承接其他沿海地区的产业，因此安徽省在中西部地区只排在重庆之后，具有较强的承接能力。而皖江地区作为安徽省的核心区域，因此我们可以得出皖江地区具有较强的产业承接能力。

第五节　皖江地区承接长三角产业转移的 SWOT 分析

在新一轮国际产业转移的大背景下，长三角地区背负着承接新一轮的产业转移重任和机遇，长三角地区只有“腾笼换鸟”，进行产业结构的调整，改变产业发展的区域分工体系。皖江地区作为长三角地区的邻居，理应抓住这个机遇，做出“中部崛起，安徽理应当先”表率的作用。

一、皖江地区承接产业转移的优势分析

（一）地理优势

皖江地区位于华东区域，是华北与华南的过渡带，东部紧邻上海市、浙江省、

江苏省长三角的两省一市，属于长三角经济圈的直接辐射地区，在承接长三角的产业转移中有得天独厚的地理优势。

皖江地区的“两核一轴”据南京都在三小时经济圈内，合肥距南京仅150公里左右，先通过合宁城际铁路合肥到南京的车程不到1个小时，等合宁城际铁路开通以后，合肥到上海的车程不到2个小时，马鞍山市距南京不到50公里，芜湖到南京也仅130多公里，铜陵据南京也就2个多小时的车程。目前，皖江城市带已初步形成通往东部的立体交通网络，这一区域距离长三角最远的城市安庆，离上海也只有3个多小时，随着安庆机场扩容、800里皖江黄金水道治理、宁安城际铁路等重大交通基础设施项目的建成，皖江城市带的交通条件将进一步改善，实现了与长三角交通的网络化对接，更加突出了皖江城市带承东启西、连南接北的综合交通枢纽地位，从而进一步降低物流成本，承接产业转移的区位优势更加明显。

长三角产业主要是通过两大辐射通道——长江流域经济带、双陆桥经济带向中西部转移的，而这两条辐射通道首先经过皖江，这使得皖江在长三角经济发展格局中所处的承东启西的战略地位更加突出。因此，皖江在承接长三角产业转移具有较强的地理优势。皖江也应做出积极的姿态，以战略向东、市场互动、产业互补、基础设施对接为具体内容，与长三角地区的产业进行全方位接轨，这样才能体现地理优势的价值。

（二）要素禀赋优势

1. 劳动力成本优势

安徽省是一个劳动力资源优势明显的大省，又是一个劳务输出大省，不仅数量多而且成本相对较低，素质也较高。安徽省常年在外务工人员1000余万人，2009年安徽省职工平均工资为28723元，不到上海平均工资的一半，远低于江苏、浙江等省，可以有效地吸引并承接未长三角地区劳动密集型产业的转移。

截至2009年，安徽省有普通本、专科学校106所，在校的本科学生达到439285人，专科人数达到438497人，年高校毕业生达到15万人以上都具有较高的素质，这也正是长三角地区转移资本和技术所必备的条件之一，安徽全省70%的科教资源在这里集中，中国科学技术大学等一批大学和国家级科研院所密集于此。而且皖江目前有大量的熟练产业工人，能够为产业转移和升级提供强有力的人才和科技支撑。

2. 资源优势

随着东部地区一些资源的缺乏和能源的供应不足，特别是一些高耗能的企业，安徽省却拥有丰富的电力资源、矿产资源和水资源成为承接产业转移的坚实基础。

目前安徽省已发现各种矿产135种,已探明储量的达67种。其中,煤、铜、铁、磷、硫、水泥、石灰岩、明矾等20多种矿产储量居全国前10位。而且安徽省是全国重要的棉、粮、油商品基地和农畜产品加工基地,是全国重要的能源和原材料基地,矿产资源丰富,自然资源品种齐全。

皖江地区可以充分的利用这些资源优势,通过提高产业配套的规模和水平,加快形成与长三角地区的产业链接,与长三角地区形成互补优势,作为长三角地区的坚实后方,同时也发展自身的经济,带动产业升级和发展。

(三)产业基础好且与长三角产业相配套

现在,皖江城市带已经形成冶金、家电、汽车及零部件、化工、建材等产业集群,拥有马钢、安庆石化、奇瑞、海螺水泥等一批国内知名企业,现代农业、物流服务业、金融业等产业综合配套能力不断进步。其中汽车工业产量居中国第6位,叉车、挖掘机产销量均为中国第一;家电综合生产能力居中国第三。

以奇瑞、江淮汽车为代表,通过自主创新而发展起来的龙头企业同时也发挥出对产业转移的"牵引力"。芜湖现在已集聚了200多家汽车零部件配套企业,70%来自浙江省。合肥已经位列全国三大白色家电生产基地,吸引了包括美的、海尔、长虹等家电企业的入驻。

与此同时,皖江城市带的产业承接平台也更趋完善,共拥有4个国家级开发区,65个省级开发区,每个县都有自己的特色工业园区,支持政策也日趋完善。

二、皖江地区承接长三角产业转移的劣势分析

(一)城市群发展薄弱,城市化水平低

从皖江区域结构看,两个核心城市合肥和芜湖带动力不强、县域经济发展水平不高。大城市和城市群发展薄弱,缺乏竞争优势。2008年,中部地区GDP超千亿元的城市湖北有3个,湖南有4个,河南有5个,皖江地区仅合肥1个。

从经济总量来看,在四大城市群中,皖江城市带GDP总量仅高于长株潭城市群。2008年,皖江地区的经济总量仅为长三角城市经济总量的10.5%。其中,GDP总量超千亿元的为合肥(1664.84亿元);超500亿元为芜湖(749.65亿元)、安庆(704.72亿元)、马鞍山(636.3亿元)、滁州(520.1亿元);巢湖、铜陵、宣城、池州、GDP分别为479.3亿元、325.3亿元、411.6亿元、192.4亿元。2008年我省城镇化率为40.5%,低于全国5.2个百分点;由于核心城市带动力不强,也制约了皖江地区城镇化和县域经济的发展。

从城镇化水平来看,皖江城市带九个城市的城镇化水平最高的是铜陵

(75.3%),马鞍山(66.0%)居第二位。最低的是安庆(35.1%)和滁州(39.4%)。县域经济总量仅占到全省的47.8%。

从人均GDP来看,皖江城市带九个城市的人均GDP差别较大。其中,人均GDP超40000元的仅马鞍山(49824元)、铜陵(44870元);合肥(34482元)、芜湖(32500元)相对较高;其他城市均低于20000元。皖江九个城市人均GDP均低于长三角城市平均水平(64477元),这也说明目前皖江城市带整体经济实力和长三角城市相比差距依然较大。2008年,皖江城市带人口数量占全省的比重达42.6%。其中,安庆(613.89万人)、合肥(486.74万人)、巢湖(456.8万人)、滁州(447.37万人)位居前列;池州(158.93万人)、马鞍山(128.1万人)、铜陵(73.89万人)人口规模较小,其人口数量仅占安徽省人口总数的2.45%、1.4%和1.1%。

从人口密度和经济密度来看,皖江城市带九个城市的差距较大。其中,马鞍山人口密度(760人/平方公里)、经济密度(3774元/平方公里)均居首位;芜湖人口密度(696人/平方公里)居第二位,经济密度(2260元/平方公里)居第四位;合肥人口密度(692人/平方公里),经济密度(2368元/平方公里)均居第三位。

从总体上来看,目前皖江城市带九个城市发展速度较快,但经济实力和长三角城市相比还存在较大差距。城镇化水平较低,经济体量偏小,人口密度和经济密度较小,城市的积聚能力较弱,影响了区域经济的发展,制约了城市综合竞争力的提升。

(二)高新技术产业比重低

皖江城市带仍以传统制造业为主,资源初加工项目较多,高消耗、高污染、低层次产业项目仍占有一定比重,高新技术产业比重明显偏低。尤其在刚刚揭晓的2010年中国企业500强中,虽然皖江城市带有9家入围,却没有一家进入100强之内。

位居皖江地区第一的是马鞍山钢铁,虽然以546.75亿元营业收入,排在第108位,但其营业收入也只相当于排名第一中石化的3.9%,仅为宝钢的28%。铜陵的有色金属、芜湖的海螺水泥、马钢都是高耗能高污染的行业。

总而言之,各产业内部的规模扩展很快,但大多体现在资本技术含量低、报酬率不高的传统产业上,对于创新和技术进步的积极主动性不高,推进产业结构的优化升级缺乏来自于主导产业和高新技术产业的推动力。

(三)产业特色不明显

区域之间的各种经济联系,多以产业联系为载体,并以产业结构的差异性和互补性为基础。而产业同构现象,不仅加剧了区域间的过度竞争,形成新的重复建设,而且也阻碍着产业集群化发展和产业链的延伸。

皖江地区产业同构问题比较严重,皖江城市带部分地区的主导产业大体相似,目前,合肥、芜湖、滁州 3 市都将家电业作为各自的主导产业;宣城、芜湖、马鞍山、巢湖 4 市也都在大力发展水泥。芜湖和合肥市都在大力发展动漫产业和汽车产业。

三、皖江地区承接长三角产业转移的机遇分析

(一)全球产业结构的重组和产业融合

国际金融危机为全球产业结构的发展带来重大机遇,国际间的产业重组将会进一步加大,实体经济比重将上升,现代制造业和高新技术产业重新受到欢迎。将会进一步加速产业融合,信息技术革命及其强大渗透力,广泛作用于传统产业,不同产业或产业内部的不同行业相互渗透、交叉、融合,不断发展出新的产业,拓宽产业发展空间。

(二)区域协调发展

温家宝总理在 2006 年的政府工作报告中,明确提出了“积极促进中部地区崛起”。在全球金融危机之下,东南沿海地区的经济受到较大的冲击。为了国家经济的可持续发展,国家将着重点布局国内生产力、促进资源优化配置,缩小地区差距、挖掘广大中西部和农村市场,拓展经济发展空间。

在此条件下,产业方面将整合壮大战略性产业和资源性产业,加强技术改造和创新,抑制产能过剩,进一步推进东部产业向中西部有序转移,支持战略性新兴产业发展。

皖江地区为了使自己的区位、资源要素、产业基础等综合优势更加突出,一定会珍惜这个难得的机遇,从而加速推进皖江城市带承接产业转移示范区建设,大力承接长三角地区的产业和要素转移,在更高层次上参与分工合作,借助外力,推动区域跨越式发展。

(三)交通设施的逐步完善

为了让经济要素在皖江地区和长三角之间更快流动起来。皖江地区正在积极搭建立体交通框架,为融入长三角经济圈做积极地准备,5 年后将有 12 条高速连接长三角。通往江苏的高速公路出口将由现在的 3 个增加到 16 个,通往浙江方向将由现在的 2 个增加到 5 个。继现有通往长三角的马宁、合宁、芜杭、徽杭、宣杭、合界、连霍高速安徽段 7 条高速公路之外,再建 5 条,共计 12 条连通长三角的高速通道,总里程达 1000 公里。

在"十二五"规划里，区内每个市都要通高铁。到时候，从合肥出发，坐着舒适的动车，一个小时就能到达省内各个市。同时省委"按照适度超前原则，统筹各种运输方式发展"，以"完善网络、构建枢纽、发展城市公交"为重点，构建便捷、安全、高效的综合运输体系。关于高速铁路建设方面，合肥高铁南环线、合福客运专线、合蚌客运专线以及宁安城际铁路安庆长江铁路大桥的建设，都为皖江地区要素流动提供了坚实的基础。

四、皖江地区承接长三角产业转移的挑战分析

长三角的产业转移，给皖江地区带来了千载难逢的机遇。但同时，在承接长三角产业转移中也面临着被进一步极化的危险以及周围地区在资源争夺方面的竞争等。

（一）地方保护主义

在我国，由于特殊的历史文化背景和现实的体制与机制等原因，使得经济转型期的"地方保护主义"现象比较严重。生产要素的流动量受到限制。主要的原因是各区重复建设及较低的市场化程度。由于沿海的经济和市场发育较快，皖江地区的市场发育相对缓慢，地方政府往往从自身利益出发，对本地市场实行保护政策，致使我国区域经济中存在生产流通不顺畅或者不公平的政治待遇的现象。

皖江地区与长三角地区市场发育程度差异比较明显，在接收长三角的产业过程中，势必会对区内市场造成一定的冲击。如果政府出于保护主义而干预经济运行，就会对承接过程产生负面的影响。这就要求政府解放思想，转变职能，努力像服务型政府转变。

（二）承接产业转移与其他地区的竞争

由于中国经济在各地区存在很大的差异，中西部地区、西部地区、东北地区经济相对比较落后，随着国家发展内需的战略口号的提出，各地区为了崛起将会对沿海地区的资金、人才、市场等产生激烈的竞争。特别是皖江地区将面临着中部六省的激烈竞争。

长三角地区的产业的转移对中部六省来说，都是千载难逢的发展机遇。其中湖南提出："要积极承接沿海地区的产业转移，发挥优势，优化环境，把湖南打造成'万商西进'的理想区域"；江西的定位是，"把江西建设成沿海发达地区的'三个基地、一个后花园'，江西省利用外资和国内资本投资急剧增长，4 年来增长 5.3 倍，其中 3/4 来自长三角、珠三角和闽三角地区，2000 ~ 2004 年达到 2567 亿元"。

因此,中部各省在承接长三角转移过程中将会发生激烈的生产要素的争夺大战,皖江地区的区域协调发展将越来面临越来越严峻的挑战。

(三)皖江地区被边缘化的风险

根据佩鲁的增长极理论,增长极对周围区域具有极化效应。所谓的极化效应就是由于规模经济效应和集聚经济效应的存在,使得核心地区通过对周围区域的劳动力、资金、技术等要素的吸引,而剥夺周围区域的发展机会,使核心地区与周围区域的经济发展差距扩大,不断地将周围区域边缘化。主要是因为核心地区的规模经济效应和集聚经济效应。

由于长三角地区的企业随着生产规模的扩大,而导致单位产品成本的降低,如由于产量增加而导致采购原材料便宜等,从而分摊到单位产品的成本降低。而集聚经济效应,是因为长三角地区的发展,可能从周围区域吸引科技人才,争夺周围区域高技术产业的发展机会,形成对周围区域"抽血"的现象。

因此,皖江地区在承接长三角地区产业转移的过程中,一方面要积极做好产业的承接工作,另一方面还要防止被"抽血",从而被边缘化的风险。

五、铜陵市承接长三角产业转移的案例分析

铜陵市(被誉为"中国古铜都")位于长江之滨、安徽省中南部,是中国青铜文明发祥地之一,地处长三角经济圈和武汉经济圈的交汇中心,总面积 1113 平方公里,总人口约 73 万, 2009 年 GDP 总量在皖江地区排名第四,人均 GDP 在皖江地区排名第二,是皖江地区的重要工业城市。在皖江地区具有很强的代表性。而且铜陵市还是长江流域重要的水泥生产基地、全国电子材料产业基地、全国最大的硫磷化工基地。

前面我们运用产业梯度系数理论,对长三角地区两省一市的工业产业进行了分析,本节继续使用产业梯度系数理论,对铜陵市的工业产业进行分析。并将铜陵的产业梯度系数同长三角地区的产业梯度系数进行比较,分析铜陵市相对具有优势的产业。

(一)铜陵市工业产业的产业梯度系数分析

为了与上文长三角地区的数据统一,对于铜陵市的工业产业梯度系数的分析也使用 2009 年的数据。通过查找 2010 年铜陵市统计年鉴,再根据上述区位商的公式,通过 EXCEL 分析工业各部门的产业总值,各地区的工业总产值计算得出各地区的区位商和劳动生产率从而计算出铜陵市的产业梯度系数,本节又引用相对产业梯度系数的概念,通过比较铜陵市和长三角地区的相对产业梯度系数,计算出铜陵~上海相对产业梯度系数、铜陵~浙江相对产业梯度系数、铜

陵～江苏相对产业梯度系数(见附录4)。

其中,产业梯度系数大于1的工业产业,铜陵市有6个,其中包括有色金属矿采选业、非金属矿物制品业、有色金属冶炼及压延加工业、电气机械及器材制造业、电力、热力的生产和供应业、燃气生产和供应业。说明铜陵市的这些产业在全国范围内具有较高的产业梯度,具有比较优势。特别是有色金属冶炼及压延加工业的产业梯度系数远远高于全国的平均水平,这在全国范围内具有较大的产业竞争力。

通过分析铜陵～上海相对产业梯度系数可知,铜陵相对于上海具有比较优势的产业包括:非金属矿物制品业、有色金属冶炼及压延加工业、电气机械及器材制造业、燃气生产和供应业。

通过分析铜陵～浙江相对产业梯度系数可知,铜陵相对于浙江具有比较优势的产业包括:黑色金属矿采选业、有色金属矿采选业、非金属矿物制品业、有色金属冶炼及压延加工业、电气机械及器材制造业、燃气生产和供应业。

通过分析铜陵～江苏相对产业梯度系数可知,铜陵相对于江苏具有比较优势的产业包括:有色金属矿采选业、非金属矿物制品业、有色金属冶炼及压延加工业、电气机械及器材制造业、电力、热力的生产和供应业、燃气生产和供应业。

(二)铜陵市承接长三角产业的分析

根据前面分析得出,铜陵市还是一个具有特色的工业城市,虽然产业梯度系数高于全国的产业部门只有6个。但是这6产业部门,一般都有相当大的比较优势,同时它们又是铜陵市的支柱产业。特别是,有色金属矿采选业、非金属矿物制品业、有色金属冶炼及压延加工业、电气机械及器材制造业、燃气生产和供应业等,与长三角地区相比具有明显的优势。

与此同时,前面分析可知:长三角地区已有不少产业部门,在全国范围内失去比较优势,而且增长率大大低于全国的平均增长率,其中部分产业甚至出现负增长的现象。例如,上海的农副食品加工业、纺织业、皮革、毛皮、羽毛(绒)及其制品业、木材加工及木、竹、藤、棕、造纸及纸制品业、化学纤维制造业、橡胶制品业、非金属矿物制品业、有色金属冶炼及压延加工业、通信设备、计算机及其他、废弃资源和废旧材料回收加工业。浙江的农副食品加工业、饮料制造业、木材加工及木、竹、藤、棕制造业、印刷业和记录媒介的复制、橡胶制品业、非金属矿物制品业、有色金属冶炼及压延加工业、金属制品业、通用设备制造业、专用设备制造业、废弃资源和废旧材料回收加工业。江苏的食品制造业、皮革、毛皮、羽毛(绒)及其制品业、家具制造业、塑料制品业。

虽然电气机械及器材制造业,在长三角地区的产业梯度系数浙江为

1.25859，江苏为0.96798，上海为1.99470，可以说在全国范围内具有竞争优势。但是与铜陵市相比，也就没有竞争优势可言了。根据分析，我们可以得出结论：长三角地区应该向铜陵市实施转移的产业包括非金属矿物制品业、有色金属冶炼及压延加工业及电气机械及器材制造业。

这与实际情况基本相一致，因为有色金属冶炼及压延加工业是铜陵最具特色的产业。铜陵人都知道铜陵的八宝：金银铜铁锡、生姜蒜子麻。

其中，金银铜铁锡都是典型的有色金属，2005 年，铜陵市的铜陵有色公司生产出电解铜 44.8 万吨，位居全国第一，黄金 5.1 吨，白银 81 吨，各种铜加工材料 30 万吨，其中有色冶金及延压加工位居全国的第 4 名，世界排名第 11 位。虽然铜陵市铜矿渐渐减少，但关于铜产业的文化、规模却越来越大，它的铜冶炼、加工技术居于世界先进水平，其铜冶炼成本仅相当于世界炼铜平均成本的 1/3，具有显著的技术优势和成本优势，具有较高产业聚集度。

虽然矿产资源越来越少，而由铜矿衍生出来的铜加工企业，却在铜陵发展起来渐渐形成了铜陵市的主导企业，具有代表性的包括铜陵铜峰电子集团、铜陵精达铜材集团、铜陵三佳科技股份有限公司（也称三佳电子集团有限责任公司）等 3 家上市公司。

铜陵铜峰电子集团是国家大型一档企业、国家重点高新技术企业、中国电子材料产业化基地骨干企业，中国电子元器件百强企业，是首家全国电子材料行业的上市公司。它的主导产品电容器用薄膜年生产能力 12000 吨，并列世界第一，金属化膜年生产能力 4000 吨，位居全国第一；交流、电力电容器年生产能力 4 亿吨，位居全国第一；新型直流薄膜电容器年生产能力 3 亿只，综合实力位居同行业首位。

铜陵精达铜材集团也是国家大型二档企业，铜陵精达铜材有限公司主导产品在国内市场占有率为达到 35% 以上，其中漆包电磁线领域是行业内的绝对龙头，市场占有率无人能敌，精达股份几乎是全国各大知名家电生产家的唯一采购企业。

铜陵三佳科技公司，是国家火炬计划铜陵电子材料产业基地主要企业之一。2000 年 7 月被国家科技部批准为“火炬计划重点高新技术企业”。它是我国半导体封装方面的权威机构，并且是该领域唯一的一家上市公司，主导产品有塑料异型材挤出模具、塑料封装模具、集成电路塑料封装压机，这三种产品的市场占有率均达到 25% 以上，它的技术水平在国内处于领先低位。有上述 3 家大型上市公司，为铜陵市承接产业转移不仅仅提供了人力、技术以及产业基础，而且提供了很强的文化氛围，也在全国范围内打响了知名度，为长三角有色金属冶炼及压延加工业、电气机械及器材制造业，落脚铜陵提供了坚实的基础。

2010 年初，铜陵市政府发布的《铜陵市人民政府承接产业转移产业发展政策》中明确提出，到 2015 年实现铜产业“双千亿”的目标：铜陵有色营业收入超千亿元，相关的铜产业的收入超过千亿元，初步建成世界级铜加工中心。这也为相关企业承接外来产品转移，并在当地不断壮大，提供了政策保证。

另外，铜陵的非金属矿物制品业，主要是一些由铜矿的伴生物，如化工废渣、硫酸盐、硫矿、废铁碳酸钙、石灰石、方解石及水泥等非金属矿物品等。由于这些产品，在铜陵只处于初加工阶段，尚未以生产为基础形成产业链，它们品种多而分散，相对价值又不高，目前还没有成为铜陵市产业发展的方向。

本章附录

附录 4－1　2009 年长三角地区工业产业的区位商

行业	江苏省区位商	浙江省区位商	上海市区位商
煤炭开采和洗选业	0.10826	0.00536	0.00000
石油和天然气开采业	0.04766	0.00000	0.03436
黑色金属矿采选业	0.12470	0.03331	0.00000
有色金属矿采选业	0.01746	0.10999	0.00000
非金属矿采选业	0.40252	0.54768	0.00000
其他采矿业	0.05389	0.00000	0.00000
农副食品加工业	0.49605	0.31246	0.19787
食品制造业	0.26947	0.50101	0.91175
饮料制造业	0.49508	0.72117	0.49657
烟草制品业	0.45052	0.63983	1.77883
纺织业	1.59965	2.72897	0.30435
纺织服装、鞋、帽制造业	1.65128	1.78175	1.01792
皮革、毛皮、羽毛(绒)及其制品业	0.46807	2.22793	0.41623
木材加工及木、竹、藤、棕	1.09495	0.88473	0.28752

续表

行业	江苏省区位商	浙江省区位商	上海市区位商
家具制造业	0.34122	1.77936	1.28050
造纸及纸制品业	0.86867	1.36424	0.53906
印刷业和记录媒介的复制	0.59178	1.25956	1.44142
文教体育用品制造业	1.24701	1.93442	1.23899
石油加工、炼焦及核燃料加工业	0.36030	0.60009	1.03592
化学原料及化学制品制造业	1.43912	0.97894	1.04316
医药制造业	0.87757	0.94156	0.85220
化学纤维制造业	2.53326	4.97160	0.21973
橡胶制品业	0.96472	1.14813	0.77017
塑料制品业	0.81053	1.88121	1.07836
非金属矿物制品业	0.60317	0.63309	0.43546
黑色金属冶炼及压延加工业	1.10317	0.46655	0.68809
有色金属冶炼及压延加工业	0.83831	0.83176	0.35549
金属制品业	1.32204	1.43978	1.06435
通用设备制造业	1.30261	1.38480	1.80739
专用设备制造业	1.07942	0.79137	1.16031
交通运输设备制造业	0.87386	0.92246	1.77045
电气机械及器材制造业	1.44987	1.47540	1.08363
通信设备、计算机及其他	1.75774	0.44874	2.47446
仪器仪表及文化、办公用品	1.90961	1.46368	1.26073
工艺品及其他制造业	0.53507	2.00154	0.89098
废弃资源和废旧材料回收加工业	0.76734	2.00365	0.40354
电力、热力的生产和供应业	0.60988	1.12135	0.87065
燃气生产和供应业	0.70065	0.70085	1.63258
水的生产和供应业	0.53137	1.25253	0.85573

附录4-2　2009年长三角地区工业产业的比较劳动率

行业	江苏比较劳动生产率	浙江比较劳动生产率	上海市比较劳动生产率
煤炭开采和洗选业	4.33592	0.18314	0.00000
石油和天然气开采业	4.84543	0.00000	9.68158
黑色金属矿采选业	2.96159	-0.77636	0.00000
有色金属矿采选业	0.00000	0.37558	0.00000
非金属矿采选业	0.00000	0.66585	0.00000
其他采矿业	0.00000	0.00000	0.00000
农副食品加工业	0.34724	0.52042	0.89754
食品制造业	0.81020	0.75930	0.98858
饮料制造业	0.10735	1.12569	1.86321
烟草制品业	0.06723	2.95641	8.77069
纺织业	0.00326	0.88081	0.54119
纺织服装、鞋、帽制造业	0.12115	0.87719	0.94592
皮革、毛皮、羽毛(绒)及其制品业	0.00045	0.64173	1.42441
木材加工及木、竹、藤、棕	1.41607	0.71491	0.52896
家具制造业	1.42940	0.41200	0.78700
造纸及纸制品业	1.28406	0.74922	0.82077
印刷业和记录媒介的复制	4.11858	1.00656	1.67591
文教体育用品制造业	2.96919	0.43597	0.31006
石油加工、炼焦及核燃料加工业	16.33107	23.99158	6.41588
化学原料及化学制品制造业	1.17777	29.20823	28.12372
医药制造业	0.63787	1.17838	1.38934
化学纤维制造业	0.02952	0.25121	0.13353
橡胶制品业	0.25446	0.12038	0.10418
塑料制品业	0.17894	0.59537	0.62476
非金属矿物制品业	1.38648	8.30084	7.60651

续表

行业	江苏比较劳动生产率	浙江比较劳动生产率	上海市比较劳动生产率
黑色金属冶炼及压延加工业	1.70713	3.88482	13.68052
有色金属冶炼及压延加工业	9.17709	1.31615	0.65845
金属制品业	0.40485	0.31856	0.37323
通用设备制造业	0.28252	0.85196	1.92380
专用设备制造业	0.34009	0.91449	1.30606
交通运输设备制造业	0.58519	1.80446	8.51082
电气机械及器材制造业	0.40521	0.79739	1.41161
通信设备、计算机及其他	0.88017	1.42134	-0.14055
仪器仪表及文化、办公用品	0.16371	0.08116	0.20625
工艺品及其他制造业	1.11754	0.07765	0.20789
废弃资源和废旧材料回收加工业	3.04230	0.01385	0.02922
电力、热力的生产和供应业	3.37633	2.71569	5.06304
燃气生产和供应业	14.75670	0.50972	0.00647
水的生产和供应业	59.36214	0.72775	-5.60339

附录4-3　2009年长三角地区工业产业的产业梯度系数

行业	上海市产业梯度系数	浙江省产业梯度系数	江苏省产业梯度系数
煤炭开采和洗选业	0.00000	0.00098	0.46941
石油和天然气开采业	0.33269	0.00000	0.23093
黑色金属矿采选业	0.00000	-0.02586	0.36930
有色金属矿采选业	0.00000	0.04131	0.00000
非金属矿采选业	0.00000	0.36468	0.00000
其他采矿业	0.00000	0.00000	0.00000
农副食品加工业	0.17760	0.16261	0.17225

续表

行业	上海市产业梯度系数	浙江省产业梯度系数	江苏省产业梯度系数
食品制造业	0.90133	0.38042	0.21833
饮料制造业	0.92521	0.81181	0.05315
烟草制品业	15.60157	1.89160	0.03029
纺织业	0.16471	2.40369	0.00521
纺织服装、鞋、帽制造业	0.96287	1.56293	0.20005
皮革、毛皮、羽毛(绒)及其制品业	0.59288	1.42972	0.00021
木材加工及木、竹、藤、棕	0.15209	0.63250	1.55052
家具制造业	1.00775	0.73310	0.48774
造纸及纸制品业	0.44245	1.02212	1.11542
印刷业和记录媒介的复制	2.41570	1.26782	2.43731
文教体育用品制造业	0.38416	0.84334	3.70260
石油加工、炼焦及核燃料加工业	6.64631	14.39711	5.88408
化学原料及化学制品制造业	29.33750	28.59304	1.69496
医药制造业	1.18400	1.10952	0.55977
化学纤维制造业	0.02934	1.24891	0.07477
橡胶制品业	0.08024	0.13821	0.24548
塑料制品业	0.67371	1.12002	0.14503
非金属矿物制品业	3.31236	5.25520	0.83628
黑色金属冶炼及压延加工业	9.41344	1.81247	1.88326
有色金属冶炼及压延加工业	0.23407	1.09472	7.69324
金属制品业	0.39725	0.45866	0.53522
通用设备制造业	3.47706	1.17980	0.36802
专用设备制造业	1.51543	0.72371	0.36710
交通运输设备制造业	15.06802	1.66454	0.51138
电气机械及器材制造业	1.52966	1.17647	0.58750

续表

行业	上海市产业梯度系数	浙江省产业梯度系数	江苏省产业梯度系数
通信设备、计算机及其他	-0.34779	0.63781	1.54712
仪器仪表及文化、办公用品	0.26002	0.11880	0.31261
工艺品及其他制造业	0.18523	0.15543	0.59796
废弃资源和废旧材料回收加工业	0.01179	0.02775	2.33448
电力、热力的生产和供应业	4.40816	3.04524	2.05916
燃气生产和供应业	0.01056	0.35724	10.33926
水的生产和供应业	-4.794983503	0.911534652	31.54349725

附录4-4　2009年长三角地区工业产业的产业梯度系数

行业	浙江省产业集聚指数	江苏省产业集聚指数	上海市产业集聚指数
煤炭开采和洗选业	-0.280	0.508	-
石油和天然气开采业	-27.456	-0.108	-2.899
黑色金属矿采选业	-0.426	0.604	-
有色金属矿采选业	0.233	0.960	-
非金属矿采选业	0.518	0.687	-
其他采矿业	-9.897	-5.593	-
农副食品加工业	0.471	0.994	0.472
食品制造业	0.808	0.582	0.568
饮料制造业	0.787	0.833	0.471
烟草制品业	0.833	1.006	1.209
纺织业	0.776	0.802	-0.225
纺织服装、鞋、帽制造业	0.489	1.062	0.353
皮革、毛皮、羽毛(绒)及其制品业	0.388	0.775	0.114
木材加工及木、竹、藤、棕	0.469	0.925	0.074

续表

行业	浙江省产业集聚指数	江苏省产业集聚指数	上海市产业集聚指数
家具制造业	0.881	0.556	0.340
造纸及纸制品业	0.804	1.027	0.507
印刷业和记录媒介的复制	0.793	1.052	0.487
文教体育用品制造业	0.731	1.141	-0.083
石油加工、炼焦及核燃料加工业	0.534	0.874	0.276
化学原料及化学制品制造业	0.953	0.998	0.569
医药制造业	0.548	1.093	0.592
化学纤维制造业	1.017	1.313	-0.687
橡胶制品业	0.721	1.128	0.141
塑料制品业	0.663	0.752	0.472
非金属矿物制品业	0.599	0.874	0.270
黑色金属冶炼及压延加工业	1.292	1.064	-0.052
有色金属冶炼及压延加工业	0.537	1.071	0.221
金属制品业	0.794	1.008	0.251
通用设备制造业	0.562	0.945	0.578
专用设备制造业	0.645	1.020	0.743
交通运输设备制造业	0.853	1.308	0.855
电气机械及器材制造业	0.811	1.317	0.511
通信设备、计算机及其他	0.707	1.389	0.676
仪器仪表及文化、办公用品	1.011	1.803	0.009
工艺品及其他制造业	0.652	1.046	1.117
废弃资源和废旧材料回收加工业	0.477	0.910	0.357
电力、热力的生产和供应业	0.836	0.909	1.295
燃气生产和供应业	0.994	1.053	1.311
水的生产和供应业	1.238	1.062	0.603

主要参考文献

一、中文著作类参考文献

[1]马克思恩格斯全集(第23卷)[M].北京:人民出版社,1975.

[2]亚当·斯密.国民财富的性质和原因的研究(上卷)[M].郭大力,王亚南译.北京:商务印书馆,1988.

[3] 大卫·李嘉图.政治经济学及赋税原理[M]. 郭大力,王亚南等,译.北京:商务印书馆,1976.

[4]马歇尔. 经济学原理 [M]. 朱志泰译. 北京:商务印书馆,1964.

[5]詹姆斯·米德.效率、公平与产权[M].施仁译.北京:北京经济学院出版社,1992.

[6]张明龙等.中国区域经济前沿研究 [M].北京:中国经济出版社,2006.

[7]刘再兴.工业地理学[M].北京:商务印书馆,1997.

[8]张明龙.区域发展与创新 [M].北京:中国经济出版社,2010.

[9]张明龙等.促进区域繁荣——以浙江为例 [M].北京:知识产权出版社,2010.

[10] K.J.巴顿.城市经济学:理论和政策 [M].上海社科院部门经济研究室译.北京:商务印书馆,1984.

[11]阿尔弗雷德·韦伯.工业区位论[M].李刚剑,陈志人,张英保译.北京:商务印书馆,1997.

[12]安虎森.区域经济学通论 [M].北京:经济科学出版社,2004.

[13]奥利弗·E.威廉姆森.资本主义经济制度(制度经济学译丛)[M].段毅才,王伟译.北京:商务印书馆,2002.

[14]保罗·克鲁格曼.空间经济学[M].上海:上海人民出版社,2005.

[15]陈安忠.区域工业就发展理论与实践[M].北京:中国财政经济出版社,2005.

[16]陈继祥.产业集群与复杂性[M].上海:上海财经大学出版社,2005.

[17]陈兴萱.濮院镇志[M].上海:上海书店出版社,1996.

[18]程学童等.集群式民营企业成长模式分析[M].北京:中国经济出版

社,2004.

[19]道格拉斯·诺斯.经济史中的结构与变迁[M].陈郁等,译.上海:三联书店,上海人民出版社,2002.

[20]段文斌.产权、制度变迁与经济发展——新制度经济学前沿专题[M].天津:南开大学出版社,2003.

[21]胡晨宇.产业集群支持体系[M].北京:经济管理出版社,2005.

[22]黄建康.产业集群论[M].南京:东南大学出版社,2005.

[23]库尔特·多普菲.演化经济学[M].贾根良等译.北京:高等教育出版社,2004.

[24]卢福财,胡大立.产业集群与网络组织[M].北京:经济管理出版社,2004.

[25]鲁开垠.增长的新空间——产业集群核心能力研究[M].北京:经济科学出版社,2006.

[26]陆国庆.衰退产业论[M].南京:南京大学出版社,2002.

[27]李青,李文军,郭金龙.区域创新视角下的产业发展:理论与案例研究[M].北京:商务印书馆,2004.

[28]李亦亮.企业集群的框架分析[M].北京:中国经济出版社,2006.

[29]林竞君.网络、社会资本与集群生命周期研究——一个新经济社会学的视角[M].上海:上海人民出版社,2005.

[30]迈克尔·波特.国家竞争优势[M].李明轩,邱如美译.北京:华夏出版社,2002.

[31]迈克尔·波特.竞争论[M].李明轩译.北京:中信出版社,2003.

[32]钱志新.产业集群的理论与实践:基于中国区域经济发展的实证研究[M].北京:中国财经经济出版社,2004.

[33]申恩平.企业群落与厂商行为[M].杭州:浙江大学出版社,2006.

[34]张明龙等.产业集群与区域发展研究[M].北京:中国经济出版社,2008.

[35]盛世豪,郑燕伟."浙江现象":产业集群与区域经济发展[M].北京:清华大学出版社,2005.

[36]魏江.产业集群——创新系统与技术学习[M].北京:科学出版社,2003.

[37]吴德进.产业集群论[M].北京:社会科学文献出版社,2006.

[38]王缉慈等.创新的空间:企业集群与区域发展[M].北京:北京大学出

版社,2001.

[39]小罗伯特·B.埃克伦德,罗伯特·F.赫伯特.经济理论和方法史[M].杨玉生译.北京:中国人民大学出版社,2002.

[40]吴翔阳.产业自组织集群化及集群经济研究[M].北京:中共中央党校出版社,2006.

[41]约翰·福斯特,J.斯坦利·梅特卡夫.演化经济学前沿[M].贾根良,刘刚译.北京:高等教育出版社,2005.

[42]张继彤.小企业产业分布与空间拓展——小企业产业分布规律与集群化发展研究[M].北京:社会科学文献出版社,2006.

[43]张明龙等.台州制造业发展研究[M].北京:群言出版社,2005.

[44]朱华晟.浙江产业群——产业网络、成长轨迹与发展动力[M].杭州:浙江大学出版社,2003.

[45]朱华友.空间集聚与产业区位的形成:理论研究与应用分析[M].北京:中国科学技术出版社,2005.

[46]朱英明.产业集聚论[M].北京:经济科学出版社,2003.

[47]路风,封凯栋.发展我国自主知识产权汽车工业的政策选择[M].北京:北京大学出版社,2005.

[48]上海财经大学课题组.2006 中国产业发展报告——制造业的市场结构、行为与绩效[M].上海:上海财经大学出版社,2006.

[49]史忠良.产业经济学[M].北京:经济管理出版社,2005.

[50]戴伯勋,沈宏达.现代产业经济学[M].北京:经济管理出版社,2001.

[51]张辉.全球价值链下地方产业集群转型和升级[M].北京:经济科学出版社,2006.

[52]史忠良,何维达.产业兴衰与转化规律[M].北京:经济管理出版社,2004.

[53]刘易斯.国际经济秩序的演变[M].乔译德译.北京:商务印书馆,1984.

[54]小岛清.对外贸易论[M]. 周宝庸译.天津:南开大学出版社,1987.

[55]曼昆.宏观经济学[M]. 张帆,梁晓钟译.北京:中国人民大学出版社,1999.

[56]盖文启.创新网络:区域经济发展新思维[M].北京:北京大学出版社,2002.

二、中文文件和论文类参考文献

[1]台州市人民政府文件. 关于实施“131”工程、培植“小巨人”企业试行意见[Z]. 台政发[1995]73 号.

[2]台州市人民政府文件. 台州市科学技术发展“九五”计划和 2010 年远景目标纲要》[Z]. 台政发[1997]7 号.

[3]台州市委文件. 关于加快人才引进和培养,增强技术创新能力,发展高新技术产业的若干意见[Z]. 台市委,[2000]14 号.

[4]台州市人民政府文件. 台州市工业企业“211”工程实施意见[Z]. 台政发[2000]209 号.

[5]台州市人民政府文件. 关于积极培育大企业集团,实施一企一策的意见[Z]. 台政发[2001]111 号.

[6]台州市人民政府文件. 关于加快工业园区建设,推进工业集聚的若干意见[Z]. 台政发[2001]112 号.

[7]台州市人民政府办公室文件. 台州市科技发展“十五”计划和 2015 年规划纲要[Z]. 台政办发,[2001]166 号.

[8]台州市人民政府文件. 台州市“128”工程实施细则[Z]. 台政发[2002]1 号.

[9]台州市人民政府文件. 关于印发台州市先进制造业基地建设规划纲要的通知[Z]. 台政发[2004] 11 号.

[10]台州市人民政府文件. 台州市人民政府关于推进先进制造业基地建设的若干意见[Z]. 台州市人民政府公告,2004 - 09 - 02.

[11]台州市人民政府文件. 关于批转台州市汽车摩托车行业发展规划的通知[Z]. 台政发[2004]49 号.

[12]台州市人民政府文件. 关于批转台州市医药化工行业发展规划的通知[Z]. 台政发[2004]56 号.

[13]台州市人民政府文件. 关于批转台州市缝制设备行业发展规划的通知[Z]. 台政发[2004]57 号.

[14]台州市人民政府文件. 关于批转台州市家用电器行业发展规划的通知[Z]. 台政发[2004]60 号.

[15]台州市人民政府文件. 关于批转台州市塑料模具行业发展规划的通知[Z]. 台政发[2004]61 号.

[16]台州市人民政府文件. 台州市人民政府关于加快台州五大主导行业发

展的若干政策意见[Z]. 台政发[2004]63 号.

[17]台州市人民政府文件. 关于扶持企业上市的若干政策意见[Z]. 台政发[2005]41 号.

[18]台州市委文件. 关于进一步增强自主创新能力的若干意见[Z]. 台市委,[2006]9 号.

[19]台州市人民政府文件. 台州市人民政府关于实施工业企业"513"工程的意见[Z]. 台政发[2006]13 号.

[20]台州市委文件. 关于加快非公有制经济发展推进民营经济创新示范区建设的若干意见[Z]. 台市委,[2006]17 号.

[21]台州市人民政府文件. 台州市国民经济和社会发展第十一个五年规划纲要[Z]. 台州市人民政府公告,2006 - 02 - 24.

[22]台州市人民政府文件. 关于推进工业企业信息化的若干意见[Z]. 台政发[2006]30 号.

[23]台州市委办公室文件. 关于印发《台州市"十一五"科学技术普及 工作规划》的通知[Z]. 台市委办,[2007]7 号.

[24]台州市人民政府办公室文件. 关于公布市"513"工程企业名单的通知[Z]. 台政办发,[2007]37 号.

[25]台州市人民政府办公室文件. 2007 年度县(市、区)先进制造业基地建设目标责任制考核办法[Z]. 台政办发[2007]104 号.

[26]台州市委办公室文件. 关于动员和组织广大科技工作者为建设创新型城市作出新贡献的若干意见[Z]. 台市委办,[2007]109 号.

[27]台州市人民政府办公室文件. 关于印发积极扶持农产品深加工推进现代农业发展的若干政策意见的通知[Z]. 台政办发,[2007]134 号.

[28]台州市人民政府文件. 关于建立台州创业服务园的若干意见[Z]. 台政发[2008]33 号.

[29]台州市人民政府文件. 关于支持台州城市商业银行发展的通知[Z]. 台政发[2008]46 号.

[30]台州市人民政府办公室文件. 批转市知识产权领导小组办公室关于台州市知识产权发展规划纲要[Z]. 台政办发,[2008]85 号.

[31]张明龙. 优化区域生产力布局的对策 [J]. 理论探索,1993,(5).

[32]张明龙. 培育地级市主导产业的十大措施 [J]. 天府新论,1998,(2).

[33]朱康对. 经济转型期的产业群落演进——温州区域经济发展初探[J]. 中国农村观察,1999,(3).

[34]甄朝党. 产业结构的成长与升级[J]. 云南财贸学院学报,2000,(1).

[35]冯德连,王蕾. 国外企业群落理论的演变与启示[J]. 财贸研究,2000,(5).

[36]李新春. 专业镇与企业创新网络[J]. 广东社会科学,2000,(6).

[37]陆立军,白小虎. 从鸡毛换糖到企业集群——再论"义乌模式"[J]. 财贸经济,2000,(11).

[38]王珺. 论专业镇经济的发展[J]. 南方经济,2000,(12).

[39]陈刚,陈红儿. 区际产业转移理论探微[J]. 贵州社会科学,2001,(4).

[40]张耀辉. 产业创新:新经济下的产业升级模式[J]. 数量经济技术经济研究,2002,(1).

[41]魏守华. 产业群的动态研究以及实证分析[J]. 世界地理研究,第11卷. 2002,(3).

[42]刘世锦,冯飞. 汽车产业全球化趋势及其对中国汽车产业发展的影响[J]. 我国工业经济,2002,(6).

[43]蔡宁,吴结兵. 企业集群的竞争优势:资源的结构性整合[J]. 中国工业经济,2002,(7).

[44]孙伟,黄鲁成. 产业群的类型与生态学特征[J]. 科学学与科学技术管理,2002,(7).

[45]王珺. 论簇群经济的阶段性演进[J]. 学术研究,2002,(7).

[46]金祥荣,朱希伟. 专业化产业区的起源与演化[J]. 经济研究,2002,(8).

[47]陈建军. 中国现阶段的产业区域转移及其动力机制[J]. 中国工业经济,2002,(8).

[48]陈剑锋,唐振鹏. 国外产业集群研究综述[J]. 外国经济与管理,2002,(8).

[49]贾根良. 演化经济学:现代流派与创造性综合[J]. 学术月刊. 2002,(12).

[50]魏江,叶波. 基于学习代理人的产业集群学习模式[J]. 科技进步与对策,2003,(1).

[51]余秀江. 中小企业群落演进阶段的理论分析[J]. 华南农业大学学报(社会科学版),2003,(1).

[52]王卫锋,王恕立,何伟. 汽车产业结构的优化[J]. 北京汽车,2003,(1).

[53]刘友金,郭新. 集群式创新形成与演化机理研究[J]. 中国软科学,

2003,(2).

[54]魏江,申军.产业集群学习模式和演进路径研究[J].研究与发展管理,2003,(2).

[55]王缉慈,罗家德,童昕.东莞和苏州台商PC产业群的比较分析[J].中国地质大学学报(社会科学版),2003,(4).

[56]赵树宽,巩顺龙,卢艳秋.从世界汽车产业发展趋势看我国汽车产业的发展[J].中国软科学,2003,(8).

[57]朱海就,陆立军,袁安府.从企业网络看产业集群竞争力差异的原因——浙江和意大利产业集群的比较[J].软科学,2004,(1).

[58]朱方伟,高畅,王国红.产业集群的核心要素演进分析[J].科学学与科学技术管理,2004,(2).

[59]朱嘉红,邬爱其.基于焦点企业成长的集群演进机理与模仿失败[J].外国经济与管理,2004,(2).

[60]张明龙.产业聚集的溢出效应分析[J].经济学家,2004,(3).

[61]吴利学,魏后凯.产业集群研究的最新进展及理论前沿[J].上海行政学院学报,2004,(3).

[62]蔡宁,杨闩柱.企业集群竞争优势的演进:从"聚集经济"到"创新网络"[J].科研管理,2004,(4).

[63]刘恒江,陈继祥等.产业集群动力机制研究的最新动态[J].外国经济与管理,2004,(7).

[64]何继善,戴卫明.产业集群的生态学模型及生态平衡分析[J].北京师范大学学报,2005,(1).

[65]喻卫斌,崔海潮.产业集群形成与演化机理研究[J].西北大学学报(哲学社会科学版),2005,(3).

[66]史自力.WTO框架下中国的汽车产业发展战略取向[J].国际经济合作,2005,(4).

[67]张向阳,朱有为.基于全球价值链视角的产业升级研究[J].外国经济与管理,2005,(5).

[68]毛传新.基于集聚经济的区域战略性产业结构布局:理论构想[J].当代财经,2005,(6).

[69]王程.基于核心企业的产业集群演化机理分析[J].当代经济科学,2005,(6).

[70]孙晓峰.模块化技术与模块化生产方式:以计算机产业为例[J].中国

工业经济,2005,(6).

[71]白雪洁.模块化时代的汽车产业变革[J].中国工业经济,2005,(9).

[72]朱有为,张向阳.价值链模块化、国际分工与制造业升级[J].国际贸易问题,2005,(9).

[73]王华,张阳,戴薇.社会网络嵌入性视角的产业集群竞争优势探析[J].科技进步与对策,2006,(1).

[74]吴群英,汪少华.浙江企业依托块状经济的跨界发展研究[J].经济问题探索,2006,(1).

[75]郑文智.集群演化与区域产业的根植性[J].产业经济研究,2006,(1).

[76]李婷,陈向东.产业集群的学习模式及其创新特征研究[J].科技管理研究,2006,(2).

[77]刘健,许卡佳.区域创新网络的理论基石及其逻辑演进[J].中共中央党校学报,2006,(2).

[78]王程,席酉民.企业家对产业集群演化发展的作用分析[J].西北大学学报(哲学社会科学版),2006,(2).

[79]王春宇.分工专业化与产业集群演进的研究[J].管理天地,2006,(2).

[80]段文娟,聂鸣,张雄.全球价值链视角下的中国汽车产业升级研究[J].科技管理研究,2006,(2).

[81]贾明江.企业集群演化的行为特征研究[D].西南交通大学,2006,(3).

[82]郑勇军,汤筱晓.沿海地区产业集群跨区域整合的动因分析与模式比较[J].浙江社会科学,2006,(3).

[83]傅荣,裘丽等.产业集群参与者交互偏好与知识网络演化:模型与仿真[J].中国管理科学,2006,(4).

[84]郭利平.基于自组织的产业集群演进路径选择[J].时代经贸,2006,(4).

[85]黄洁.集群企业成长的网络演化:机制与路径研究[D].浙江大学,2006.

[86]张明龙,冯新勤.企业集群技术创新优势[J].科技管理研究,2006,(5).

[87]刘力,程华强.产业集群生命周期演化的动力机制研究[J].上海经济研究,2006,(6).

[88]饶扬德,李福刚.地理邻近性与创新:区域知识流动与集体学习视角

[J]. 中国科技论坛,2006,(6).

[89]张孝锋. 产业转移的理论与实证研究[D]. 南昌大学,2006,(6).

[90]赵海东,吴晓军. 产业集群的阶段性演进[J]. 理论界,2006,(6).

[91]潘家伟,沈建明等. 块状经济:浙江再创新优势[N]. 浙江日报(第10版),2006-06-02.

[92]李庆华,王文平. 企业间知识分割与产业集群演化研究[J]. 技术经济,2006,(7).

[93]田银华,唐利如. 产业集群演化发展的博弈分析[J]. 人文杂志,2006,(7).

[94]徐立. 传统产业集群的学习行为及其绩效研究——以中国羊毛衫名镇与羊毛衫之乡为例[C]. 第五届产业集群国际学术研讨会论文集. 北京大学,2006,(7).

[95]刘力,陈燕芬. 产业集群动态演化中的风险因素及其"锁定效应"探析[J]. 生产力研究,2006,(9).

[96]包国宪,李华,顾波军. 我国汽车产业结构优化调整的新思路——虚拟经营[J]. 生产力研究,2006,(9).

[97]邵生余. 产业集群要跨区域竞合[N]. 新华日报(第B02版),江苏新闻·经济. 2006-09-08.

[98]陈刚,刘珊珊. 产业转移理论研究:现状与展望[J]. 当代财经,2006,(10).

[99]景秀艳,曾刚. 从对称到非对称:内生型产业集群权力结构演化及其影响研究[J]. 经济问题探索,2006,(10).

[100]李长青,张术丹. 演化经济学的演化与企业技术创新分析的新思路[J]. 经济问题探索,2006,(10).

[101]余伟. 中国汽车业五级发展水平探讨[J]. 上海汽车,2006,(10).

[102]曹小华,欧国立. 产业集群:提升汽车产业竞争力新的战略模式[J]. 生产力研究,2006,(11).

[103]蔡月祥. 共生型与互补型产业集群科研创新能力分析[J]. 经济问题探索,2006,(11).

[104]徐明华,赵坤. 基于技术创新视角的产业集群演变分析[J]. 经济问题探索,2006,(11).

[105]敬慧颖. 县域特色产业集群演化模型及实例研究[D]. 河北工业大学,2006.

[106]张伟.模块化与产业组织模式:以汽车产业为例[D].上海社会科学院,2006.

[107]李辉,李舸.产业集群的生态特征及其竞争策略研究[J].吉林大学社会科学学报,2007,(1).

[108]顾慧君,王文平.产业集群与社会网络的协同演化[J].经济问题探索,2007,(4).

[109]张明龙,官仲章.产业集群生命周期运行机理分析[J].天府新论,2007,(5).

[110]周煜,聂鸣.基于全球价值链的中国汽车产业升级路径分析[J].科技进步与对策,2007,(7).

[111]王晓芳.全球价值链中的中国汽车产业研究[D].四川大学,2007.

[112]张雄.全球价值链治理模式变更下中国汽车产业集群升级研究[D].华中科技大学,2007.

[113]张明龙,官仲章.基于综合竞争力的产业集群生命周期 [J].河南科技大学学报(社会科学版),2008,(2).

[114]杨东进,刘人怀.自主 GVC 模式:国汽车产业升级的可靠路径[J].管理工程学报,2008,(2).

[115]王保林.发展中国家汽车产业发展的一种模式[J].中国软科学,2008(4).

[116]张明龙.产业集群生命周期取决于技术自主创新[J].经济论坛,2008,(5).

[117]张明龙,张琼妮.韦伯工业布局论的结构考察[J].浙江树人大学学报,2008,(5).

[118]韩晶.基于模块化的中国汽车产业升级战略研究[J].现代经济探讨,2008,(5).

[119]张明龙,官仲章.产业集群突破生命周期拐点的关键 [J].开发研究,2008,(6).

[120]夏若江,方桂芬,胡振红.基于蛙跳效应的我国汽车产业集群升级路径研究——以湖北汽车产业集群为例[J].科技进步与对策,2008,(12).

[121]刘世锦.市场开放、竞争与产业进步——我国汽车产业 30 年发展中的争论和重要经验[J].管理世界,2008,(12).

[122]于效梅.我国汽车产业集群现状与发展的研究[D].复旦大学,2008.

[123]吕裔良.基于成长期的中国乳制品产业发展研究[D].东北林业大学,2008.

[124]翟相如. 地区产业转移承接能力评价研究[D]. 哈尔滨工业大学,2008.

[125]张曼茵. 当前影响世界汽车产业发展因素分析[J]. 上海经济研究,2009,(1).

[126]谢明磊,陈志军. 汽车产业升级研究综述[J]. 山东行政学院山东省经济管理干部学院学报,2009,(2).

[127]吴彦艳,赵国杰. 基于全球价值链的我国汽车产业升级路径与对策研究[J]. 现代管理科学 2009,(2).

[128]潘永,常庆. 广西承接东部产业转移的战略选择 [J]. 广西社会科学,2009,(4).

[129] 杨玉寅. 关于安徽省承接长三角产业转移的几点思考[J]. 黑龙江对外经贸,2009,(5).

[130]胡卫星. 皖江城市产业带发展的现状及对策[J]. 铜陵学院学报,2009,(5).

[131]叶友,娄欣轩,程瑶. 如何迎接国际汽车产业转移——从通用破产说起[J]. 财务与会计,2009,(9).

[132]王燕. 集群视角下我国汽车产业的发展研究[J]. 黑龙江对外经贸,2009,(12).

[133]程文,张建华. 中国汽车产业模块技术发展与产业升级[J]. 中国软科学,2010,(4).

[134]李晓阳,吴彦艳,王雅林. 基于比较优势和企业能力理论视角的产业升级路径选择研究——以我国汽车产业为例[J]. 北京交通大学学报,2010,(4).

[135]王军雷. 2009 年汽车工业经济运行分析[J]. 汽车工业研究,2010,(4).

[136] 王敏. 长三角产业转移的趋势分析及安徽省的承接对策研究[D]. 中国科技大学,2010,(4) .

[137]翟应根. 安徽省承接产业转移的现状和对策研究[D]. 合肥工业大学,2010.

[138]张琼妮,张明龙. 以色列高效创新机制对我国的启示[J]. 经济理论与经济管理,2011,(2).

[139]马文举,余鹏远. 台州汽车制造业升级问题探析[J]. 决策与信息,2011,(3).

[140]余鹏远,马文举.新时期中国汽车产业的发展趋势问题研究[J].决策与信息,2011,(3).

三、外文类参考文献

[1] D. M. Boush, B. Loken. A Process – tracing Study of Brand Extension Evaluation, Journal of Marketing Research, 1991, (28).

[2] Grabher, G. . "The weakness of strong ties; the lock – in of regional development in the Ruhr area". In: Grabher, G. (Ed.), The embedded firm; on the socioeconomics of industrial networks. London, New York: Routledge, 1993:255 ~277.

[3] Crabher. G. "The weakness of strong ties; the lock – in of regional development in the Ruhr area". In: Crabher. G. (Ed). The embedded firm on the socioeconomics of industrial network. London. New York: Roultedge. 1993.

[4] L. Stevenson and H. Byerly, The Many Faces of Science, An Introduction to Scientists, Values and Society, Boulder, San Francisco, Oxford: Westview Press, 1995.

[5] OECD. The knowledge based economy[Z]. 1996. www. oecd. org.

[6] G. T. Seaborg, A Scientific Speaks Out, A Personal Perspective on Science, Society and Change, World Scientific Publishing Co. Pte. Ltd., 1996.

[7] J. Rouse, Engaging Science, How to Understand Its Practice Philosophically, Ithaca and London: Cornell University Press, 1996.

[8] Tichy G. " Clusters. less dispensable and more risky than ever A. M Steiner"[J]. Clusters and Regional Specialization C. London: Pion Limited. 1998.

[9] Koza. M. P&Lewin. A. Y. The Co – Evolution of Strategic Alliances[J]. Organiztion Science. 1998, 9(3).

[10] Peter Knorrina. Jrg Meyer – Stamer. New Dimensions in Enterprise Co – operation and Development: From Clusters to Industrial Districts. 1998, (10).

[11] Michael E. Porter. Clusters and New Economics of Competition[J]. Harvard Business Review, 1998, (11): 77 – 91.

[12] Porter M. E. Cluster and New Economics of Competition. Harvard Business Review[J]. 1998, 76(6).

[13] D. Mackenzie and J. Wajcman, The Social Shaping of Technology. 2nd edition. MIT Press, 1999.

[14] Ahokangas. P. Hyry. M. and Rasanen. P. "Small technology2based firms in fast2growing regional cluster". New England Journalof Entrepreneurship 1999,(2).

[15] Martin Bell. Michael Albu Knowledge Systemsand Technogical Dynamismin Industrial Clusters in Developing Countries[J]. World Development. 1999,27(9): 1715 – 1734.

[16] Gary Gereffi. International trade and industrial upgrading in the apparel commodity chain ,Journal of International Economics,1999,(40).

[17] Gereffi G. International Trade and Industrial Upgrading in the Apparel Commodity Chain[J]. Journal of international Economics,1999,(48):37 – 70.

[18] Best. Michael H. Cluster Dynamics. In: The NewCompetitive Advantange: The Renewal Of American Industry[M]. Oxford University Press. 2001.

[19] A. Isaksen. Building Regional Innovation Systems: Is Endogenous Industrial Development Possible in the Global Economy[J]. Canadian Journal of Regional Science,2001,24(1).

[20] Stefan Linn, "Moving from private label to private brand", Drug Store News, New York,2003,(16).

[21] Kirsten Martinus& Michelle Rowe. " Beyond Clusters – Collaborative Commerce and Clustering": CRIC Cluster conference. Beyond Cluster – Current Practices & Future Strategies Ballarat. June 30 – July 1. 2005.

[22] Martin Perry. "All that clusters is not gold: evendice from the New Zealand forest products industry". CRIC Cluster conference. Beyond Cluster – Current Practices & Future Strategies Ballarat. June 30 – July 1. 2005.

[23] Choi. Yong – Ho & Woo – Ik Hwang Korea's Regional Industrial Promotion Projects(RIPPs) and Regional Innovation Agency(RIA) . 48th World Conference on Advancing Entrepreneurship and Small Business. International Council for Small Business. Northern Ireland(15 – 18 June. 2005).

[24] "The cluster luster" http://themanufacturer. com/uk/detail,2006 – 11 – 10.

后　记

本书是浙江省重点学科"区域经济学"的一个学术团队共同完成的。具体分工是:本人设计全书框架,组织写作,负责统稿,并撰写第一章区域产业成长与集聚。徐立写第二章产业集群成长动力与模式,马文举写第三章成长型汽车制造业优化升级,刘遇洲写第四章长三角地区产业转移与承接。

本书的部分内容,是浙江省科技计划软科学重点项目(立项编号:2010C25037)的阶段性成果。项目研究过程中,得到许多单位、部门、企业的支持和帮助。这部专著的各种知识要素,吸收了学术界特别是区域经济学界的大量研究成果,不少方面还直接得益于师长、同仁和朋友的赐教。为此,向所有提供过帮助的人,表示衷心的感谢!

感谢李琳、杨青青、张龙、陈超等研究生参与课题调研活动,并帮助搜集、整理研究资料。感谢浙江省科技计划软科学重点项目基金、台州学院省重点学科"区域经济学"建设基金,对本书出版的资助。感谢台州学院科研处、教务处、经贸管理学院、浙江师范大学经济与管理学院、经济研究所等单位诸多同志的帮助。感谢知识产权出版社的诸位同志,特别是王辉先生,他们为提高本书的质量,倾注了大量的时间和精力。

我爱人章庆平,对本书的基本内容和框架结构等提出了许多建设性意见。我女儿张琼妮现为浙江财经学院讲师,是课题组主要成员,直接参与了大量调研工作,并合作完成了第一章第二节的内容。

由于作者主要是本人的水平有限,书中难免存在不妥或错误之处,敬请学术界同仁和广大读者不吝指教。

张明龙

2011 年 7 月于台州学院湘山斋